CO-EXISTENT CONTRADICTIONS:

JOSEPH ROTH IN RETROSPECT

ARIADNE PRESS

Studies in Austrian Literature, Culture, and Thought

*Major Figures of
Modern Austrian Literature*
Edited by Donald G. Daviau

*Major Figures of
Turn-of-the-Century
Austrian Literature*
Edited by Donald G. Daviau

*Introducing Austria
A Short History*
By Lonnie Johnson

*Austrian Foreign Policy
Yearbook*
Report of the Austrian Federal
Ministry for Foreign Affairs for
the Year 1988

*The Verbal and Visual Art of
Alfred Kubin*
By Phillip H. Rhein

From Wilson to Waldheim
Proceedings of a Workshop on
Austrian-American Relations
1917-1987
Edited by Peter Pabisch

Arthur Schnitzler and Politics
By Adrian Clive Roberts

*Austria in the Thirties
Culture and Politics*
Edited by Kenneth Segar
and John Warren

*Stefan Zweig
An International Bibliography*
By Randolph J. Klawiter

*"What People Call Pessimism":
Sigmund Freud, Arthur Schnitzler
and Nineteenth-Century
Controversy at the University of
Vienna Medical School*
By Mark Luprecht

Quietude and Quest
Protagonists and Antagonists in
the Theatre, on and off Stage
As Seen through the Eyes of
Leon Askin
Written by Leon Askin with
C. Melvin Davidson

*Coexistent Contradictions
Joseph Roth in Retrospect*
Edited by Helen Chambers

*Kafka and Language
In the Stream of
Thoughts and Life*
By G. von Natzmer Cooper

Translation Series:

February Shadows
By Elisabeth Reichart
Translated by Donna L. Hoffmeister
Afterword by Christa Wolf

Night over Vienna
By Lili Körber
Translated by Viktoria Hertling
and Kay M. Stone. Commentary
by Viktoria Hertling

The Cool Million
By Erich Wolfgang Skwara
Translated by Harvey I. Dunkle
Preface by Martin Walser
Afterword by Richard Exner

Buried in the Sands of Time
Poetry by Janko Ferk
English/German/Slovenian
English Translation
by Herbert Kuhner

Puntigam or The Art of Forgetting
By Gerald Szyszkowitz
Translated by Adrian Del Caro
Preface by Simon Wiesenthal
Afterword by Jürgen Koppensteiner

From Here to There
By Peter Rosei
Translated and with an Afterword
by Kathleen Thorpe

Negatives of My Father
By Peter Henisch
Translated and with an Afterword
by Anne C. Ulmer

*I Want to Speak
The Tragedy and Banality
of Survival in
Terezin and Auschwitz*
By Margareta Glas-Larsson
Edited and with a Commentary
by Gerhard Botz
Translated by Lowell A. Bangerter

The Works of Solitude
By György Sebestyén
Translated and
with an Afterword
by Michael Mitchell

Remembering Gardens
By Kurt Klinger
Translated by Harvey I. Dunkle

The Deserter
By Anton Fuchs
Translated and with an Afterword by Todd C. Hanlin

On the Other Side
By Gerald Szyszkowitz
Translated by Todd C. Hanlin
Preface by Felix Mitterer
Afterword by Jürgen Koppensteiner

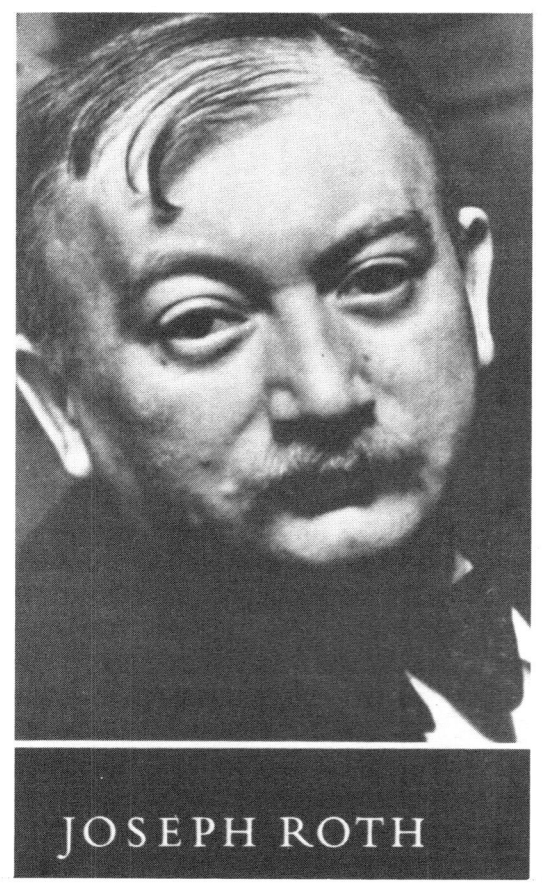

Picture courtesy of:
Bildarchiv der Österreichischen Nationalbibliothek

CO-EXISTENT CONTRADICTIONS:
JOSEPH ROTH IN RETROSPECT

Papers of the 1989
Joseph Roth Symposium at Leeds University
to commemorate the 50th anniversary of his death.

Edited by
Helen Chambers

ARIADNE PRESS

Library of Congress Cataloging-in-Publication Data

Joseph Roth Symposium (1989: University of Leeds)
   Co-existent contradictions : Joseph Roth in retrospect: papers of
the 1989 Joseph Roth Symposium at Leeds University to commemorate
the 50th anniversary of his death / edited by Helen Chambers.
      p. cm. --(Studies in Austrian literature, culture, and thought)
   English and German.
   Includes bibliographical references and index.
   ISBN 0-929497-32-5. -- ISBN 0-929497-33-3 (pbk.) .
   1. Roth, Joseph, 1894-1939--Criticism and interpretation--Congresses.nc.
I. Roth, Joseph, 1894-1939. II Chambers, Helen, 1947-   . III. Title. IV. Series.
PT2635.084Z5947 1989
833'.914--dc20   90-21307
                                          CIP

Cover: Art Director: George McGinnes; Designer: John Norris Anelli

Copyright ©1991
by Ariadne Press
270 Goins Court
Riverside, California 92507

All rights reserved.
No part of this publication may be reproduced or transmitted
in any form or by any means without formal permission.
Printed in the United States of America.
ISBN: 0-929497-32-5
ISBN: 0-9029497-33-3 (pbk)

CONTENTS

Editor's Preface & Acknowledgements — vii

Abbreviations — xi

I RECEPTION

GEOFFREY BUTLER, *Bath*
A Lodger, Not a Settler: Joseph Roth in English — 1

WENDELIN SCHMIDT-DENGLER, *Vienna*
Auf der Wanderschaft: Das Frühwerk Joseph Roths in den Literaturgeschichten — 15

DIETER KLICHE, *Berlin*
Zur Joseph-Roth-Rezeption in der DDR — 35

II JOURNALISM

DAVID TURNER, *Hull*
„Überwältigt, hungrig, fortwährend schauend." Joseph Roth's Journey to Russia in 1926 — 52

KARLHEINZ ROSSBACHER, *Salzburg*
„Der Merseburger Zauberspruch": Joseph Roths apokalyptische Phantasie — 78

III FICTION

HELEN CHAMBERS, *Leeds*
Predators or Victims? — Women in Joseph Roth's Works — 107

JOHANNES SACHSLEHNER, *Vienna*
„...wir die beeideten Sachverständigen für Schlachtfelder..." Joseph Roths Ansichten vom Kriege — 128

JOACHIM BEUG, *Cork*
    Die Grenzschenke. Zu einem literarischen Topos   148

JOHANN SONNLEITNER, *Vienna*
    Macht, Identität und Verwandlung. Joseph Roths
    frühe Romane   166

RITCHIE ROBERTSON, *Oxford*
    Roth's *Hiob* and the Traditions of Ghetto Fiction   185

ANDREW W. BARKER, *Edinburgh*
    Austrians in Paris: The Last Novels of Joseph Roth
    and Ernst Weiß   201

IV BIBLIOGRAPHY

CATHE GIFFUNI, *New York*
    Joseph Roth: an English Bibliography   215

Index of Names   241

Index of Works   246

PREFACE

It is now fifty years since Joseph Roth died, a cosmopolitan isolated in Paris, cut off from his natural readership in the prime of his writing by the malign cultural policies of the Nazis, and it seems appropriate to reassess his work and review his international reception. 1989 has occasioned a series of commemorative events, of which the Leeds Roth Symposium in March was the first. The papers collected in this volume are principally concerned with Roth's works, but in dealing with prose written in German by a Galician Jew from the fringe of Austria-Hungary some reference has to be made to his life. A Galician Jew who served in the Great War and saw the dispersal of the Habsburg Empire and then experienced the collapse of the Weimar Republic and the rise of Nazism might be said to have been more exposed, privately and professionally, than most novelists to the historical and political events of his time.

The subjects treated are diverse and all the novels and most of the short narratives are touched on at some point. Particular attention has been concentrated on specific areas of reception: English translation, publication in the G.D.R., literary histories; on selected journalistic pieces: *Reise in Rußland* and „Der Merseburger Zauberspruch"; and on the early novels, especially *Das Spinnennetz, Die Flucht ohne Ende* and *Die Rebellion*. Some wider topics, such as Roth and women and Roth and war, are broached; and his place in the literary traditions of ghetto and exile fiction considered. All of the contributions are attempts to look with fresh eyes at what is on the page rather than, as has frequently been the case, reading what one would expect or like to be there. Such unprejudiced consideration is never either easy or comprehensive as Schmidt-Dengler's wry account of the literary-historical pursuit of the quintessential Roth demonstrates, but the new focuses should act as a stimulus to further critical inquiry. Roth's own ironic comment on reception — "I'm the last person not to be delighted at an inept response, as long as there's a response of some kind" (Briefe,95) simultaneously implies the hypothetical possibility of appropriate, percipient reception and the greater likelihood of misapprehension. It is a characteristic demonstration of his acceptance of the co-existence of contradictions — in this case of optimism and pessimism, idealism and compromise.

For all Schmidt-Dengler's misgivings about the accessibility of that mythical beast „the real Roth," the belief in what Kliche terms his „unmistakable identity" persists, and literary research is the attempt to define it. Beug's essay on the „Grenzschenke" in a sense exemplifies the thrust of many of the contributions. He suggests that at the heart of Roth's work lies the tension between contradictions — the topos of the border tavern signifies a „neither here nor there" which at the same time partakes of qualities from both sides of the divide: „In every case one can posit both the clear separation and also the mingling of the two spheres." Polarities inevitably emerge in discussing Roth: is he radical or monarchist; satirist or sentimentalist; Jew or Catholic; optimist or pessimist; woman hater or celebrator; master of formulaic abstraction or of sensuous richness; consummate realist or creator of myths; recorder of the Weimar Republic or champion of the Habsburg Empire; a multinational European writer or an archetypal Austrian artist? Is he the poet of the center or the periphery; of power or impotence; of the present or the past; of resignation or expectation; of scepticism or faith; of life or death? The attempt to come to grips with these questions in this volume has resulted not, I think, in a blurring of distinctions but in a sharpening of focus on Roth's writings.

Rilke once compared Stifter's prose to a piece of hand knitting. I would prefer to view Roth's opus as a patchwork quilt. The overall pattern made up of very disparate if carefully crafted pieces is predominantly red at the outset with a few green pieces (fifty years before their time!) and then changes to Habsburg black and yellow with an admixture of heavenly hue. The bright, sharp colors persist in their own right, relativized perhaps by their juxtaposition but still there, not washed out or assimilated. It is in the co-existence of contradiction, in the vital tension between artistic, political and cultural opposites that Roth's power and charm resides.

The Leeds Roth Symposium was made possible by the generous support of the Austrian Institute in London, and the participation of Dr. Dieter Kliche was facilitated by a grant from the British Academy. My thanks go to my colleagues Michael Beddow and Hugh Rorrison for their unstinting support and practical assistance, both with the organization of the conference and the preparation of this volume.

Helen Chambers, Leeds, January 1991

ABBREVIATIONS

I Joseph Roth's Works

Joseph Roth, *Werke*, ed. Hermann Kesten, new revised edition in 4 vols, Cologne: Kiepenheuer & Witsch, 1975/76.
Unless otherwise indicated all references to Roth's works in the text and footnotes are to this edition. The volume is shown in Roman, the page number in Arabic numerals.

... II,1

Joseph Roth, *Briefe 1911-1939*, ed. Hermann Kesten, Cologne, Berlin: Kiepenheuer & Witsch, 1970.
Cited as Briefe followed by the page number

... Briefe,1

Joseph Roth, *Der neue Tag. Unbekannte politische Arbeiten 1919 bis 1927. Wien, Berlin, Moskau*, ed. Ingeborg Sültemeyer, Cologne: Kiepenheuer & Witsch, 1970.
Cited as DnT followed by the page number

... DnT,1

Joseph Roth, *Berliner Saisonbericht. Unbekannte Reportagen und journalistische Arbeiten 1920-1939*, ed. Klaus Westermann, Cologne: Kiepenheuer & Witsch, 1984.
Cited as Saisonbericht followed by the page number

... Saisonbericht,1

II Secondary Literature

Note: "Frankfurt" refers throughout to Frankfurt am Main

David Bronsen, *Joseph Roth. Eine Biographie*, Cologne: Kiepenheuer & Witsch, 1974.

... Bronsen

Fritz Hackert, *Kulturpessimismus und Erzählform. Studien zu Joseph Roths Leben und Werk*, Bern: Lang, 1967
...Hackert

Wolf R. Marchand, *Joseph Roth und völkisch-nationalsozialistische Wertbegriffe. Untersuchungen zur politisch-weltanschaulichen Entwicklungen Roths und ihrer Auswirkung auf sein Werk. Mit einem Anhang: Bisher nicht wieder veröffentlichte Beiträge Roths aus „Das Neue Tage-Buch,"* Bonn: Bouvier, 1974.
...Marchand

Ingeborg Sültemeyer, *Das Frühwerk Joseph Roths 1915-1926. Studien und Texte*, Vienna, Freiburg, Basel: Herder, 1976.
...Sültemeyer

Text + Kritik, Sonderband Joseph Roth, ed. Heinz Ludwig Arnold, Munich: 1974 & 1982.
...T+K

Klaus Westermann, *Joseph Roth, Journalist. Eine Karriere 1915-1939*, Bonn: Bouvier, 1987
...Westermannn

A Lodger, Not a Settler: Joseph Roth in English

GEOFFREY BUTLER

The nature and the function of literary translation are frequently ignored, not least by anglophone readers who assume a natural equivalence between the writer's original work and the translator's finished product. Some observations by Michael Alexander, however, provide a welcome springboard for a re-examination of such assumptions.[1] Writing primarily about older translations of the classics, Alexander stresses a few self-evident home truths, some of which apply to *all* literary translation and some of which perhaps even modern linguists — once they leave the shelter of their particular expertise — tend to push to the back of their minds. At least two of these truths, however truistic, seem to me to deserve yet another airing: first, "The only language most native speakers of English know is English, and this is the only language in which literature can live for them"; secondly,

> Without translation there is no culture, only groups of barbarians. ... Since, then, there must be translation or the classics will perish, it is right that the classics, including modern classics, be studied in translation, or partly in translation, as they are in the United States. In practice this already happens, above or below the counter, in every arts department. The merit of this depends on how good the translations are and whether the teacher can show the student the problems and challenges involved in translation. Ideally *two* translations of an original are needed, for literary analysis benefits from comparison. This may seem to

---

1 *Times Higher Education Supplement*, 828 (16 September 1988), 15.

ask a lot, but translation is a contentious subject hid in suspicion and ignorance.

Whether in some instances these pedagogic purposes can be served at all by what the translation market has to offer today is a question we need to address. Among the "modern classics" Roth is one such instance; and if this is not already apparent, I trust that it soon will be.[2]

I intend, in another context, to take a closer look at the reception given to Roth when his work first began to appear in English, a reception which, I suspect, has not been given the attention it deserves by publishers anxious to promote Roth's image. It is perhaps not sufficiently appreciated that among the translations at times quite warmly welcomed in the British press in recent years and months (*The Spider's Web* was selected to join someone-or-other's favorite books of 1988,[3] in one of those pre-Christmas listings which clutter our newspapers) ...it may not be as clear as it should be that among these translations there are several that have been around for decades and are no more, or little more, than reprints: it *is* well known that the 1974 *Radetzky March* leaned heavily on Geoffrey Dunlop's translation of 1933, and that the 1983 edition of *Job* is none other than Dorothy Thompson's version, first published in 1931; but the *Confession of a Murderer* of 1985 also dates from the 1930s; the *Tarabas* of 1987 in fact preceded it; and *Flight Without End*, published by Peter Owen and by Overlook Press in 1977 and by Dent in 1984, had a forerunner in time for a brief review to appear, in the *Times Literary Supplement*, earlier still: in August 1930.

I have yet to inspect the forerunner, but since I wish to focus on *Die Flucht ohne Ende* and its current English image, the

---

2   If it *is* apparent, renewed emphasis may none the less be justified: with adjustments in targets for language competence in schools, British universities may shortly find themselves following in America's footsteps, and the case for quality control, to protect the innocent, will, if so, gain ground very rapidly.
3   D.J. Taylor in *The Independent*, 26 November 1988.

version now on sale is the one that counts. The choice of this focus is to some extent arbitrary; the title itself, however, struck me as fitting for a writer I've learned to see as "not a settler," and the commemorative mood behind this symposium naturally recalled Roth's earliest attempt to gain a foothold on our shores, "this [to quote the review in question] rather curious novel." The reviewer, incidentally, and unsurprizingly in view of his or her choice of adjective, was underwhelmed: "... it is not an easy matter to decide exactly what prompted the author to write [the book]," though its "vivacity" is acknowledged, as is the fact that it "contains some pleasing imaginative touches." Not the most analytical of reviews, then, but intriguing inasmuch as, for all its brevity, it quotes the text itself: a snippet from Chapter 12 which on the one hand is inaccurate and on the other is — in sum — better, "better" English, and in that respect more faithful to its source, than its counterpart in the Dent edition to which I shall be referring henceforth. Three further facts, peculiar to the Dent edition, persuaded me to dwell on *Flight Without End*: first, in the prefatory bibliography of novels by Roth, in the original and in English translation, it lists its 1977 precursors but makes no mention of an earlier version (this despite reminders of the pedigrees of *Job* et al.), an omission which, as I've indicated, raises questions I cannot examine now but which was none the less one of my stimuli; secondly, the back-cover quotations advertizing the novel's merits include the assertion — from a piece by Peter Ackroyd in *The Spectator* — that "It is a tribute to the translator ... that not a jot has been lost in transit"; and thirdly, the eight-page introduction (by Michael Hofmann) devotes one sentence to the translation, singling out for comment a simple six-word dictum that falls short, as it happens, of the type of perfection *any* translator worth his salt can achieve: Hofmann's point is that "As the translation puts it, with great aptness echoing *Hamlet*, 'Such times were out of joint.'" In Roth's text — "Diese Zeit war 'aus den Fugen'" (Chapter 3) — the last three words appear in inverted commas; those in the translation do not. Readers able to recall their

Schlegel-Tieck — or their Büchmann — will not need or have needed Roth's heavy hint; but since he gave it, whatever his readers' needs, it should in my submission have appeared in the English version, where its impact on monolingual anglophones would be very much the same.

In a recent letter to *The Independent* (7 January 1988), a plea was made for "a new English translation" of a twentieth-century text described as "a literary classic," indeed as one which "deserves a permanent place among world classics." Evidently the book in question (Camara Laye's *Enfant Noir*), though done into English by a poet of considerable repute, has yet to get its alleged deserts; the prospect that one day it might is seen, by the letter-writer, to depend in large measure on the elimination of blemishes — some of them gross — from the version to which most of its current reputation in the Engish-speaking world is attributable. I fear that this is wishful thinking: a poor translation by James Kirkup may do more to secure Laye's work a place in some canon or other than a better one by, say, any colleague of mine. What is not wishful thinking is that the better a translation, the sounder the image the original's author enjoys beyond his or her linguistic borders, and that on those rare occasions when the case for re-translation is not only made (in itself a straightforward business, however laborious), but also carried to its logical conclusion, those who produce the new version have few excuses if their work is found wanting. Even if, for some reason, they have not made use of their elders' efforts, they will not as a rule, for instance, be able to argue as persuasively as some of the pioneers might that they were working against the clock. (I have in mind in particular the translators of best-sellers who have — or whose publishers have — a gravy-train to catch.) Those responsible for the Dent edition of *Flight Without End*, David Le Vay "in collaboration with Beatrice Musgrave," were dealing after all with a text which had been available for roughly fifty years and readily available for twenty — after the publication of Kiepenheuer's three-volume *Werke* in 1956. I shall be quoting from this edition, since I have no reason to suppose that Le Vay and his collaborator used any other.[4] What they produced — and the versions of Roth novels Le Vay went on to produce, apparently on his own — will in my estimation have achieved a variety of things, many of them welcome. The size and shape of Roth's image in this country, to go no further, has on the whole improved markedly over the last 10-15 years, and it would be churlish not to acknowledge the role played by Le Vay (and, latterly, by John Hoare) in effecting that improvement. But it has to be said that, though scarcely quantifiable, the cumulative effect of those passages where the translation falls short of what is achieveable cannot but impair the image that is Roth's due. Put metaphorically: Roth appears at times, in his English guise, as more of what I've called "a settler" than I think he can be, his characteristic quirks and foreignness relinquished in an attempt to assimilate, i.e., his text has been over-anglicized, homogenized, flavored to suit an anglophone palate; and yet at other times, when the route between source and target language is unimpeded, he appears to have encountered George Mikes on the way over — i.e., to be more of an alien on arrival than at the outset. And all this quite apart from the usual avoidable defects which bedevil most translation of German prose narrative into English.

These, then, are the three Roths I have selected for your consideration: the common or garden victim, the foreigner *malgré lui*, and the involuntary settler.

It may be thought too colorful in an academic setting to describe Roth as a victim (of his translators), but I can assure you that the term is apt, that the evidence is abundant, and that his fate, the fate of *Die Flucht ohne Ende*, is in this respect not really unusual, not dismissable as an exception to any proven rule I know of, however much some of us may wish thus to dismiss it, may be inclined to take the Peter Ackroyds of this

---

[4] References appear henceforth as X/Y, X being the page number of the German text and Y that of the translation.

world at their hyperbolic word. The evidence is indeed so rich and so varied that it is difficult to know where to start, what to choose as representative. Of the jots that Ackroyd pronounced all present and correct, literally dozens have sunk without trace — i.e., a host of translatable words, phrases and occasionally sentences that are part of the texture of Roth's short text has for no apparent reason been unobtrusively jettisoned by his translators. Of the opportunities to retain Roth's repetitions, the repetition of lexis which distinguishes his prose for better or worse, again dozens have been missed, muffed, or misprized. And of the phenomena I believe we could all agree to call quite bluntly mistakes, mistranslations, there are dozens once more, many of them undetectable in the absence of what Roth wrote, some of them comic in its presence, some of which make nonsense of the English text (let alone the German), and all of them, of course, misleading. But who, after all, is to tell that when one reads "the traffic ... was held up (as on new Year's Eve)," in fact "der Verkehr ... war eingestellt" (383/11)? Who is bothered by the labelling as "cynical" of women who were originally no more than "skeptisch" (386/16)? Perhaps it doesn't much matter how Natascha parted from her husband: she "left him," as the English puts it, and who cares that in Roth's reality she "hatte sich ... scheiden lassen" (388/18)? Possibly the equating of "Furchtsamkeit" (described as "die Klugheit der Männer") and "cowardice the prudence of men" (388/18) reflects one of the distinctions that are no longer worth making — certainly it is one of a large number if *Flight Without End* is any guide. They include those between "marble" and "Gips" (398/32), "novels" and "Novellen" (445/97), "skirts" and "Schürzen" (393/25), "barracks" and "Baracke[n]" (392/23), "midwives" and "Wöchnerinnen" (394/26), "academicians" and "Akademiker" (426/71), "a park attendant" and a "Wachtmeister" (449/102), "a stewardess" and "eine Schaffnerin" (339/33). They include those between "ein Kultur-Vermittler" and "a cultural peddler" (462/119), "Bucklige in Geradehaltern" and "hunchbacks in strait-jackets"

(404/40), "Handschriften von Hutten" and "Hussite manuscripts" (429/74), "die freiwillige Rettungsgesellschaft" and "the Salvation Army" (412/51), "abgeschminkte Freudenmädchen" and "painted prostitutes" (430/76). They include that between "animals emerging from their stables" and "dem Stall entgegentrabende Tiere" (423/67); and that between Herr Cardillac who "trug eine Brille ... nur um sein nacktes Auge zu maskieren, über dem die Brauen ausgegangen waren" and M. Cardillac who "wore glasses ... to mask his natural expression, and his brows projected over them" (477/140). Needless to say, the "victimization" doesn't stop there, and it is tempting to illustrate it at still greater length. Much as I sympathize with Oscar Wilde's Lord Darlington (*Lady Windermere's Fan*, I), however, I shall resist the temptation almost entirely. But three further passages, chosen more or less at random, may serve as a bridge between the commonplace mutilation to which the material just quoted bears witness and the treatment that gave rise to the second Joseph Roth on my list: the foreigner *malgré lui*. Tunda falls in love with Natascha Alexandrowna, and only then "did his betrothed recede into the distance, and the whole of his earlier life with her" (389/19). Should readers start again — it is only p. 19 — to discover what they've overlooked, an account or at least some mention of this life Tunda led, back in Vienna, with his beautiful fiancée, Fräulein Hartmann? They would be disappointed, naturally. Responding to Natascha, Tunda was "verliebt — zum erstenmal in seinem Leben. Nun erst entschwand ihm seine Braut, mit ihr sein ganzes früheres Leben." To have eliminated the ambiguity of the English would have called for nothing more than a little thought, a little care. Similarly, when Natascha became involved in a range of postrevolutionary activities, she went about them with a will "ohne die breiten Reiterhosen, in denen sie gekämpft hatte, gegen einen Rock zu vertauschen"; in English, with no commas to help her, she runs the risk, at least on first reading, of appearing faintly ridiculous — for there we find her achieving no less, but "all without exchanging the wide riding-breeches in which she had fought for a skirt" (394/26). Puzzled about so-called European culture (460/117), Tunda asks several socialites, who are discussing it, what it consists of, and the first three answers — "Religion," "Morality," and "Art" — are presented as disingenuous, as lip-service from three hypocrites. The fourth answer is "The European idea," a view delivered not by yet another hypocrite but, we are told, "diplomatically, because [the speaker, a man called Rappaport,] was in every way a gentleman." Again the reader is left wondering. What might Rappaport say or do next (we have not met him before) which could demonstrate his gentlemanly qualities better than this one cryptic utterance seems to? What does Roth understand by gentlemanliness? Is there something about that understanding which does not tally with ours (whatever *that* may be) and which we therefore fail to detect in the scene in question and in Rappaport's one subsequent contribution to the debate? Or is this just one of those inconsequential touches of color, not infrequent in the fabric of Roth's prose, that perhaps have no analysable function beyond the confines of their immediate contexts? Well, no, it's not even that, actually: "'Glauben Sie, daß Sie imstande wären, mir präzise zu sagen, worin diese Kultur besteht, die Sie zu verteidigen vorgeben ...?' ...'In der Idee: Europa' — sagte klug weil allgemein ein Herr, namens Rappaport."

> ... der Uebersezer muß ... sich zum Ziel stellen, seinem Leser ein solches Bild und einen solchen Genuß zu verschaffen, wie das Lesen des Werkes in der Ursprache dem so gebildeten Manne gewährt, den wir im besseren Sinne des Worts den Liebhaber und Kenner zu nennen pflegen, dem die fremde Sprache geläufig ist, aber doch immer fremde bleibt, der ... auch da wo er am ungestörtesten sich der Schönheiten eines Werkes

erfreut, sich immer der Verschiedenheit der Sprache von seiner Muttersprache bewußt bleibt.⁵

Precisely what this translator would have done to an early novel by Roth is of course anybody's guess. But the principle Schleiermacher formulated so memorably in "Ueber die verschiedenen Methoden des Uebersezens" has seldom been applied with any rigor, and it has never, I think, appealed to the bulk of true "cultural peddlers," i.e. to publishers with an eye on the market, whatever the persuasion of those who work for and ultimately depend on them. The case of *Flight Without End* raises questions about the persuasion and persuasiveness of Le Vay and Musgrave — and of their publishers — on which their public surely deserves some comment, if only in the form of a 'translators' note' (though in order to persuade, it would have to be a note of rare cogency). When Roth announces, in his foreword, that he is about to tell "die Geschichte meines Freundes, Kameraden und Gesinnungsgenossen Franz Tunda" (377/5); when Baranowicz sent Jekaterina "einen Zobel und eine Schlangenhaut und ein Bärenfell als Bettvorleger" (380/8); when girls of all classes took to studying "Krankenpflege" (386/15) and the inquisitiveness of Tunda's neighbours — in the room he and Natascha shared with three families — waned "in dieser Enge" (393/26); when German railway signal-boxes and signals are described as standing "wie Ehrenposten" (424/68) and a woman's stockinged legs are seen to lie side by side "wie zwei gleichgekleidete Schwestern" (438/87), when the relatively conventional language exemplified by such terms and turns of phrase emerges in *Flight Without End*, one might be forgiven for asking at times whether some latter-day Schleiermacher hasn't had a hand in the transition, someone determined to emphasize that, whatever Roth's strengths, they

---

5 Reprinted in *Das Problem des Übersetzens* (Wege der Forschung, VIII), ed. Hans Joachim Störig (Darmstadt: Wissenschaftliche Buchgesellschaft, 1963), p. 51.

were those of an alien — and of one who eschewed the mundane. It may well be that none of the examples I have picked out has a perfect English equivalent. But it is my contention that in the contexts in question, for translators who subscribe, as Le Vay and Musgrave apparently do in part, to what is normally understood to be the "principle of equivalent effect," it would have been better, for instance, to have Roth present his book as "the story of my friend, comrade and ally, Franz Tunda" rather than as that of "my friend, comrade and spiritual associate"; and that it would have been less ... quaint, despite the repetition, to call Jekaterina's presents "a sable and a snake-skin and a bearskin" rather than "sables and a snake-skin and a bear's coat"; that it is quaint, though I have yet to ascertain whether it was when the Dent text came into being, to say girls "studied sick-nursing," and that it is incongruously pompous to say of an assortment of people pent up in one room they "lost their curiosity in these conditions of proximity." As for the two similes: the likening of certain functional structures beside the permanent way to "Ehrenposten" (in the military sense of "Ehren*wachen*," the only possible sense in Roth's setting) borders, it might be thought, on the banal; but what are we to make of those that "stood like posts of honor"? And what of those limbs that Tunda found so seductive? It's in no way surprising that they are identically attired, "gleichgekleidet": hose of the kind in question did and do come — and generally stay — in pairs. But in English we are asked to envisage "legs ... like two *similarly* clad sisters" (my emphasis), and left to ponder where the differences lie. Now, if such oddments and oddities derived from some discernible, consistently attempted strategy, the attempt, if nothing else, could command respect; and, as far as prose narrative is concerned, efforts to intensify the translation reader's awareness that he or she is experiencing something that has been filtered are arguably no less respectworthy than those directed towards turning a foreign artist into "one of ours." But in practice, as represented by translators not only of Roth, what we consistently find is inconsistency, with these latter efforts predominating and inevitably conflicting with the foreignness which has been either retained or introduced, by chance or design, elsewhere in the selfsame text.

It is axiomatic that translators tend, for a variety of understandable reasons, to play safe and that in consequence their idiosyncratic originals suffer. But the axiom hardly extends to work of the kind represented by *Flight Without End* — to the *mixture* of oddity and ordinariness, each originating in roughly its opposite, which is currently being passed off in the English-speaking world as the work of Joseph Roth. Roth has been converted into "one of us" in ways and patches which could in many instances have remained distinctive, been turned to *suit* him, without his appearing outlandish to his new public. The conversion ranges from the refashioning of personal names to the suppression of metaphor and whimsy. Some of all this may again reflect little more than plain misunderstanding: the assertion that young Tunda "had not lost his Austrian citizenship after the downfall of the Monarchy, because he carried on his father's business in Linz, in Upper Austria" (411/50) appears to be in that category; it does make sense, but not entirely (What was this business? And in what way did the penniless Franz carry it on? In fact the son simply had the right to reside — and presumably to earn a living — in postwar Austria "weil er nach seinem Vater in Linz, Oberösterreich, zuständig war.") A comparable misapprehension seems to have affected the translation of "Poltron": a cleaner in Tunda's Paris hotel (454/109) was "ironisch und höflich, obwohl er gerne wie ein Poltron erscheinen wollte." In the words of one lexicographer[6] the term was "im gemeinen Leben irrthümlich auch f. P o l t e r e r, Schreier, Zänker, Grobian gebraucht," and possibly it is therefore equatable in Roth's context with "a rough diamond" (or a gruff one); the published solution can also be said to fit its surroundings, better indeed than the reference to Tunda's patriality, but its connection with its

---

6   J.C.A. Heyse, *Fremdwörterbuch* (Hanover: Hahn'sche Buchhandlung, 1879).

source is far from clear: "This servant was both ironic and courteous, although he liked to act the innocent." By and large, however, a fondness for these safe ways and practically invisible patches betokens not ignorance but, at best, insouciance, insensitivity, and an instinct to opt out, to plump post-haste for what comes naturally. So naturally challenges are not met, inventiveness and color give way to cliché and monochrome. Who would guess that behind the "sex-free kiss, devoid of eroticism" that Klara plants on her husband's brow there originally lay "ein erotinfreier Kuß" (439/89)? Who would suspect that an "undertaker" was actually a "Sarghändler" (455/111), a "priest" started out as an "Abbé" (459/116) and "ministers" as "Vorbeter" (419/61)? No wonder Tunda's brother Georg turns into plain "George" (*passim*) and "eine verschüttete Brautzeit" into "an engagement which didn't come off" (447/100); no wonder the engine of a stationary vehicle — the car delivering Tunda's glamorous ex-fiancée at her friend's house in Paris — is said to have been "still running" while Roth dared to write "der Motor sang noch." In short, Roth's prose has been pedestrianized, and no less capriciously, no more imaginatively than ... many a town or city one could name. I live in one. Tunda's enthusiasm for another is a case in point: a city boasting "ihre eigenen Felder aus Sand, auf denen Fundamente gesät werden und Fabriken aufgehen" (449/101), fields reduced to "stretches of sand on which foundations are laid and factories erected." By this point in the story you can almost tell what's going to happen. The domestic role that put paid to Tunda's relationship with Natascha had been one "geeignet ..., auch sentimentale Männer zur Kritik zu erziehen" (396/29) — in other words one "calculated to drive even sentimental men to distraction"; Natascha's successor "war schön und still. Sie ging in der Stille herum wie in einem Schleier" (397/30-1), that is to say, she "was beautiful and placid. She moved around as if cloaked in silence"; and writing of his seduction and seductress in Baku, Tunda had noted in his diary how he and she killed time till nightfall: "Ich ging mit ihr durch die ... Stadt. Der Tag war noch voll" (409/46) — or, as most of us and Mr Pooter might say, "I walked with her through the ... town. It was still broad daylight." That perhaps subtler stylistic features should be disregarded in a text of this quality, Roth's characteristic sentence-lengths,[7] for instance, and changes of tense,[8] is only to be expected.

Very few foreign authors are wholly at home abroad, unless, like Conrad, they effectively cease to be foreigners, or unless translations of their work take on a life of their own, come to play a role in our affairs which somehow transcends mere language. No exception in either of these senses, Roth currently finds himself in mixed company, rubbing shoulders not only with ill-translated hacks but also with a galaxy of admirable literary talents and sundry giants that have more or less defeated their translators. Whatever happens to the hacks, the giants stand every chance of surviving such defeats, if only because publishers and a new generation of translators will sooner or later have another go. But writers whom we admire — and in time commemorate — yet would hesitate to range alongside Goethe, or Tolstoy, are more vulnerable. And if they are treated as Roth has been, like literary boat people, they stand virtually no chance of achieving the status they ought to be accorded. Translations of their work will earn them some recognition, and some of it will certainly be theirs by right; but far too much of it may not, and far too many of such negative responses as they evoke may, I suggest, be linked with textual components which belong ... if anywhere, then elsewhere.

We have all learned to be thankful for small mercies — university teachers in Britain have been learning the hard way for nearly a decade now — and it is a mercy of sorts to find (again on the back cover of *Flight Without End*) a passage from a relatively recent piece in the *Times Literary Supplement*, by

---

7 See, for example, 387/16, 432/79, 432-3/80, 438/87, 439/88, 441/92, 448/101, 461/118, 462/119, 475/137.
8 See, for example, 402/37, 404/40, 429/74, 437/86, 443/94.

Russell Davies, praising the author, of whom "most of us have only just heard." Davies goes on to say that, having been brought out of hiding, Roth "should now be ruthlessly exposed." And yet our gratitude for this and comparable accolades must remain muted as long as the ruthlessness recommended generates texts of the kind I have sought to characterize. If Roth is indeed a writer who — perhaps because of his thematic emphases, perhaps because of his manner — can be no more than a lodger in an English-speaking and -reading context, well and good. We do not, however, know yet for certain whether, if properly accommodated, he might not in fact settle in and settle down among us as readily as any of his contemporaries who wrote in subtle, vivid, accessible German about their lives and times.

Auf der Wanderschaft: Das Frühwerk Joseph Roths in den Literaturgeschichten

WENDELIN SCHMIDT-DENGLER

Die folgenden Äußerungen verstehen sich als Präliminarien des Versuchs, über das Werk Joseph Roths im Kontext von Hansers *Sozialgeschichte der deutschen Literatur* in einem Kapitel über Österreich zu schreiben. Sieht man von der an sich prekären Problematik einmal ab, die österreichische Literatur aus dem großen Zusammenhang der deutschen Literatur herauszunehmen, ihre Besonderheit (oder Absonderlichkeit, um nicht zu sagen: Abseitigkeit) zu erfassen, so stellen sich doch bei der Abhandlung eines einzelnen Autors und der Präsentation seines Werkes große Schwierigkeiten ein; Literaturgeschichten, so sehr sie auch bemüht sein mögen, umgreifende Zusammenhänge darzustellen, können doch der Autorfigur (und damit auch eines biographischen Momentes) und der Werkcharakteristik nicht entraten.

Ehe ich mich anschicke, Joseph Roth (und mit ihm auch seine österreichischen Zeitgenossen) in eine solche Literaturgeschichte einzupacken, schien es mir dringlich, die Rolle, die sein Werk bislang in den Literaturgeschichten einnahm, zu prüfen und zu skizzieren. Es scheint mir durchaus angebracht dies zu tun, da diesen Literaturgeschichten (und auch einigen Lexika) in hohem Maße Repräsentationscharakter zukommt; wenn ich nun mitunter kritisch mich äußere, so verstehe ich die Darstellung der Mißgriffe als Warnung an mich selbst. In solchen Literaturgeschichten wird in etwa das Bild weitergegeben, das eine größere Leserschaft — natürlich nicht nur der Literaturgeschichten — sich von einem Autor und seinem Werk macht. Der begreifliche Wunsch, etwas auf einen Nenner gebracht zu sehen, ist auch das Erfolgsrezept der Literaturgeschichten, die nach wie vor bemüht sind, Formeln anzubieten, die konversationstüchtig machen. Daß diese Prägung von Standardurteilen verhängnisvoll sein kann, ist eine Tatsache, auf die die kritische Germanistik der letzten Jahre mehrfach hingewiesen hat, aber dieser Umstand hat nichts daran geändert, daß weiterhin Literaturgeschichten verfaßt, gedruckt und auch verkauft werden.

Untersucht man die Präsenz eines Autors in solchen Literaturgeschichten, so geht es nicht darum, primär Kritik daran zu üben, wie wenig oder wie viel darin zu finden ist — die Raumnot macht die *brevitas* verständlich — sondern eben die Modelle zu prüfen, mit denen auf diesen Autor reagiert wird. Daher wirkt diese Untersuchung auf eigentümliche, wenngleich einsehbare Weise auf das Werk selbst zurück, indem sie faßbar macht, was unter welchen Umständen über die Rampe gekommen ist. So sind diese Literaturgeschichten auf dem literarischen Markt beileibe nicht nur das, was die McDonalds Kette auf dem Ernährungssektor ist, nämlich die Herstellung von standardisiertem „fast food" mit weltweit gleicher Qualität, wo man kaum Gefahr läuft, grundsätzlich verderbliche oder verdorbene Ware zu bekommen (in Wien wurde allerdings einmal in einem Hamburger eine tote Maus mitgeliefert — auch das gibt es in den Literaturgeschichten); Literaturgeschichten sind nicht nur solche auf Konsumenten berechnete Ware, sondern wichtige Indikatoren für den Umgang mit Literatur überhaupt.

Zu dem Thema der Rezeption Joseph Roths in den Literaturgeschichten gibt es bereits in der außerordentlich materialreichen Studie von Margarete Willerich-Tocha *Rezeption als Gedächtnis. Studien zur Wirkung Joseph Roths*[1] ein ausführliches und eindringliches Kapitel, dessen Ergebnisse hier nicht wiederholt zu werden brauchen. Es geht mir vielmehr um einige Ergänzungen und um den Versuch, die Mechanismen, die diese Literaturgeschichten kennzeichnen, zu

---

[1] Margarete Willerich-Tocha, *Rezeption als Gedächtnis. Studien zur Wirkung Joseph Roths* (Frankfurt, Bern, New York: Lang, 1984).

behandeln und rückwirkend das Werk zu befragen, welche Momente in die Literaturgeschichte hinüber gerettet und welche notwendigerweise hinausperspektiviert wurden. Zunächst einmal ist bis 1956 die Präsenz Roths in den Literaturgeschichten und Lexika kaum gegeben; Willerich-Tocha verweist auf Félix Bertaux, der bereits 1928 in der Literaturgeschichte (*Panorama de la littérature allemande contemporaine*, Paris 1928), Roth als Autor gepriesen hat, bei dem die Neue Sachlichkeit tatsächlich poetische Qualitäten habe. Ansonsten aber bleibt Bertaux allein auf weiter Flur, und das allmähliche Auftauchen Roths ist einer der interessantesten Indikatoren für die Wandlung des literarischen Wertgefüges in den letzten vierzig Jahren.

Zunächst ist mit einer Fehlanzeige zu beginnen: Weder bei Nagl-Zeidler-Castle im vierten Band der *Literaturgeschichte* (1937)[2] noch bei Josef Nadler in seiner als Sühnetat für die früheren Versuche konzipierten *Literaturgeschichte Österreichs* von 1948 ([2]1951) erwähnen Joseph Roth, obwohl sie mit vielen gleichaltrigen Autoren genug raumgreifend umgehen; auch fehlen Zweig und Werfel bei Nadler nicht, wenngleich ihnen kaum eine ehrenvolle Rolle zugedacht wird.

Die erste Nennung in einer spezifisch österreichischen Publikation findet sich in der für Schulen geschriebenen Publikation *Die österreichische Dichtung im Rahmen der Weltliteratur* von Dr. Werner Tschulik, wo Roth eingezwängt zwischen Gerhard Ellert, Rudolf Henz, Julius Zerzer, Luise Bachmann und einigen anderen heute zurecht vergessenen Autoren mit einer kuriosen Charakterisierung sein Eigenleben fristet:

> Das Ende seines [gemeint ist Karl V., der Held eines Romans von Gerhard Ellert war] Reiches, in dem die

---

2 Der Einfachheit und Übersichtlichkeit halber werden alle herangezogenen Literaturgeschichten, Lexika und Essaysammlungen in der Reihenfolge ihrer Behandlung im Anhang zitiert; der Verweis auf die Seite befindet sich an der zugehörigen Stelle im fortlaufenden Text in Klammern.

> Sonne nicht unterging, schildert Joseph Roth (1894-1939) in naturalistischer Kleinmalerei in seinem *Radetzkymarsch* an dem Schicksal von drei Generationen einer österreichischen Beamtenfamilie, deren Letzter im ersten Weltkrieg auf lächerlich tragische Art sein Leben verliert, ein Sinnbild seines Landes. (S. 251)

Und dabei sollte es in der Folge bleiben: Es überlebt der *Radetzkymarsch*, weil an ihm sich am ehesten das konkrete Interesse auch des Autors feststellen ließ.

In der Folgezeit ist von Roth fast nur etwas vom *Radetzkymarsch* zu vernehmen: Roth als *auctor unius libri*. Vom Frühwerk vorerst noch keine Spur. Was in diesen Texten geschieht, ist eindeutig Zeugnis eines kollektiven Verdrängungsvorgangs, der sich auf die Formel bringen läßt: Für die Literaturwissenschaft waren — grob gesprochen — in den ersten fünfundzwanzig Jahren nach dem Zweiten Weltkrieg die zwanziger Jahre kein Thema, vor allem kein Thema literaturwissenschaftlicher und im engeren Sinne literaturgeschichtlicher Anschauung.

Daß Roth fehlt, ist somit nicht den Verfassern dieser Literaturgeschichten im einzelnen anzulasten, sondern diesem Prozeß der Restauration, der nur auf solche Gegenstände den Blick freigab, die dem Wiederaufbau nicht im Wege standen und der den Bezug zur Vergangenheit — wenngleich Nostalgie als Grundtenor angesagt war — harmonisierte. Bezeichnend auch Adalbert Schmidt, der 1959 in seiner *Literaturgeschichte* unter dem Titel *Wege und Wandlungen moderner Dichtung* Joseph Roth zwischen Stefan Zweig und Eduard von Keyserling plaziert. Es sind fürwahr Umgebungen, in denen Roth nicht so zu Hause war, wie es der Verfasser möchte. Die Verlegenheit der Zuordnung ist allen diesen Versuchen deutlich anzumerken; Joseph Roth ist auch ein Heimatloser in den Literaturgeschichten:

> Ein anderer unglücklicher Österreicher, der aus Galizien stammende Joseph Roth ... bekennt: „Mein stärkstes

Erlebnis war der Krieg und der Untergang meines Vaterlandes, des einzigen, das ich je besessen habe: die österreichisch-ungarische Monarchie." Ein Bild dieses verlorenen Vaterlandes, für dessen Bestand Roth als Kriegsfreiwilliger in den ersten Weltkrieg gezogen war, zeichnet in spätherbstlicher Schwermut der Roman *Radetzkymarsch* ... (S. 47)

Ähnlich verfährt Adalbert Schmidt in seinem Werk *Dichtung und Dichter Österreichs im 20. Jahrhundert*, wo Joseph Roth — und hierin ist Schmidt Schüler Nadlers — auf Grund seiner „Stammeszugehörigkeit" eingeordnet wird. Roth erscheint in der Nähe von Karl Emil Franzos, als der letzte Exponent der galizischen Literatur gewissermaßen. Die Biographie liest sich als die beispielhafte Geschichte eines Österreichers:

Sein Geburtsort, das kleine wolhynische Nest Schwabendorf bei Brody, lag in jenem Grenzgebiet, in das zwar noch spärliche Strahlen der habsburgischen Sonne reichten, das aber schon vom rauhen Atem des nahen Zarenreiches überweht war. Von dort kam Roth bald nach dem österreichischen Westen, studierte in Wien deutsche Philologie, nahm als Kriegsfreiwilliger am Ersten Weltkrieg teil und stand als österreichischer Offizier an der Ostfront. Dann folgten Jahre journalistischer Tätigkeit in Wien und Berlin. 1933 emigrierte er und lebte in Österreich, Holland, in der Schweiz und in Frankreich, in dessen Hauptstadt er starb. (S. 197)

Vom belletristischen Werk Roths scheinen nur *Hiob* und — weitgehend einläßlicher charakterisiert — *Radetzkymarsch* zu existieren. In seinen Schriften würde die Welt Hofmannsthals und Schnitzlers präsent sein, „nur noch melancholischer, von der slawischen Schwermut des Ostjudentums erfaßt" (S. 197).

Deutlich wird mit der ethnischen Zugehörigkeit operiert; den einzelnen Völkern werden verschiedene Eigenheiten zugeschrieben, aus denen dann die Werke ableitbar wären. So gut wie ausgeblendet scheint die Frühzeit; alles führt *recta linea* auf den Österreicher Roth, auf ihn als den Repräsentanten des Vielvölkerstaates nach dessen Untergang zu; der in Österreich und Deutschland praktizierte Journalismus scheint nur das Vorspiel zu den Romanen; auch der Begriff des Exils wird vermieden, es bleibt bei dem ohnehin schon euphemistischen Begriff der „Emigration." Bezeichnend auch, daß auf die Herkunft des Helden von Solferino aus „slowenischem Bauernblut" hingewiesen und die Monarchie wehmütig als das einzige Vaterland Roths bezeichnet wird. Solche Stellungnahmen paßten sehr gut in die fünfziger und frühen sechziger Jahre, in jene Phase, die als austriakische Restauration in die Literaturgeschichte eingegangen ist und der ein anderer Autor, Gerhard Fritsch, ja mit seinem Roman *Moos auf den Steinen* (1954) im Gefolge Roths ein von Widersprüchen nicht freies, aber vielleicht gerade deshalb wiederum glaubwürdiges Dokument als Tribut entrichtet hatte. Gerade aber die Widersprüche, die sich aus Roths Werk wie aus seiner Biographie ergeben, ja jedes Moment der Diskontinuität sind ausgeblendet. So schottet sich die österreichische Literaturgeschichte ab und beugt prophylaktisch einer Einvernahme durch eine deutsche Literaturgeschichte vor. In den ersten Literaturgeschichten, in denen etwas ausführlicher auf das Frühwerk eingegangen wird, verfährt man nach dem Prinzip *divide et impera*; so bei Paul Fechter, wo von einem Roman mit dem Titel *Savoy-Hotel* die Rede ist, und *Die Rebellion*, *Die Flucht ohne Ende* und *Rechts und links* erwähnt werden: „In diesen Romanen steckt eine genaue Zeitanalyse. Sie stimmen darin zum Teil überein mit den Romanen von Heinrich Mann und Hermann Kesten." Und dann kommt die Pointe: „Aber der ‚eigentliche' Roth kommt in ihnen noch nicht zur Geltung" (S. 132). Wie sieht nun dieser „eigentliche" Roth aus? Seine Werke (*Radetzkymarsch, Das falsche Gewicht, Geschichte von der 1002.*

Nacht und *Die Kapuzinergruft*) scheinen sich zu einem Zyklus zusammenzuschließen, und wenn Roths Formel vom Radetzkymarsch als der „Marseillaise des Konservatismus" zitiert wird, dann ist er der, der er sein soll: ein Anwalt der konservativen Revolution. Unter diesem Begriff scheinen ja auch die Diskontinuitäten (oder was als solche gedeutet werden könnte) verständlich und seine Brüche erklärbar.

> Aber sein Herz hängt am Alten. An dem alten österreichischen Heer, das bei ihm an einer alles auflösenden Langeweile zugrunde geht, und es hängt an dem alten Kaiser Franz Joseph, dem Märchenkaiser einer versinkenden, versunkenen Welt, der die Juden, die Menschen schützte, und der mit dem immer schwächer werdenden Pflichtschlag seines Herzens zusammenhielt, was nicht mehr zusammenhalten wollte. (S. 132)

Freilich ist heute die Frage erlaubt, ob dieser „eigentliche" Roth nicht auch der „uneigentliche" ist. Roth scheint hier eingespannt zwischen Kraus und Musil; die Formel von Kraus von Österreich als der „Versuchsstation des Weltuntergangs" wird zur Signatur, die sich auf diese Trias anwenden läßt.

Als geradezu paradigmatisch für den Versuch, den „eigentlichen" Roth zu entdecken, ihn aus allen konkreten politischen Implikationen herauszunehmen, erscheint der Artikel Gerhart Baumanns in Kunischs *Handbuch der Gegenwartsliteratur* von 1964/65, worin Roth der Rang eines „wichtige(n) Chronisten" der untergegangenen Donaumonarchie zugestanden wird:

> Nur das Vergangene gewinnt Leuchtkraft und Legitimität, während die Gegenwart eigentümlich blaß und mittelbar erscheint; alles ist nur, indem es vergangen ist — entsprechend spiegelt sich die Kindheit über dem versunkenen Österreich. Die Menschen gehen nie im

> Augenblick auf, vielmehr leben sie in gegenwärtiger Vergangenheit. ... Unstet, auf einer *Flucht ohne Ende* ... gefällt sich Roth in den Rollen der „großen Komödie." ... Zugleich Virtuose und Moralist, Abenteurer und Gläubiger, Verehrer und Kritiker, belichtet er Gestalten und Geschehnisse vielfältig, läßt mit Vorliebe aus einer Sicht das jeweils Komplementäre hervortreten .... Analog den Zeitverhältnissen bevorzugt R. auch im Räumlichen das Abgeschlossene. (S. 143f.)

Am sichersten sind die Widersprüche in Antithesen aufgehoben, am besten läßt sich die komplexe Biographie durch die Paradoxien zudecken oder damit erläutern, so daß das Leben selbst zum Kunstwerk wird: Roth, der Autor des Romans *Flucht ohne Ende* ist auf einer Flucht ohne Ende; das Wort Flucht erhält dadurch eine existentielle Dimension und unterschlägt, so gebraucht, die geographisch-historisch konkrete Konnotation, die der Roman ja auch anbietet.

In Werner Welzigs Buch *Der deutsche Roman im 20. Jahrhundert* werden *Hiob* und *Radetzkymarsch* wie *Kapuzinergruft* behandelt, jener als Sonderfall des Entwicklungsromans, da darin die nachdrückliche Auseinandersetzung mit dem eigenen Ich und dessen Verhältnis zur „Realität der Außenwelt, die sich in fast allen modernen Entwicklungsromanen findet" (S. 14), fehle. *Radetzkymarsch* und *Kapuzinergruft* erscheinen als Epochen- und Generationsroman, in stetem Vergleich zu *Buddenbrooks*, den *Schlafwandlern* und dem *Mann ohne Eigenschaften*. Die konkreten Entstehungsbedingungen interessieren hier nicht, es geht um die Romantypologie, wie denn auch das Frühwerk fast durchgehend fehlt. Zusehends stellt sich bei Analyse der Literaturgeschichten die Einsicht ein, daß es gerade die Behandlung des Frühwerks ist, an der die einzelnen Autoren kenntlich werden.

Zu einem Zeitpunkt, da das *Spinnennetz* schon vorlag, wird der Verzicht auf den „uneigentlichen" Roth immer seltener. Mehr und mehr schiebt sich denn auch das Frühwerk in den

Vordergrund. Ganz im Unterschied zu den meisten Literaturhistorikern oder Lexikographen markiert Welzig denn auch schon im *Radetzkymarsch* die satirischen Elemente, verzichtet jedoch darauf, die sich daraus ergebenden Probleme bei der Bewertung des Buches zu analysieren.

Diese hier angedeutete Entwicklung der Roth-Rezeption kulminiert in einem Werk, das nun über zwanzig Jahre die Diskussion um den Begriff der ‚österreichischen Literatur' bestimmt und auch einen Diskussionsstandard vorgegeben hat, hinter den man — bei aller Problematik des Ansatzes — nicht zurückfallen sollte; ich meine die Dissertation von Claudio Magris *Der habsburgische Mythos in der österreichischen Literatur,* worin Joseph Roth zum Kronzeugen der zentralen These des Buches avanciert. Wenn ich recht sehe, schleicht sich bei Magris ein Terminus ein, mit dem Roth zuvor nicht so intensiv belegt worden war, nämlich der des Mythos. Die slawische Welt erscheint als die Urheimat der Epik, das Werk wie das Leben wird mit Termini wie „Odyssee" und „Saga" umschrieben. Sehr ausführlich läßt sich Magris auf das Frühwerk ein, dessen Höhepunkt für ihn zweifelsfrei *Die Flucht ohne Ende* ist. Tunda ist ein Mensch „in ständiger Flucht, dessen Geschichte eine ziellose Odyssee darstellt" (S. 257). Mit einem dialektischen Kniff gelingt es Magris jedoch auch, dieses Frühwerk für seine Perspektive einzufangen, in deren Fluchtpunkt eben jener von Roth beispielhaft verwaltete habsburgische Mythos steht: „Diese Romane sind ein negativer, indirekter Weg, um des Dichters Bindung an die habsburgische Welt zu bezeugen. Nihilismus und Pessimismus sind die Reaktion auf den Zusammenbruch" (S. 257). Roth wird zum Archipoeten:

> Roth war, seine Freunde bezeugen es, auch mündlich ein unerschöpflicher Erzähler, gleich einem alten griechischen Sänger; und in seiner Kunst liegt etwas Homerisches, eine außergewöhnliche Einfachheit und ewige Frische, die ihm den Zugang zu allen Äußerungen des Lebens erschließen. (S. 259)

Frei nach Schiller: Roth erscheint als ein naiver Dichter des 20. Jahrhunderts, der durch seine Dichtung „vielleicht unbewußt, die Enge seiner Anschauung überwunden" hat (S. 259). Das letzte Wort des Roth-Kapitels lautet bezeichnenderweise „Flucht" und ist dem Franz Ferdinand Trotta aus der *Kapuzinergruft* nachgerufen. Einer der letzten Versuche, Roth aus allen diesen historischen Implikationen herauszuhalten, stammt von Klaus Günther Just in seiner *Geschichte der deutschen Literatur von der Gründerzeit bis zur Gegenwart*, worin die Romane vom *Hotel Savoy* bis zur *Legende vom heiligen Trinker* (1939) als ein „erzählerisches Kontinuum ohnegleichen" gewürdigt werden. Da gibt es diese Brüche nicht, die Magris dialektisch zu kitten versucht hatte; das Spätwerk nach dem Roman *Tarabas* wird mit einem Satz abgehandelt: „In ihnen transzendiert Exilliteratur sich selbst" (S. 519).

Wie sehr die Thesen von Magris nachwirken, belegt der Essay von Ulrich Greiner in den von Jochen Jung herausgegebenen *Österreichische[n] Porträts*, worin vor allem der habsburgische Roth charakterisiert, der „rote" so gut wie vergessen, und der *Hiob* zum „schönsten Roman" erhoben wird (S. 374). Die frühen Romane hätten etwas „Unfertiges, Unausgeführtes" (S. 372) an sich. Liest man aber — so Greiner — diese frühen Romane nacheinander, dann würden sich „plötzlich die fragmentarischen Teile zu einem einzigen traurigen schönen Gemälde" zusammenfügen (S. 373), kurzum: Roth avanciert zum Homer des versunkenen Galizien.

Mit der Dissertation von Magris, vor allem auch mit seinem Buch *Lontano da dove* (1971), schien der Rang von Roth aber auch sein Ort als Exponent des habsburgischen Mythos festgeschrieben. Und viele Stellungnahmen in Literaturgeschichten lassen sich denn auch als Reflexe dieser Entwicklung erkennen, die wir in Ansätzen bei Adalbert Schmidt schon erkennen zu können meinen. Doch wird die „Ambivalenz des Österreichbildes"[3] nur selten Gegenstand der

---

3 Willerich-Tocha, S. 201.

Untersuchung, kurzum jene Einsicht von Lukács zum *Radetzkymarsch*, die 1939 in der *Literaturnaja gaseta* veröffentlicht worden war, hat trotz ihrer deutschen Erstveröffentlichung bei Hackert sich in den Literaturgeschichten kaum durchsetzen können; sie entzieht sich, so scheint es zumindest, der Formulierungspraxis der Literarhistoriker oder läßt sich auf dem engen Raum nicht entfalten.

In den siebziger Jahren wird die Szene der Literaturgeschichte zum Tribunal; das Spiel der Belastungen und Entlastungen beginnt. Vor allem ist es das Tribunal der politischen Geschichte, das Tribunal der Sozialgeschichte, vor das die Autoren gestellt werden. Den Vorgeschmack darauf, was Roth in den Literaturgeschichten der BRD widerfuhr, liefert zunächst die *Geschichte der deutschen Literatur. 1917 bis 1945* aus der DDR. Da gibt es zunächst eine ausführliche, kaum wertende Analyse, die Roth einen gewissen Vorsprung in bezug auf Einsicht von Bernhard Kellermann unterstellt (S. 127). Schlecht bekommt Roth jedoch seine „Abwendung vom Zeitstoff," die bissige Polemik gegen die zeitgenössische Prosa und die Einnahme der „Gegenposition passiver Bewahrung menschlicher Integrität" in *Hiob*; *Radetzkymarsch* und *Kapuzinergruft* erscheinen als „Sinnbild des Untergangs einer Epoche" (S. 329f.); Carl Joseph Trotta geht „am Verlust eines sinnvollen Lebensinhalts zugrunde" (S. 330). Und zuletzt wird Gewinn und Verlust gegeneinander abgewogen: „Der Rückblick erreicht nicht die Qualität einer der Zukunft zugewandten Bilanz" (S. 330). In einer Generalrevue des Spätwerks werden dann dialektische Volten geschlagen: „Geschichte wird zur Heilsgeschichte." Roth hätte festgehalten „an einer kritikwürdigen Welt, deren Sterben er dennoch als unausbleiblich empfand." Doch dann kommt es: „Diese Sehweise ermöglichte ihm bis zuletzt eine realistische Erzählkunst" (S. 526f.). Die Ohrfeige wird Roth jedoch im Übergang zu Stefan Zweig verpaßt: „Weltoffener und von großer internationaler Wirksamkeit ist das Schaffen Stefan Zweigs" (S. 527).

In einer Argumentationsstrategie wie dieser kann Roth nur als „realistischer Erzähler" gerettet werden. Und so fällt denn auch auf, daß in den Sammelwerken der Folgezeit Roth denn auch zusehends einfach eine andre literarische Ahnenschaft zugeschrieben wird. Hinter einem solchen Verfahren schimmert — meist bis zur Unkenntlichkeit entstellt — das Argumentationsmuster von Lukács' Rezension aus dem Jahre 1939 durch. Wird Roth — wie damals durchaus gängig — in Wilhelm Koschs *Deutschem Literaturlexikon* als Erzähler, der „mit seinen Romanen im Banne der altösterreichischen Tradition stünde," bezeichnet, so wird nun zusehends der Einfluß der französischen Realisten hervorgehoben. Roth erscheint als Kind vieler Väter, so in Gero von Wilperts Autorenlexikon: „Österr. Erzähler anfangs in der Nachfolge des franz. und russ. psycholog. Realismus (Balzac, Stendhal, Flaubert, Gogol, L.N. Tolstoij, Dostoevskij), später stärker unter Einfluß des Wiener Impressionismus (Hofmannsthal, Schnitzler)." Doch wird ihm die neue Ahnenschaft zum Verhängnis. In der bei Fischer erschienenen *Sozialgeschichte der deutschen Literatur von 1918 bis zur Gegenwart* formuliert Jürgen C. Thöming:

> Joseph Roth kann als Beispiel für Brechts gegen Lukács vertretene These gelten, daß ein Schriftsteller heute nicht mehr adäquat arbeiten könne, ohne wissenschaftliche, sozio-ökonomische Analysemodelle zur Kenntnis zu nehmen. Was dem hochbegabten Erzählmedium Balzac 100 Jahre zuvor noch an adäquater Weltbeschreibung gelingen konnte, mißlang dem hochbegabten Erzählmedium Roth auf z.T. sehr hohem Niveau. Die Darstellungen österreichisch-ungarischen Garnison- und Kleinstadtlebens sind von größtem Unterhaltungs- und Dokumentationswert; als analytische erfahrungsverarbeitende Modelle sind sie dagegen nur für denjenigen Leser wertvoll, der Roths suggestive Verallgemeinerung relativieren kann. (S. 195f.)

Und da wäre nach der Meinung Thömings Johann Schaafs Film von 1971 sehr „nützlich."
Zugleich aber erfolgt in dieser Literaturgeschichte etwas, das sich in der Folgezeit auch als Hauptmerkmal erweisen sollte. Galt Joseph Roth vor allem als das Musterbeispiel des österreichischen Autors, so wird er nun zusehends zum Kommentator, später zum Autor auch der Weimarer Republik. Mehr und mehr werden seine Glossen zur Literatur und zu den kulturellen Ereignissen dieser Epoche (meist zustimmend) herangezogen. Ödön von Horváth und Joseph Roth werden in diesem Zusammenhang zu „Wahldeutschen" (S. 191); das Frühwerk gewinnt an Bedeutung, zusehends manifestiert sich darin der hellsichtige Analytiker der Verhältnisse, die zur Katastrophe führen mußten: „Roth gehört zu den ganz wenigen Schriftstellern, die schon während der frühen Weimarer Zeit die faschistische Gefahr eindeutig prognostiziert und sinnlich erfahrbar vermittelt haben" (S. 193f.). In dieser Literaturgeschichte geht es auch zum ersten Mal um die mehrschichtige Kausalität des Wandels in der Anschauung,

> Roths Unsicherheit und widerspruchsvolles Nebeneinander kritisch rationalen und subjektivistisch emotionalen Welterlebens drängte mangels theoretischer und praktischer politischer Arbeit keiner Klärung zu, sondern vergrößerte sich sowohl weltanschaulich als auch in den literarischen Ausdrucksformen ...

Er wird „apolitisch resignativ" (S. 194). Man mag an der Gültigkeit der Erklärung zweifeln, aber für die Widersprüche wird hier immerhin eine Lösung offeriert: „Im Dokumentarischen war er durch die Zeitgenossen ein- und überholbar, so daß er, um sich als unverwechselbares Subjekt zu bewahren, auf sein jüdisch-österreichisch geprägtes Erlebnispotential und auf seinen durchtrainierten impressionistischen Sprachstil zurückgriff" (S. 195). Gilt für Thöming noch die Tatsache als gegeben, daß Roth „das selbstlose Dienen in patriarchalischen

Idealbeziehungen" feiere (S. 195), so weiß Hartmut Böhme in demselben Werk von der „unnachahmlich melancholische(n) Ironie" zu berichten, mit der der Verfall der Familie Trotta erfaßt würde (S. 289). Ein sehr schönes Beispiel für die „Ambivalenz dieses Österreich-Bezugs" — es kommt darauf an, wofür der Leser sich entscheidet. Dieser Literaturgeschichte kommt natürlich die These vom habsburgischen Mythos außerordentlich entgegen. Mit der Einweisung in den Bereich des „habsburgischen Mythos" scheint das Spätwerk denn auch qualifiziert, ja abqualifiziert.

Interessant nun ist das vorwiegend in der Weimarer Republik und für sie konzipierte Frühwerk bis etwa zur *Flucht ohne Ende*. In der Sammlung *Weimarer Republik. Manifeste und Dokumente zur deutschen Literatur 1918-1933* avanciert Roth denn auch zum Kronzeugen der Epoche und zum Kommentator der Weimarer Republik.

Diese Entwicklung setzt sich fort in der von Horst Albert Glaser herausgegebenen Reihe *Deutsche Literatur. Eine Sozialgeschichte: Weimarer Republik — Drittes Reich: Avantgardismus, Parteilichkeit, Exil 1918-1945*, worin sich die kritischen Töne verstärken. Roths Brief an die Redaktion der *Frankfurter Zeitung* vom 2. Juni 1926 wird von Helmut Mörchen als „beschämendes Dokument der Unterwerfung" unter die Praktiken einer „bürgerlichen Zeitung" (S. 180) bezeichnet. Zum Vorwurf wird ihm gemacht, daß er auf direkte „Parteinahme verzichtet" (S. 182). Ob dies zutrifft oder nicht, sei hier dahingestellt. Erschreckend ist indes, was von Joseph Roth in dieser Literaturgeschichte übrig bleibt; in dem sonst sehr informativen Beitrag von Friedrich Achberger über Österreich in dieser Literaturgeschichte bleibt von Roth nicht viel, ja so gut wie gar nichts übrig: als „Sonderfall" wird der Roman *Die Rebellion* abgehandelt, worin er „einen kritischen Einblick in die obrigkeitshörige, mißtrauische Volksseele, in die Ressentimentküche des bedrohten Mittelstandes" gebe (S. 328). Dem Werk Roths werden sechs Zeilen, dem Hugo Bettauers 37 Zeilen gewidmet. Angespielt wird noch auf sein Votum für den

Ständestaat; der *Radetzkymarsch* gerät in eine Reihe mit Bruno Brehms *Apis und Este* und Lernet-Holenias *Standarte* und Csokors *Dritter November 1918* (S. 329f.) und damit mittelbar ins Schußfeld der Kritik.

Damit wäre eine Situation erreicht, die reziprok zur Ausgangssituation in bezug auf die Wirkungsgeschichte zu sein scheint. Das Frühwerk hat das Spätwerk verdrängt, es ist, als machte man um alles, was zu sehr an den habsburgischen Mythos erinnert, einen Bogen, und rette Roth und sich selber vor der Sentimentalität.

Die Einbindung Roths in die Weimarer Republik ist offenkundig zur *communis opinio* und zur fast widerspruchslosen Praxis der Literaturgeschichte geworden; Peter Sloterdijk gesteht seinen Romanen wie denen anderer Autoren der Weimarer Republik einen höheren Aussagewert zu als der professionellen Philosophie; die andren Autoren sind Brecht, Toller, Kästner, Döblin, Th. Mann, Feuchtwanger, v. Horváth und Broch.[4] Schütz wiederum behandelt den Reporter Joseph Roth, der sich durch seine Haltung ("gelinde Trauer, Wehmut und Schmerz") von andren Reportern unterschiede (S. 132). Ohne eine schärfere Trennungslinie zu ziehen, stellt Ronald Taylor (*Literature and Society in Germany 1918-1945*) Broch und Musil nebeneinander und markiert ihre Herkunft, geht aber in keinem Fall auf die unterschiedlichen Voraussetzungen ein, die deren Werken zuzuschreiben wären.

Man könnte diese Entwicklungen als für Roth und die Substanz seines Werkes als mehr oder weniger irrelevante Entwicklungen abtun; doch kommt allen diesen gedruckten Aussagen so etwas wie Symptomkraft zu. In der mit gutem Grund umstrittenen *Deutschen Literaturgeschichte. Von den Anfängen bis zur Gegenwart* findet sich ein einziger Satz über Joseph Roth, und zwar der: „Von Joseph Roths Trilogie über den Niedergang der österreichischen Monarchie war der erste Band bereits in den zwanziger Jahren erschienen, ..." (S. 328).

---

4 Zitiert nach Schütz, S. 12.

Natürlich ist das kein ernstzunehmender Ausspruch, aber es zeigt sich doch, wie in einer Literaturgeschichte, deren Ziel die knappe Information ist, ein Autor, dessen Widersprüche zum Denken anregen, marginalisiert und mit einer Geste der Beiläufigkeit an die Seite geschoben wird. Doch brauchen wir nicht auf diesem kritischen Tone zu enden. Die Nachschlagewerke (so die neue Auflage von Kunischs Handbuch, so auch Braunecks Lexikon) bieten gedrängt Informationen. Gerade der Artikel von Sültemeyer bei Kunisch zeigt — im Unterschied zu dem von Gerhart Baumann, der vorher an der Stelle von Sültemeyers Artikel stand — sehr schön, wie auch alle Widersprüche komprimiert dargebracht werden können; bei Brauneck läßt die Kritik an Roths (vermeintlich) apolitischer Haltung doch auch Raum für eine Würdigung seiner ästhetischen Qualitäten. Zsusza Mádl schließlich ist in einem Sammelband aus der DDR darum bemüht, den Nachweis der Einheit des Gesamtwerkes zu bringen: Von Anfang an ist Roth darauf aus, immer denselben Inhalt auszudrücken, und zwar „den Untergang einer Epoche" (S. 393). Roth hätte die „österreichische Tradition schöpferisch bewahrend," ein „melancholisches und gefühlvolles, gleichzeitig aber objektives Bild einer bereits vergangenen, von ihm aber wahrheitsgetreu heraufbeschworenen Epoche" gezeichnet (S. 402). Wenn Interpreten weichherzig sind, dann bringen sie viel unter einen Hut. Wie sehr sich die Rezeptionssituation zugunsten des Frühwerks verlagert hat, geht auch aus allen anderen Literaturgeschichten jüngeren Datums hervor. Unter dem Titel *Historie und Gegenwart im Roman* handelt Dieter Mayer das Romanwerk Roths in der *Geschichte der deutschen Literatur vom 18. Jahrhundert bis zur Gegenwart* ab. Der *Radetzkymarsch* gilt zwar immer noch als das bekannteste Werk, wird auch mit Musils *Mann ohne Eigenschaften* und Brochs *Schlafwandlern* zu jenen eine Summe aus den Erfahrungen in Krieg und Nachkriegszeit ziehenden Büchern gerechnet, „die in der Literatur das nahe Ende der Republik im deutschsprachigen Raum signalisierten" (S. 145). So werden die ästhetischen Qualitäten kaum zum Gegenstand der Debatte; es ist die politische Brisanz, das beinahe Prophetische dieser Bücher, das ihren Wert ausmacht. Roths Werk scheint auf seinen Dokumentarwert reduziert; das meiste Augenmerk gilt daher dem *Spinnennetz* und in der Folge den Essays.

Ich würde, überpointiert gewiß, formulieren: Auch dieser Typ von Literaturgeschichte glaubt an so etwas wie an den „eigentlichen" Roth, auch wenn dieses Jargonwort nicht ausgesprochen wird; vielleicht ist es der Fluch der Literaturgeschichte überhaupt, sich solcher Jargonwörter bedienen zu müssen.

Kompatibel mit der Darstellung bei Žmegač ist auch die Literaturgeschichte von Dmitri Zatonskij, der vor allem auf das Frühwerk eingeht, und da wiederum auf das *Spinnennetz*; er trennt radikal zwischen dem großen Künstler und dem versagenden Politiker Roth und sucht in einer Serie von Paradoxien seine Zuflucht.

Der Kuriosität halber sei hier auch noch extensiv zitiert, wie Hans-Bernhard Moeller den *Radetzkymarsch* in der von Erhard Bahr herausgegebenen Literaturgeschichte auffaßt:

> Zum einen veranschaulicht Roth den Untergang des Habsburgischen Reichs, den der Roman letztlich meint, nicht an der Kaiserfigur, sondern an der geschichtlichen Nebengestalt des Hauptmann von Trotta. Zum andern ließ er den Hauptmann, den die Schulfibel zum vorbildlichen nationalen Helden aufzubauen suchte, gegen diese verklärende Berichterstattung vorgehen. Trotta hatte nämlich Kaiser Franz im Felde geschützt; er dringt deshalb auf eine Revision des Schulbuchs. (S. 394)

So steht's geschrieben. *Sapienti sat.*

Dieser *tour d'horizon* war keineswegs als eine Abrechnung mit den Skribenten von Literaturgeschichten gedacht, auch nicht als ein reuiges Selbstbekenntnis; sehr wohl aber lag es auch in meiner Absicht, unser Tun und Lassen als Literaturwissenschaftler kritisch zu befragen. So sehr die Spezialforschungen auch ein differenzierteres Urteil über Roth ermöglicht haben, so wenig war es doch auch trotz ihres Vorhandenseins möglich, den Prozeß der Urteilsfindung zu beeinflussen. Und gegen solche Urteile muß der Literaturwissenschaftler, der Spezialist sich rüsten. Deutlich wird vor allem, wie die jeweiligen Versuche, Roth für eine bestimmte Position einzuvernehmen, scheitern, wie innerhalb einer kurzen Periode sich die Perspektiven, die an ein Werk angelegt werden, wandeln, wie der Kanon immer wieder erneuert wird. Die Ursachen dafür sind denn doch auch im Werk zu sehen; es setzt allen diesen Versuchen seine gegründeten Widerstände entgegen. Das Werk, das als die Exemplifikation des Österreichischen schlechthin galt, dient auch dazu, für die Weimarer Republik zentrale Momente der Betrachtung zu erschließen. Durch die vergleichende Betrachtung werden die Literaturgeschichten selbst zu dem Mythos, den sie den Werken unterstellen. Roths Werk bezieht vielleicht gerade auch daraus seine Energien, daß es zwischen der Ersten Republik in Österreich und der Weimarer Republik angesiedelt werden muß, daß es als Werk diese Überschriften und Kennzeichnungen selbst für den literaturwissenschaftlichen Gebrauch ad absurdum führt. Es sperrt sich in seiner Gesamtheit dem Anspruch jener, die die Rubrizierung vornehmen, zum Fall, zum Paradigma herabgewürdigt zu werden. In diesem Sinne wirkt die Revue der hier vorgestellten Urteile zurück auf das Werk selbst, das sich der Greifbarkeit entzieht und immer zu neuer Formulierung zwingt. Die Pauschalurteile zwingen indes auch die Spezialisten, sich gegen diese zur Wehr zu setzen, dafür zu sorgen, daß es sich bei der Aufnahme eines Autors in einem Lexikon oder einer Literaturgeschichte nicht um eine Endlagerung handelt.

Roths Werk ist in keinem Kapitel daheim; es ist auf der Wanderschaft.

ANHANG

Behandelte Literaturgeschichten, Lexika und Essaysammlungen in der Reihenfolge ihrer Erwähnung

Johann Willibald Nagl, Jakob Zeidler, Eduard Castle (Hrsg.): *Deutsch-österreichische Literaturgeschichte*, 4. Bd (Wien: Carl Fromme, 1937)
Josef Nadler, *Literaturgeschichte Österreichs* (Linz: Österr. Verlagsanstalt, 1948, Salzburg: Otto Müller, ²1951)
Werner Tschulik, *Die österreichische Dichtung im Rahmen der Weltliteratur* (Wien: Österr. Bundesverlag, ²1952)
Adalbert Schmidt, *Literaturgeschichte. Wege und Wandlungen moderner Dichtung* (Salzburg: Das Bergland-Buch, ²1959)
Ders.: *Dichtung und Dichter Österreichs im zwanzigsten Jahrhundert* (Salzburg: Das Bergland-Buch, 1964)
Paul Fechter, *Geschichte der deutschen Literatur*, Bd 2: *Die Literatur des zwanzigsten Jahrhunderts*. Bearbeitet von Kurt Lothar Tank und Wilhelm Jacobs (Gütersloh: Mohn, 1962)
Hermann Kunisch, *Handbuch der Gegenwartsliteratur* (München: Nymphenburger, 1964/65)
Werner Welzig, *Der deutsche Roman im zwanzigsten Jahrhundert* (Stuttgart: Kröner, ²1970)
Claudio Magris, *Der habsburgische Mythos in der österreichischen Literatur* (Salzburg: Otto Müller, ²1988 — Erstauflage 1966; italienisch 1963)
Jochen Jung (Hrsg.), *Österreichische Porträts. Leben und Werk bedeutender Persönlichkeiten von Maria Theresia bis Ingeborg Bachmann* (Salzburg: Residenz, 1985)
Geschichte der deutschen Literatur von 1917 bis 1945, 10. Von einem Autorenkollektiv unter der Leitung von Hans Kaufmann in Zusammenarbeit mit Dieter Schiller (Berlin: Volk und Wissen, 1973)
Klaus Günther Just, *Geschichte der deutschen Literatur von der Gründerzeit bis zur Gegenwart* (Bern, München: Francke, 1973)

Gero von Wilpert (Hrsg.), *Lexikon der Weltliteratur* (Stuttgart: Kröner, ²1975)
Jan Berg u.a., *Sozialgeschichte der deutschen Literatur von 1918 bis zur Gegenwart* (Frankfurt: Fischer, 1981)
Anton Kaes (Hrsg.), *Weimarer Republik. Manifeste und Dokumente zur deutschen Literatur 1918-1933* (Stuttgart: Metzler, 1983)
Alexander von Bormann, Horst Albert Glaser (Hrsg.), *Deutsche Literatur. Eine Sozialgeschichte: Weimarer Republik — Drittes Reich: Avantgardismus, Parteilichkeit, Exil 1918-1945* (Reinbek: Rowohlt, 1983)
Eduard Schütz, *Romane der Weimarer Republik* (München: Fink/ UTB, 1984)
Ronald Taylor, *Literature and Society in Germany 1918-1945* (Sussex/New Jersey: Harvester, 1980)
Wolfgang Beutin u.a., *Deutsche Literaturgeschichte. Von den Anfängen bis zur Gegenwart* (Stuttgart: Metzler, 1979)
Dmitri Zatonskij, *Österreichische Literatur im 20. Jahrhundert* (Moskau: Chudozestvennaja Literatura, 1985, in russischer Sprache)
Österreichische Literatur des 20. Jahrhunderts. Einzeldarstellungen. Von einem Autorenkollektiv unter der Leitung von Horst Haase und Antal Mádl (Berlin: Volk und Wissen, 1988)
Viktor Žmegač (Hrsg.), *Geschichte der deutschen Literatur vom 18. Jahrhundert bis in die Gegenwart*, 3/1 (Königstein/Ts.: Athenäum, 1984)
Erhard Bahr (Hrsg.), *Geschichte der deutschen Literatur. Kontinuität und Veränderung. Vom Mittelalter bis zur Gegenwart* (Tübingen: Francke, 1988)

Zur Joseph-Roth-Rezeption in der DDR

DIETER KLICHE

I

Wenn man als DDR-Deutscher in Großbritannien über den Österreicher Joseph Roth spricht, gerät man in ein nationales Beziehungsgefüge, das sich weiter verzweigt, betrachtet man die Person des Interesses. Joseph Roth: ein jüdischer Schriftsteller, aus einem östlichen Winkel des alten österreichischen Vielvölkerstaates stammend, der in Wien Germanistik studierte, bei österreichischen Meistern das journalistische Handwerk lernte, dann vor allem für deutsche Zeitungen und Verlage arbeitete und als einer der bekanntesten Journalisten der deutschen Zwischenkriegsrepublik ein europäischer Reisender wurde, sich in Frankreich aber am wohlsten fühlte, wo er schließlich auch seinen letzten Ort fand, als ihm Deutschland und dann auch Österreich durch den Faschismus verschlossen wurden.

Diese Elemente des Nationalen, Multinationalen, Europäischen und Kosmopolitischen bilden die Koordinaten, in denen sich das Leben des Joseph Roth vollzog. Der „Franzose aus dem Osten," der Ostjude, der nach dem Westen kam — von dieser geographisch-kulturellen Spannung sind seine Romane, Erzählungen und Reisebilder geprägt, sie macht ihre unverwechselbare Eigenart und ihre Anziehungskraft aus.

Neue Aktualität, so glaube ich, gewinnt diese geographisch-kulturelle Spannung zwischen europäischem Osten und Westen unter der heutigen politischen Zielstellung vom gemeinsamen europäischen Haus, das, wenn es denn Realität werden sollte, in der Lage wäre, die trennenden politischen Gegensätze zu mindern und die dialogisch brauchbaren kulturellen Unterschiede auch dafür zu nutzen, um die europäische Nachkriegsgeschichte nun endgültig zu beenden. Immerhin haben wir heute in Europa schon Verhältnisse, die es gestatten, daß der Sohn Kaiser Karls I., der von Joseph Roth 1938 wieder auf den österreichischen Kaiserthron gewünschte Otto von Habsburg, als Emissär des europäischen Parlaments in Strasbourg in Budapest diplomatischer Mission nachgehen kann. Wenn dies heute möglich ist, vielleicht sollte man dann auch in Joseph Roth nicht immer nur den verblendeten, rückwärtsgewandten Monarchisten sehen, sondern auch das europäische Ziel des Dichters und Journalisten, der durch das über Europa wuchernde Naziregime in die Enge getrieben wurde und sich in eine trotzige, anachronistische, immer aber auch europäisch inspirierte Idee rettete. Joseph Roth — ein multinationaler europäischer Dichter. Als solcher und in vielen anderen Bedeutungen ist er in der DDR erst noch zu entdecken. Die Bekanntschaft mit ihm und seinem Werk steht noch auf schmaler Grundlage, ist noch zu einseitig und noch zu sehr genormt von traditionellen Lektürmustern der dreißiger, vierziger und fünfziger Jahre. Bevor ich hierauf eingehe, zunächst einige Fakten über die Verbreitung des Rothschen Werkes in der DDR.

II

Von den vierzehn Romanen, die Joseph Roth zu seinen Lebzeiten veröffentlicht hat, werden in der DDR, bevor das Jahr 1989 zu Ende geht, zwölf veröffentlicht worden sein, und zwar in zwei Bänden des Berliner Aufbau-Verlages, dessen Editionsschwerpunkt das deutsche literarische Erbe und die Gegenwartsliteratur der DDR sind. 1984 erschienen in einem Band mit dem Titel *Die Rebellion* die frühen Romane einschließlich *Hiob*. *Radetzkymarsch* war bereits 1957 in erster Auflage und dann in vielen anderen Ausgaben veröffentlicht worden. In der Mitte dieses Jahres, als Beitrag zum Jubiläumsjahr, soll der zweite Band erscheinen, der unter dem Titel *Die*

Kapuzinergruft die Exilromane enthält. Nicht aufgenommen wurden in diese beiden Bände der Roman *Rechts und links* von 1929 und der Napoleon-Roman *Die hundert Tage* von 1935. Für diese Entscheidung waren keine anderen Gründe maßgebend als die des Umfangs der Bände und der literarischen Qualität beider Romane.

Etwas anders verhält es sich mit dem Romanfragment *Der stumme Prophet*, das Werner Lengning aus dem Nachlaß rekonstruiert hatte, 1966 herausgab und das auch von Hermann Kesten in die vierbändige Werkausgabe von 1975/76 aufgenommen wurde. Die Fama, daß es sich hierbei um einen Trotzkiroman handele, zog das Fragment in den Zusammenhang politischer Auseinandersetzung, was nicht wunder nimmt, wenn man sich erinnert, wie Leo Trotzki gerade in den sechziger Jahren zu einer Leitfigur der ideologischen Debatten zwischen Ost und West geworden war. In der Zeitschrift des Schriftstellerverbandes der DDR, *Neue deutsche Literatur*, veröffentlichte 1967 der österreichische kommunistische Schriftsteller Bruno Frei, der in den frühen dreißiger Jahren enge Kontakte zu Roth unterhalten hatte, einen polemischen Artikel mit der Überschrift „Joseph Roth und die Oktoberrevolution."[1] Der Artikel war eine direkte Reaktion auf die von Werner Lengning besorgte Ausgabe des Fragments. Trotzki wurde im Text nicht erwähnt (bis vor wenigen Jahren war selbst die Nennung seines Namens ein Sakrileg), der Angriff galt vielmehr dem Votum von Hermann Kesten im *Spiegel* vom 21. Februar 1966, *Der stumme Prophet* sei „der beste deutsche Roman aus der russischen Revolution" und einer der „gescheitesten politischen Romane unseres Jahrhunderts."[2] Bruno Frei dagegen vertrat die Meinung, daß Joseph Roth aus Selbstzensur den Roman *nicht* veröffentlicht habe, wörtlich: „sein künstlerisches Gewissen ließ es nicht zu, daß eine Kompo-

---

[1] Bruno Frei, „Joseph Roth und die Oktoberrevolution," *Neue Deutsche Literatur*, 7 (1967), 156-60.
[2] Ebda., S. 157.

sition seinen Namen trägt, die der komplexen Wirklichkeit der russischen Revolution nicht gerecht wird."[3] Zweitens zog er die Echtheit des Fragments in Zweifel und vermutete (ohne daß dafür der Beweis geführt werden konnte), daß „der tote Joseph Roth vom überlebenden Hermann Kesten vergewaltigt"[4] worden sei. In den Teilen, in denen Bruno Frei analytischer verfuhr, beobachtete er das Auseinanderklaffen der beiden Handlungsstränge, des politischen und des privaten: „Während die Menschen in der politischen Sphäre Papier reden und die Geschehnisse so glaubwürdig sind, wie die in einem Groschenheft, so zeichnet sich die Beziehung zwischen Friedrich und der Wienerin Hilde durch einen psychologischen Realismus aus, der die Hand des Meisters verrät."[5] Hier bereits haben wir das zentrale Muster der Roth-Rezeption in der DDR, das uns noch weiter beschäftigen wird: der unmündige Politiker auf der einen Seite, der realistische Künstler auf der anderen.

1979 erschien, gleichfalls im Aufbau-Verlag, der Band *Der Leviathan*, der erstens sämtliche bisher aufgefundenen Erzählungen, zweitens die von Friedemann Berger aus dem Berliner Kiepenheuer-Nachlaß 1978 herausgegebenen Erzählfragmente und die Beiträge zu einem deutschen Lesebuch, sowie drittens die von Joseph Roth 1930 bei Knorr und Hirth in München herausgegebene Feuilleton-Sammlung *Panoptikum* enthielt. Der Romancier und Erzähler Joseph Roth ist also in der DDR relativ gut bekannt, wenngleich man einschränkend sagen muß, daß Roth-Ausgaben wie alle guten Bücher in unseren Buchhandlungen sehr schnell verkauft sind, nicht also kontinuierlich angeboten werden. Der interessierte Leser ist auf das gut organisierte und reichlich ausgestattete Netz der öffentlichen Bibliotheken angewiesen.

Weit weniger gut steht es mit dem Reporter und Journalisten Joseph Roth. Der größte Teil dessen, was in den

---

3 Ebda., S. 159.
4 Ebda., S. 159.
5 Ebda., S. 158.

Bänden drei und vier der Kestenschen Kiepenheuer-Werkausgabe und in den von Ingeborg Sültemeyer (*Der Neue Tag*, 1970) und Klaus Westermann (*Berliner Saisonbericht*, 1984), herausgegebenen Bänden gesammelt wurde, ist in der DDR selbst den auf das 20. Jahrhundert spezialisierten Germanisten nahezu unbekannt. Ohne den Feuilletonisten, den politischen Publizisten und den Reporter aber hat man nur den halben Joseph Roth. Klaus Westermann, der die journalistische Karriere Roths in einer neuen Publikation gründlich dargestellt hat, ist unbedingt zuzustimmen, daß die journalistischen Arbeiten keineswegs nur Vorarbeiten oder Materialstudien für die künstlerische Prosa sind, sondern Eigenwert haben.[6] Den Journalisten nicht zu kennen, wie es in der DDR leider immer noch der Fall ist, bedeutet eine empfindliche Verkürzung des Joseph-Roth-Bildes und begünstigt Klischees der Rezeption, wie sie in dem zitierten Text von Bruno Frei anklangen. Was wird unternommen, um diesen erkannten Rückstand aufzuholen? Erstens wird im nächsten Jahr im traditionsreichen Reclam-Verlag in Leipzig eine von dem Lyriker und Essayisten Heinz Czechowski betreute Auswahl der Rothschen Städtebilder erscheinen, unter dem treffenden und schönen Titel „Orte." Zweitens plant der Aufbau-Verlag eine zweibändige Publizistik-Ausgabe, die spätestens 1994, im Jahre des hundertsten Geburtstages von Roth, erscheinen soll. Bedenkt man den Umfang der journalistischen Arbeiten Roths — die neueste Bibliographie von Klaus Westermann verzeichnet mehr als 1300 Artikel — werden auch diese zwei Bände natürlich eine Auswahl geben müssen, auf keinen Fall aber eine tendenziöse. Neben den großen konservativen Essays werden die europäischen Reisebilder, besonders aber die hellsichtigen Sowjetunion-Reportagen für den DDR-Leser von brennendem Interesse sein, weil aus ihnen die Eigenart der politischen und weltanschaulichen Positionen des Dichters sichtbar werden, die nur ungenau erfaßt werden, wenn man sie nach ihrer

---

6 Westermann, S. 7.

„sozialistischen" oder „konservativen" Seite hin zu schnell und zu direkt politisiert. Diese Entdeckung des „zweiten" Joseph Roth wird, so kann man mit ziemlicher Sicherheit vermuten, für die DDR ein literarisches Ereignis werden, weil über eine eingehende Auseinandersetzung mit der Publizistik Joseph Roths einsehbar werden kann, daß konservative weltanschauliche und politische Standpunkte scharfsichtige kulturkritische Analyse nicht ausschließen, ja mitunter sie sogar erzeugen. Von solchen Einsichten her könnte dem Thema politischer Konservatismus, Literatur und antifaschistisches Bündnis ganz neue Fragestellungen vermittelt werden.

III

Die Schmalbrüstigkeit der Roth-Rezeption und die Einseitigkeit des Joseph-Roth-Bildes sind aber nicht nur der Editionspolitik anzulasten, sondern sie liegen auch in bestimmten verfestigten zählebigen Rezeptionsklischees. Um sie zu verstehen, müssen wir uns die Geschichte der Roth-Rezeption in der DDR vergegenwärtigen, die, genau besehen, lange vor 1945 in Artikeln und Rezensionen von österreichischen und deutschen kommunistischen Emigranten beginnt, unmittelbar zeitgleich mit und eingebunden in den Kontext der Ausarbeitung der marxistischen Realismustheorie in der Sowjetunion. Weil diese Simultaneität für die Rezeption Roths von großer Wichtigkeit ist, sei mir an dieser Stelle ein knapper Exkurs zur Entstehung der marxistischen Realismustheorie gestattet, der für das Thema unverzichtbar ist. Die englische Schriftstellerin Margaret Harkness hatte 1888 ihren Sozialroman *City Girl* an Friedrich Engels übersandt. Engels entwarf einen Antwortbrief, in dem er beanstandete, daß der Roman noch nicht realistisch genug sei. Was er unter Realismus verstand, umschrieb er in einigen Andeutungen: „Treue des Details," „getreue Widergabe typischer Charaktere unter typischen Umständen." Weiterhin sei Realismus nicht mit Tendenz (dieses Wort im englischen Text des Briefes auf deutsch) vereinbar, und je mehr die politischen Auffassungen eines Autors verborgen blieben, umso besser für den Realismus. Ja, der Realismus könne sogar gegenläufig zu den Ansichten und Überzeugungen eines Autors durchbrechen, wie zum Beispiel bei Balzac. Obwohl der politisch ein Legitimist war und seine Sympathien einer zum Untergang verurteilten Klasse gehörten, kritisierten seine Bücher mit scharfer Satire und bitterer Ironie die von ihm geliebte Klasse. Das schließlich sei einer „der größten Triumphe des Realismus" und „einer der großartigsten Züge des alten Balzac."[7] Soweit Friedrich Engels 1888. Fast ein halbes Jahrhundert bleiben diese Äußerungen unbeachtet, ehe sie am Beginn der dreißiger Jahre unseres Jahrhunderts zum *locus classicus* marxistischer Realismustheorie avancierten und einen der Grundpfeiler der 1933 erstmals durch Michail Lifschitz herausgegebenen Anthologie *Marx und Engels über Kunst und Literatur* wurden. Der Brief stützte die nun herrschend werdende Realismustheorie, die in der Verbindung von Geschichtsphilosophie, Darstellungsästhetik und Sozialkritik ein Interpretations-, Bewertungs- und Leitungsinstrument der Künste werden sollte. Das negative Gegenstück zu „realistisch" wurde der Begriff „modernistisch."

Diejenigen sozialistischen Autoren, die sich ab den dreißiger Jahren zu Joseph Roth äußerten, hatten die aus dem Engels-Brief abgezogenen Regeln und Merkmale des Realismus bei der Hand, und sie boten sich für Joseph Roth ja auch geradezu an. War doch auch er ein Legitimist und Romanschreiber. Die Bestimmungen dessen allerdings, was bei Roth der „Sieg des Realismus" sein sollte, waren noch schwankend.

Der aus Prag stammende Franz Carl Weiskopf äußerte sich 1934 in der Prager Exilzeitschrift *Neue Deutsche Blätter* über Roths politische Bekenntnisse als österreichischer Monarchist, zitierte Engels' Sätze über den Sieg des Realismus bei Balzac und stellte dann fest:

---

7 Marx/Engels *Werke*, 37 (Berlin: Dietz, 1967), S. 143.

> Roth wird keinen solchen Sieg erfechten. Für wen auch? Der bürgerliche Realismus liegt in Agonie. Sein Erbe wird von einem neuen realistischen Schrifttum, Ausdruck einer neuen Klasse, einer neuen Gesellschaft angetrieben. Diesem neuen Schrifttum und seiner Klasse steht Roth fremd und in skeptischer Abweisung gegenüber — , ... Er verließ Deutschland nicht, um zu kämpfen. Er wanderte aus. Ein Wanderer im Kreise. Auf der Flucht ohne Ende.[8]

Wegen des monarchistischen Bekenntnisses also — diese Sätze wurden noch vor dem VII. Weltkongreß der Komintern geschrieben — stellte Weiskopf den „Sieg des Realismus" und die antifaschistische Bündnisfähigkeit für Roth überhaupt in Zweifel. Anders bereits der Schriftsteller und Theatermann Fritz Erpenbeck, der 1937 in der Moskauer Exilzeitschrift *Das Wort* Roths Erzählung *Das falsche Gewicht* unter der Frage prüfte, ob es ein realistisches Buch sei. Erpenbeck erzählte die Fabel und zog den Schluß, daß das meiste, was mit dem Eichmeister Eibenschütz zusammenhänge, „menschlich und gesellschaftlich irreal" sei. Den Roman beherrsche eine „merkwürdige Mischung von unecht Poetischem mit Realem." „Das gibt ihm ein mulmiges Helldunkel, das oft genug ins Mystische umschlägt, das verwischt überall dort, wo Fragen nach gesellschaftlichen Ursachen und Zusammenhängen auftauchen, die vorher deutlich gezeichneten Konturen."[9] Für Erpenbeck hatte Roth den „Sieg des Realismus" (vermutlich im *Radetzkymarsch*) bereits hinter sich. Jetzt gehe sein Weg „vom Hellen ins Dunkle."[10] Gemessen an dieser dogmatischen Verengung des Kunsturteils, die bereits auf die Shdanow-Periode stalinistischer Kunstpolitik vorausdeutet, war Georg

---

[8] Franz Carl Weiskopf, „Flucht ohne Ende," *Neue Deutsche Blätter*, 1 (1934), 644.
[9] Fritz Erpenbeck, „Falsches Gewicht," *Das Wort*, 9 (1937), 66.
[10] Ebda., S. 67.

Lukács' Stellungnahme zum 1939 ins Russische übersetzten *Radetzkymarsch* von einem eher weitherzig gehandhabten Realismusbegriff bestimmt. In seiner in der *Literaturnaja gaseta* vom 15. August 1939 veröffentlichten Rezension betrachtete er das Buch als ein starkes Argument für seine Theorie des kritischen Realismus, deren Grundthese auch bei ihm der Sieg des Realismus ist. Nur muß man sehen, daß für Lukács im Moskauer Exil gerade diese Formel die mit der Autorität eines Klassikers abgesicherte Verteidigungsstellung gegen die Vulgärsoziologen Fritsche, Nusinow, Knipowitsch und andere bedeutete. Die Vulgärsoziologie setzte zwischen Klassenlage eines Autors, seiner Weltanschauung und seiner künstlerischen Methode direkte Abhängigkeitsverhältnisse; sie arbeitete damit dem Schematismus und Dogmatismus in den Kunstwissenschaften in die Hände. Mit dem Satz vom „Sieg des Realismus" konnte dagegen das Verhältnis von Weltanschauung und Kunstleistung eines Autors wesentlich differenzierter als ein spannungsvolles Mit- und Gegeneinander verstanden werden. In seinem Aufsatz „Verwirrungen über den ‚Sieg des Realismus'" von 1940 stellte Lukács fest: „Der ‚Sieg des Realismus' ist stets der Sieg der Wirklichkeit: ihr Sieg über unrichtige, vorgefaßte Meinungen, Vorurteile, unvollständige Vorstellungen etc. Der echte Schriftsteller hat den Mut, ... sich unbedenklich auf die Seite der Realität zu stellen, seine eigenen Gedanken durch die Tatsachen des Lebens widerlegen zu lassen."[11] So sah er auch Joseph Roth, über den er sich übrigens nur ein einziges Mal in ebendieser Rezension des *Radetzkymarsch* äußerte. Trotz dessen romantischer Liebe zur untergehenden Habsburger Monarchie sei Roth aufgrund seiner außergewöhnlichen Fähigkeiten als „Schriftsteller-Realist" in der Lage, ein „wahrgetreues, ungeschminktes Bild der österrei-

---

11 Georg Lukács, „Verwirrungen über den ‚Sieg des Realismus'" in: G.L., *Moskauer Schriften*, Hrsg. Frank Benseler (Frankfurt: Suhrkamp, 1981), S. 89.

chischen Katastrophe" zu liefern.[12] Ähnlich der in jener Zeit theoretisch ganz von Georg Lukács abhängige Johannes Robert Becher, der spätere erste Kulturminister der DDR, der in seiner Darstellung „Literatur im Exil," erschienen wenige Wochen vor Lukács' Rezension in derselben *Literaturnaja gaseta*, sich über den „herrlichen Roman" *Radetzkymarsch* äußerte und dann feststellte: „Joseph Roth selbst, dem frühzeitig Verstorbenen, war es bis zuletzt nicht möglich, sich von seinen Illusionen zu befreien. Auch nachdem er sich als aktiver Kämpfer der antifaschistischen Volksfront angeschlossen hatte, gab er seine Sympathien für die restaurativ-reaktionären Bestrebungen nicht auf. Der Konflikt zwischen der politischen Position Roths als Publizist und seinem tiefen Realismus (den er ohne Zweifel gestaltete) ist eine der aufschlußreichsten Erscheinungen in der gegenwärtigen kapitalistischen (bürgerlichen) Literatur."[13] Lukács' und Bechers an sich richtige Aussagen über die Widersprüche zwischen seinen politischen und künstlerischen Positionen sind in der Folgezeit immer wieder zum Rezeptionsklischee geronnen, zu dem noch das ewig variierte vom *Radetzkymarsch* als dem „melancholischen Abgesang auf die alte k.u.k. Monarchie" trat.

Die unmittelbaren Folgen dieser — so möchte ich es einmal nennen — *realistischen Leseweise* Roths waren, daß die jüdische und die katholische Problematik in seinem Werk, die Mythen-, Legenden- und Märchenformen, seine durchgängig konservativ-kulturkritische und pessimistische Grundhaltung nicht ernstgenommen und als Marotten abgetan wurden. Die weitere daraus zwangsweise entstehende Folge: Joseph Roth war vor allem der Autor des realistischen *Radetzkymarsch*; das übrige Werk blieb im Dunkel oder Halbschatten — als Aufstieg zu oder Abstieg von diesem realistischen Gipfel. Aber selbst für

---

12 Georg Lukács, *Marsch Radetskogo*. Abgedruckt und übersetzt in Hackert, S. 147-51.
13 Johannes Robert Becher, *Literatur im Exil*, in: J.R.B., *Publizistik II 1939-1945* (Berlin/Weimar: Aufbau, 1978), S. 673.

diesen Roman wurde der Beweis des Realismus bislang nicht angetreten. Erstaunlicherweise gibt es außer der Lukácsschen Rezension bis heute keine einzige Interpretation des weithin bekannten und so hoch geschätzten Romans.

Nach dieser Eröffnung blieb es in den vierziger Jahren relativ still um Joseph Roth. Wie unbekannt, ja vergessen Roth noch 1949, im Jahr der Gründung der DDR, zehn Jahre nach seinem Tode und im selben Jahr, als in Westdeutschland Hermann Lindens Gedächtnisbuch erschien, war, belegt eine nichtgezeichnete Notiz aus der Wochenzeitung *Sonntag*. In einer kleingedruckten Rubrik wurde Ernst Niekischs (aus Anlaß seines 60. Geburtstages), Anton Kippenbergs (aus Anlaß seines 75. Geburtstages) und Joseph Roths aus Anlaß seines 10. Todestages gedacht. Sie lautete

> *Joseph Roth*, Schriftsteller, Essayist, Journalist, starb im Mai vor zehn Jahren in der Pariser Emigration und wurde, geleitet von einer internationalen kleinen Schar Gleichgesinnter und Schicksalsverbundener aus Deutschland, Polen, Italien und der Tschechoslowakei, auf dem Père Lachaise beigesetzt — ein nicht unwürdiges und für einen aufgeschlossenen, kosmopolitischen Geist seiner Art typisches Geschick. Feuilletonist der ‚Frankfurter Zeitung' und auch des ‚12-Uhr-Blattes' in Berlin, war er ein glänzender Stilist, ein Bohemien im guten Sinne, wenn auch in seinem Leben und Schreiben von jener Melancholie und Skepsis umwittert, die als Haltung für manchen begabten und klugen Bürger der Weimarer Republik bezeichnend war. So manche Bürger, die zwar erkannten, daß etwas faul war im Staate Deutschland, die aber auf Grund ihrer gesellschaftlichen und geistigen Positionen den Weg zum Neuen nicht finden konnten.[14]

---

14 N.N., „Joseph Roth," *Sonntag*, (21, 1949), 8.

Das Wort „kosmopolitisch," das sei nur angemerkt, hatte in dieser Notiz durchaus noch positive Konnotationen. Ein Jahr später schon war es ein politisches Schimpfwort geworden. Interessant auch zu wissen, daß in derselben Nummer der Zeitung, dies nur zum Vergleich, der schon in der Weimarer Republik berühmte Theaterkritiker Herbert Ihering eine dreispaltige große Würdigung Ernst Tollers zu dessen 10. Todestag veröffentlichte.

Weitere acht Jahre vergingen bis 1957 — und mit diesem Jahr können wir den Zeitpunkt datieren, ab dem Joseph Roth nun einer breiteren Leserschicht bekannt wurde. Der Anstoß kam von außen. 1956 hatte Hermann Kesten mit seiner dreibändigen Werkausgabe die Wiederentdeckung Roths eingeleitet. 1957 erschien nun erstmals auch in der DDR *Radetzkymarsch*. Hermann Kant, damals noch kein literarischer Autor, sondern Angehöriger unserer literaturwissenschaftlichen Zunft, veröffentlichte eine Besprechung von *Radetzkymarsch*, die er unter den Titel „Späte Begegnung" stellte.[15] Die Zeitschrift des Schriftsteller-Verbandes brachte eine Rezension der dreibändigen Kesten-Ausgabe.[16] In beiden Rezensionen begegnen wir, neben der Freude über die Wiederbegegnung mit dem „unverdient Vergessenen," auch erneut der auf den Realismus zugeschnittenen Lektüreweise. Der Kritiker in der Zeitschrift des Schriftsteller-Verbandes ließ im Grunde von den in der Werkausgabe gemusterten Romanen und Erzählungen wieder nur *Radetzkymarsch* gelten. In den fünfziger Jahren wurden die Kriterien des Realismus eben noch so eng gehandhabt, daß selbst *Hotel Savoy* durch das Sieb fiel. Dieser Roman erschien wiederum erst knapp zehn Jahre später, 1966, als sich durch die nun stärkere Geltendmachung unter anderem der Poetik und Ästhetik Bertolt Brechts der Kanon realistischer Kunst merklich

---

15 Hermann Kant „Späte Begegnung," *Neues Deutschland*, (25/26. Mai 1957), Beilage.
16 Alfred Antkowiak, „Joseph Roth und sein Werk," *Neue Deutsche Literatur*, 8 (1957), 147-49.

erweiterte. Die Festschreibung Joseph Roths aber auf den „Sieg des Realismus" und auf den realistischen *Radetzkymarsch* wurde in den siebziger Jahren in den wichtigsten Nachschlagewerken, Lexika und Handbüchern sanktioniert und zementiert. Stellvertretend für diese sei das große kollektive Projekt der DDR-Germanistik, die zehnbändige Geschichte der deutschen Literatur betrachtet, in deren 1973 erschienenem Band 10 (1917-1945) Joseph Roth in folgenden Zusammenhängen seine Einordnung und Bewertung fand: In einem Abschnitt, der das „Entscheidungsschema zwischen realistischem Ansatz und modernistischer Verengung" für den Zeitraum von 1917-1924 in der erzählenden Prosa untersucht, wird Roths Titel *Hotel Savoy* im Vergleich mit Leonhard Franks *Der Mensch ist gut* und *Der Bürger*, mit Bernhard Kellermanns *Der 9. November* und Franz Kafkas *Schloß* untersucht. Roth wird bescheinigt, daß er das Verhältnis von Intellektuellen und aufbegehrender Masse „dialektischer und objektiver als Kellermann und andere Erzähler in lakonischer Kürze" erfaßt habe. *Hotel Savoy* bedeute deshalb für die zeitgenössische bürgerliche Romanliteratur einen ungewöhnlichen Vorstoß.[17] Für die Exilzeit fallen die Urteile weniger günstig aus. „Sein kritisches und melancholisches Erzählen von der sterbenden Welt der österreichischen Doppelmonarchie (*Radetzkymarsch*, 1932) versagte immer mehr vor den Kämpfen der Epoche. Daher vermochte er Hitler nur als Erscheinung des Antichristen aufzufassen und mythisierte ihn so. Sein unerbittlicher Haß gegen Hitler festigte einen katholischen Legitismus, der ihm den Weg zum kämpferischen Antifaschismus verbaute."[18] Auf dieser Linie der Deutung gibt es dann wieder das Gegeneinander von „realistisch" und „unrealistisch": Geschichte werde bei Roth zur Heilsgeschichte (*Die Legende vom heiligen Trinker, Die hundert Tage*). Dagegen

---

17 *Geschichte der deutschen Literatur*, 10, (Berlin: Volk und Wissen, 1973), S. 127.
18 Ebda., S. 526.

gebe es bis zum Ende seiner Tage parallel auch „realistische Erzählkunst" in *Die Kapuzinergruft* und *Der Leviathan*.[19] Was für ein Fazit ist angesichts dieses Rezeptionsverlaufs zu ziehen? Sowenig in Frage gestellt werden soll, daß es in Roths Werken eine realistische Problematik gibt, sowenig halte ich sie als Gesamtperspektive geeignet, den künstlerischen Eigenarten und seinem epischen Stil nahezukommen. Obwohl die realistische Lektüreweise weiterhin in Handbüchern und Lexika dominiert, läßt sich in bezug auf Roth doch auch ihr Abbröckeln beobachten. Es gibt Indizien dafür: Der Nachwort-Autor zu Roths *Rebellion* bezog sich 1979 noch auf den Engelsschen Triumph des Realismus, interpretierte ihn aber nun als Triumph der *Kunst* und des *Werkes*.[20] Die beiden bisher einzigen wissenschaftlichen Arbeiten zu Joseph Roth, zwei Dissertationen, die beide an der Universität Jena in Thüringen verteidigt wurden, haben — im Abstand von drei Jahren geschrieben — eine deutlich divergierende Optik: Die frühe von 1977 stellte sich das Ziel, „die Zeitromane Roths ausgehend von den weltanschaulich-ästhetischen Positionen des Marxismus-Leninismus zu interpretieren und die realistische Leistung des Autors kritisch zu würdigen."[21] Die spätere von 1980 untersuchte das Hiob-Motiv im Gesamtwerk Roths[22] zu dem mit der realistischen Lektüreweise der Zugang weitgehend verstellt worden war.

---

19 Ebda.
20 Hubert Witt, „Joseph Roths *Rebellion*," in Joseph Roth, *Die Rebellion* (Leipzig: Reclam, 1979), S. 121.
21 Werner Komstke, *Joseph Roths Zeitromane. Handlungsstruktur, Erzählform, Figuren als Ausdruck weltanschaulicher Haltung*, Phil. Diss. Jena, 1977.
22 Angelika Pothe, *Das Hiobsmotiv im epischen Werk Joseph Roths. Zum Verhältnis von mythischer „Vorlage" und sozialgeschichtlicher Darstellung*, Phil. Diss. Jena, 1980.

IV

Zusammen mit diesem Abbröckeln einer engen realistischen Lektüreweise vollzog sich schon seit der Mitte der sechziger Jahre die langsame Entdeckung des anderen Joseph Roth. Das entscheidende Motiv für diesen zweiten Strang der Rezeption bildete die bereits genannte Entgrenzung eines dogmatisierten Realismus-Begriffs und die nun Zug um Zug erfolgende Publikation ehemals als modernistisch ausgegrenzter Werke der Weltliteratur. 1966 erschien *Hotel Savoy* mit einem Nachwort, in dem der Begriff Realismus nicht gebraucht wurde.[23] 1967 wurde vom einzigen katholischen Verlag der DDR der Roman *Hiob* veröffentlicht und im Nachwort der christliche Joseph Roth gewürdigt.[24] 1974 berief sich das *Nachrichtenblatt der jüdischen Gemeinde von Groß-Berlin* anläßlich seines 80. Geburtstages auf den jüdischen Schriftsteller Joseph Roth.[25] Der Kiepenheuer-Lektor Friedemann Berger stellt 1978 mit dem *Perlefter*-Band auch den Feuilletonisten vor. In den achtziger Jahren ist in Nachworten zu den Österreich-Romanen der Habsburg-Mythos Roths einläßlicher und eingehender als spezifische Form des Rothschen Antifaschismus dargestellt worden.[26] 1984 schließlich erschien in der Zeitschrift der Akademie der Künste der DDR *Sinn und Form* der bemerkenswerte Aufsatz eines Musikwissenschaftlers, in dem die Exilpositionen von Joseph Roth und Arnold Schönberg

---

23 Hubert Witt, *Nachwort* zu: Joseph Roth, *Hotel Savoy* (Leipzig: Reclam, 1966).
24 H. G. Mann, „Sein eigenes Bildnis," in: Joseph Roth, *Hiob* (Leipzig: St. Benno, 1967).
25 Renate Kirchner, „Joseph Roth zu seinem 80. Geburtstag," *Nachrichtenblatt der jüdischen Gemeinde von Groß-Berlin* (September 1974), 9.
26 Fritz Hofmann, *Nachwort* zu: Joseph Roth, *Die Geschichte von der 1002. Nacht* (Berlin: Volk und Welt, 1981), S. 242-48. Joachim Schreck, *Nachwort* zu: Joseph Roth, *Das falsche Gewicht* (Berlin: Verlag der Nation, 1984), S. 281-87. Christel Foerster, *Nachwort* zu: Joseph Roth, *Die Kapuzinergruft* (Berlin: Verlag der Nation, 1984), S. 177-90.

unter dem Gesichtspunkt der eklatanten Widersprüche zwischen politischer und künstlerischer Tätigkeit auf einem neuen theoretischen Niveau miteinander verglichen wurden.[27] Vielleicht, so ist zu hoffen, markiert dieser Aufsatz den Beginn einer neuen Phase der wissenschaftlichen Auseinandersetzung mit Roths Werk, in der nun ohne Ausgrenzungen und mit feinerem analytischen Instrumentarium gearbeitet wird.

Der hier nur knapp skizzierte zweite Rezeptionsstrang ist im Unterschied zur offiziellen realistischen Lektüre Roths privaterer Natur, kaum öffentlich artikuliert oder debattiert. Ein wesentlicher Anstoß zu dieser Rezeption kam wiederum (wie 1966 durch Hermann Kestens erste Werkausgabe) von außen, und zwar durch die zum Teil meisterhaften Verfilmungen Rothscher Werke, die über die Fernsehkanäle der BRD liefen. Diese Verfilmungen haben in einem literarisch interessierten Zuschauerkreis den anderen, weniger bekannten Joseph Roth zugänglich gemacht und einen relativ kleinen, aber festen und gut informierten Leserkreis ausgebildet, den man als das spezifische Roth-Publikum in der DDR betrachten kann — und dieser Kreis wartet ungeduldig auf die Veröffentlichung der Publizistik, auf die Briefe und natürlich auch auf eine Biographie seines Autors.

Zu dieser kleinen Roth-Gemeinde gehören sicherlich auch eine ganze Reihe von Poeten und Schriftstellern der DDR. Dokumentieren aber läßt sich das, wenn man nicht auf die soziologischen Mittel der Befragung zurückgreifen will, nur schwer und in ganz wenigen Fällen, nur dann eben, wenn Literatur wieder zu Literatur wird. Eines dieser wenigen Zeugnisse habe ich mir für den Schluß aufgehoben: ein Gedicht von Wulf Kirsten, einem Lyriker und Prosaisten unseres Landes, der lange Jahre als Lektor im Aufbau-Verlag immer wieder und erfolgreich darauf gedrängt hat, daß Joseph Roth bei uns erscheint. Sein Gedicht ist eine lyrische Paraphrase auf das

---

27 Mathias Hansen, „Rechtspolitik und Linkskultur. Exilpositionen von Joseph Roth und Arnold Schönberg," *Sinn und Form* (1, 1984), 143-63.

Reisebild „Tournon" aus Roths „Weißen Städten" und ein schönes Beispiel dafür, wie literarische Rezeption sich vollendet, indem sie in ihren sublimsten Formen wieder in Literatur mündet. Das Gedicht stammt aus dem Jahre 1971 und heißt „Joseph Roth in der Provence":

drei tage bin ich unterwegs
an den fruchtbaren ufern der Rhone
auf den hügeln wächst der wein,
von dem ich trinken werde.
einer der berge reißt sich
das grüne kleid vom kreidigen leib.
gebündelte hölzer treiben davon,
dunkle flößer sitzen um ein feuer,
rauchen sprechen provenzalisch.
das rauschen des flusses
verfängt sich im ohr.
am horizont steht auf Les Beaux,
das weiße schloß der poesie,
mir zu füßen liegt Tournon,
ein zerdrücktes häuserbukett,
umgürtet von morschen festungsmauern.
durch blinde gassen, eng wie flaschenhälse,
zieh ich ein,
kein platz zum atemholen!
vorm lyzeum, beiseitegedrückt,
die kleine büste des kardinals,
steingewordener ehrgeiz,
von abendröte geschminkt.
auf den pfaden der troubadoure
wandre ich im dunkel flußab.
in Avignon muß man bei tag ankommen —
morgen werde ich dort sein.[28]

---

[28] Wulf Kirsten, „Joseph Roth in der Provence," in: Wulf Kirsten, *Die Erde bei Meißen, Gedichte* (Leipzig: Reclam, 1986), S. 46.

"Überwältigt, hungrig, fortwährend schauend." Joseph Roth's Journey to Russia in 1926

DAVID TURNER

When Joseph Roth embarked on his Russian journey in August 1926, commissioned to send back articles to the *Frankfurter Zeitung*,[1] he was by no means a pioneer but was consciously following a tradition, especially among left-wing intellectuals in Germany. There was international interest in the social experiment of the Soviet Union, but it was particularly keen in the Weimar Republic, which was itself struggling to come to terms with a new political system, which had already tasted revolution and soviet forms of government, and where the possibility of renewed revolution was not yet discounted. For many radical intellectuals therefore a visit to the Soviet Union was also a means of defining their own political position. In an interview for a Tiflis newspaper Roth observed: "Der eine Weg führte nach dem Westen und Amerika, der andere nach dem Osten und der Sowjetunion. Welchen Weg wird Deutschland gehen? Mit dieser Frage beschäftigen sich die Köpfe aller politisch und gesellschaftlich interessierter Deutschen."[2]

In order to assess the nature of Roth's contribution to the growing list of contemporary accounts, I propose to offer a brief characterization of four other reports written within eighteen months either side of his visit and by men whom he knew or

---

1 They appeared in the *Frankfurter Zeitung* between 14 September 1926 and 20 February 1927. The final piece, "Leningrad," was published over a year later, on 18 March 1928. The first two, "Die zaristischen Emigranten" and "Die Grenze Niegoreloje," appeared under the heading *Reise nach Rußland*, which was then replaced by *Reise in Rußland* except on one occasion when the rubric *Russische Reise* was used.
2 Quoted in Bronsen, p. 284.

was to know personally.³ As all the writers were aware, the land they were visiting was in a state of transition; both success and different kinds of failure were still live possibilities. Lenin was dead, but the matter of his succession was unresolved. Trotsky had been pushed to the margins but not yet banished; Stalin had not finally established a position of undisputed supremacy, so that only one of our writers mentions his name, and then only as one among others. The New Economic Policy, with its temporary concessions to capitalist enterprise, was still running its course; forced collectivization and forced industrialization had not yet begun, although already the push to channel revolutionary energy into technological advance was demanding what for many was a painful adjustment of attitude. How did the foreign visitors respond to this new society? And how did their response compare with that of Roth?

Egon Erwin Kisch visited the Soviet Union between autumn 1925 and spring 1926, little over a year after he had become a member of the German Communist Party. He had been a colleague of Roth on *Der Neue Tag* in Vienna in 1919. Now he was in Russia on behalf of the *Berliner Zeitung am Mittag*, although his *Reportagen* were to become more widely known when collected in the volume *Zaren, Popen, Bolschewiken* of 1927. Kisch comes closest to Roth in the variety of places visited (Moscow, Leningrad, the Caucasus) and the element of colorful travelogue which characterizes some of the pieces. His manner of presentation alternates between contemporary description and historical reflection, sober factuality and verbal wit, statistical abstraction and concrete, even anecdotal detail. His political commitment, which emerges both from occasional explicit comment and from the tone of approval implicit in nearly everything he records, may distinguish him most

---

3 Heide-Marie Wollmann, "Sowjetrußland und Potemkinsche Dörfer Mitte der zwanziger Jahre," *Quaderni di Filologia Germanica della Facoltà di Lettere e Filosofia dell'Università di Bologna*, II (1982), 379-97, provides a brief conspectus of the accounts given by Kisch, Roth, and Benjamin, using in the last case, only the *Moskauer Tagebuch*. Other reports are mentioned in Sültemeyer, p. 92.

obviously from Roth, but their contrasting approaches to statistics is also revealing. For while Kisch is happy to quote the figures he has been given uncritically, Roth is skeptical not only about particular statistics, but also about the ability of statistics in general to convey the truth.[4]

Ernst Toller, who met with Roth quite frequently in Berlin in the 1920s, visited the Soviet Union as an invited celebrity between early March and May 1926. He wrote a series of nineteen letters which, after some hesitation, he decided to publish in book form in 1930 as part of the volume *Quer durch*.[5] As a former chairman of the Independent Socialist Party (USPD), anxious to maintain his intellectual freedom and critical distance, Toller gave an account of Soviet Russia which betrays a fundamental sympathy modified by considerable questioning of particular developments. Like Roth and Kisch, he includes a wide variety of topics; and, like Roth, he is prepared to comment openly as well as describe. His geographical range, on the other hand, is limited to Moscow, with occasional visits to Leningrad. That in part explains why his account is least like a travelogue. Although his tolerant, skeptical humanism is often close to Roth's, he is distinguished most clearly by a readiness to engage in discussion of the concrete political and economic issues facing contemporary Russia, as is witnessed by his recorded conversations with Karl Radek and his discussion of the marginalization of Trotsky, whom he evidently admires for his combination of intelligence and passion.[6] It is this political slant which caused Roth to question the accounts of both Toller and Kisch. For as he argued in a letter to Bernard von Brentano from Odessa in September 1926, any attempt to judge the Soviet Union in merely political

---

[4] Nonetheless when Roth came to write a fiftieth birthday tribute to Kisch in 1934, he expressly attributed to him the gift, "trotz der dokumentarischen Wirklichkeit ... die Wahrheit zu sagen," IV,286.
[5] "Russische Reisebilder" in *Quer durch* (Potsdam: Kiepenheuer, 1930).
[6] See especially "Besuch bei Radek" and "Trotzki: antisemitische Strömungen."

terms (whether negatively or positively) was bound to mislead (Briefe,95).

Walter Benjamin was in Moscow between 6 December 1926 and the end of January 1927 and actually had dinner with Roth on one occasion. He had a journalistic commission, from Martin Buber's *Die Kreatur*, but also had more personal reasons for being there, part amorous, part political.[7] The visit helped him to arrive at his final decision not to join the German Communist Party but remain a left-wing outsider. The chief fruits of the visit were a longish essay entitled "Moskau," which appeared in *Die Kreatur*, and a number of shorter pieces published in *Die literarische Welt*.[8] Although they share with Roth's *Reise in Rußland* the mixture of colorful travelogue and cultural and social observation, they lay much greater emphasis on the contemporary intellectual scene (modern literature, theatre, film) and reveal greater understanding of current political and economic thinking. At the same time, compared with Roth's pieces, they refrain from overt comment — deliberately so, for it was Benjamin's avowed aim to be factual rather than theoretical.[9] Yet the most immediate difference lies in the fact that he did not venture beyond Moscow itself and, even there, was painfully conscious of the barrier that resulted from his ignorance of the Russian language.

Stefan Zweig, the latest and least radical of our visitors, made his fourteen-day visit to Russia in September 1928, at a time when he and Roth were already corresponding with each

---

7 See Walter Benjamin, *Moskauer Tagebuch*, ed. Gary Smith (Frankfurt: Suhrkamp, 1980), p. 43. Hereafter cited as MT.
8 Reprinted in Walter Benjamin, *Gesammelte Schriften*, ed. Tillman Rexroth, IV,1 (Frankfurt: Suhrkamp, 1972), pp. 316-48, 481-83 and II,2, 1977, pp. 743-62. Hereafter cited as BGS.
9 See Benjamin's letter to Martin Buber, 23 February 1927, quoted in part in the foreword to MT, pp. 11f. The entire letter appears in English translation in Walter Benjamin, *Moscow Diary*, ed. Gary Smith, translated by Richard Sieburth (Cambridge, Mass., and London: Harvard University Press, 1986), p. 132.

other, but had not yet met. He went at the invitation of the Soviet government to take part in the celebrations to mark the hundredth anniversary of Tolstoy's birth. After his return he published his impressions in a series of articles in Vienna's leading paper, *Die Neue Freie Presse*.[10] By comparison with Roth, his account is severely limited: by the brevity of the visit, by his ignorance of the language, and by the fact that, apart from a hurried visit to Leningrad and the obligatory pilgrimage to Tolstoy's birthplace, he saw only parts of Moscow. His studied avoidance of political comment and economic analysis, however, has as much to do with the fastidious habit of a lifetime as with an awareness of those limitations or with Roth's belief that to judge the Soviet Union in merely political terms is bound to be misleading. Although Zweig is sympathetic to the Soviet experiment,[11] he writes very much as a cultural tourist and a liberal bourgeois for whom intellectual freedom is paramount. It is symptomatic of his apolitical, aesthetic stance that the two longest pieces are concerned with the museums of Moscow and the treasure-store of the Hermitage in Leningrad and that he can present the greatest achievement of the Revolution not as economic or political emancipation, but as the fact that art has been made freely available to all, or can regret the disappearance of Leningrad's elegance, luxury and splendor, without weighing it against the social and economic gain for ordinary people.

Where does Roth stand in this tradition? Some of the pieces of his *Reise in Rußland* bear the hallmarks of the travelogue, as

---

10 After his death they appeared as "Reise nach Rußland" in Zweig, *Zeit und Welt: Gesammelte Aufsätze und Vorträge*, ed. Richard Friedenthal (Stockholm: Bermann-Fischer, 1946), pp. 203-45.

11 As late as 1931 Zweig wrote a piece for *Die rote Fahne* speaking out against threats to the Soviet Union, which endangered the freedom of the workers and creative people all over the world. Quoted in *Aktionen, Bekenntnisse, Perspektiven: Berichte und Dokumente vom Kampf um die Freiheit des literarischen Schaffens in der Weimarer Republik* (Berlin and Weimar: Aufbau, 1966), pp. 516-18.

he attempts to convey to his readers back home in Germany some of the many sights, sounds and even smells of a vast country which is perceived, in part, as exotically other. This applies particularly to his description of a boat journey down the river Volga, a short stay in Astrakhan, where the fascination of fish, horses and flies swamps the human interest, and a visit to the Caucasus, where he is struck above all by the colorful medley of tribes and cultures. Even Leningrad, the most westward-looking of Russian cities, is made the subject of an atmospheric word-painting.

Above all, however, Roth is concerned to convey an image of contemporary culture and society. He is aware that, in crossing the Russian frontier, he has entered a radically different world, where untried political and economic conceptions are being put to the test in a new historic venture. Yet the political and economic dimensions are given little prominence. It is symptomatic that most of the leading political figures are mentioned rarely, Stalin not at all. Similarly, although Roth's visit took place at a time when the New Economic Policy formed the focus of political struggles, he pays no attention to the economic or political issues raised. The NEPman appears in several pieces, but his role as an economic expedient is not discussed. What interests Roth is the NEPman as a social and cultural phenomenon. Indeed, he frequently seems to make a special point of using concepts such as "Bürger" and even "Bolshevik" in a way which flaunts the economically or politically oriented definitions of orthodoxy.

Although he declines to engage in debate on the shifting political and economic scene, Roth never loses sight of the fact that the country he is observing is in a state of transition and that his assessments must be correspondingly provisional: the drabness he finds so depressing may simply be a consequence of the present requirement to concentrate on the necessities at the expense of luxuries; the superficial level of understanding encouraged by much current propaganda may be no more than a temporary stage through which the masses have to pass on their way from intellectual blindness; the failure to implement some of the exciting new educational reforms may be explained by the need to concentrate on the vast and more pressing problem of illiteracy. Yet if the transitional stage of Russian society demands that certain allowances be made, since the hope is that things will get better, there is also the fear that things may change for the worse, that a present benefit may be abandoned. There is in Roth's estimation, for example, a possibility that the humanity which the Russian revolution has so recently restored to the peasants may be stunted and reduced to the level of intellectual banality by the crude simplifications of public enlightenment.[12] More prophetic in view of later developments — though markedly less so in the light of the most recent events — is his speculation that the colorful labyrinth of nationalities in the Caucasus, which has been created provisionally out of sheer confusion, will one day yield to a process of Russification such as the Tsars sought vainly to impose. He fears, in other words, that a uniformity already perceptible in other areas of Soviet life may yet be imposed on this cultural variety.

If an emphasis on social and cultural rather than economic and political phenomena and a deliberate withholding of final judgement characterize Roth's approach, what of the substance of his record? Behind the surface detail two central themes emerge: the first is what he calls the "Verbürgerlichung" of Soviet society, the second the neglect of metaphysics.[13] To some this might appear an untenable contradiction, since metaphysics is itself, they might argue, a manifestation of bourgeois ideology. Yet it is precisely this sort of assumption that Roth seeks to challenge by his redefinition of terms such as "bürgerlich," "reaktionär," "revolutionär," and so forth and by

---

[12] Benjamin too notes the "banale Deutlichkeit" which is demanded by the present state of intellectual life in the Soviet Union, BGS, IV,1, p. 339.
[13] These are briefly discussed in Sültemeyer, pp. 92-96.

his suggestion that "Verbürgerlichung" and the neglect of metaphysics are linked together.

To speak in terms of "Verbürgerlichung" so soon after a proletarian revolution is provocative. And when, shortly after his return to Germany, Roth gave a lecture with the title "Über die Verbürgerlichung der russischen Revolution?," the question mark at the end was intended not so much to cast doubt on the possibility as to call attention to an ironic fact. "Ich wollte sagen:" he declared, "ist es nicht ein Witz, daß man von einem bolschewistischen Bürger sprechen kann?" (III,1027). What, then, does the process of "Verbürgerlichung" entail? The most obvious manifestation would seem to be the NEPman, the new-rich, entrepreneurial wheeler-dealer of the 1920s. Unencumbered by the moral and emotional baggage that complicated the life of the old-style bourgeois, he is interested only in making money. Yet the NEPman, for whom, as a descendant of the freebooters and robber-chiefs of earlier generations, Roth betrays a sneaking admiration, is not for him the representative figure of the new society; he is something of an outsider, an exponent of the capitalist economy, occupying a precarious position and enjoying the temporary connivance of the authorities. More significant in Roth's estimation is the extent to which bourgeois tastes, attitudes and patterns of behaviour have been incorporated into the Soviet system itself, have become the norm, so that the "brave new world" has, in some respects, merely replicated the worst features of the old.

Roth does not discuss the political significance of the struggles that followed Lenin's death, but he does register a widespread process whereby revolutionary fervor is giving way to the dead hand of bureaucracy, that bureaucracy which Lenin himself hoped in vain had already been overcome,[14] that bureaucracy whose self-perpetuating concerns and unproduc-

---

14 See Lenin's speech to the eighth party congress, quoted in *Der Apparatschik: Die Inflation der Bürokratie in Ost und West*, ed. Gerd-Klaus Kaltenbrunner (Freiburg: Herder, 1976), pp. 153-55.

tive busyness was soon to be satirized in the Soviet Union itself in the novel *The Golden Calf* by Ilf and Petrov. While therefore the young in spirit in Western Europe, suffering in an atmosphere of intellectual stagnation, political reaction, corrupting materialism or false public pomp, look to the new Soviet state for a revolutionary lead, the Russians themselves are too busy going from one meeting to another, attending housing tribunals, operating the vast machinery of state to have time for intellectual problems or revolutionary ecstasy. He writes at one point: "Fast aller revolutionären Ideen, Einrichtungen, Organisationen hat sich der kleinbürgerliche Geist bemächtigt, der in der Politik schon lange sichtbar ist, der den Heroismus liquidiert, die Bürokratie aufbaut, selbst wenn er sich einbildet, sie 'abzubauen,' indem er Beamte entläßt" (III,989). And at another point he summarizes the position in these words: "Nach dem roten, ekstatischen, blutigen Terror der aktiven Revolution kam in Rußland der dumpfe, stille, schwarze, der Tintenterror der Bürokratie" (III,1028). [15]

Roth devotes one his pieces to a visit to the theater to see *Evgraf, Seeker of Adventures*, presumably the production of Alexei Faiko's play mounted at the Moscow Art Theatre by Mikhail Chekhov in 1926. It may be that he misunderstands the author's intentions, since he speaks of the play as a piece of crude didacticism with the message that it was now time for the revolutionary to become a "Bürger," while other interpreters suggest that his instinctive sympathy with the barber who ends

---

[15] Kisch notes the increased number of "Beamten," but sees it as a result of the fact that so many formerly independent jobs have been nationalized, Kisch, *Zaren, Popen, Bolschewiken* (Berlin: Erich Reiss, 1927), p. 42 (Hereafter: ZPB). Benjamin, despite his personal difficulties in obtaining necessary documentation, records no excessive bureaucracy, except to say that it affects those within the Soviet Union who seek to go beyond the (restricted) norms decreed by the collective will. See BGS, IV,1, p. 328. Although Zweig's "Reise nach Rußland" inveighs against "Bürokratismus" in connection with the paperwork involved in the return home of Tolstoy's body, it is not seen as a specifically Soviet or even Russian phenomenon, but as a shared experience in the modern world, *Zeit und Welt*, p. 235.

in suicide after murdering a NEPman is not at all idiosyncratic but in line with Faiko's aim.[16] Significantly, however, the basis for Roth's sympathy is the image he has of Evgraf as the disappointed revolutionary, the former committed member of the Red Army who finds himself a victim of the very bourgeois practices he struggled hard to overthrow. The importance of this stricture can be gauged from the fact that it also plays a substantial part in the unfinished novel *Der stumme Prophet*, which Roth began to write at much the same time and in which the Russia of the 1920s emerges as a land where "Genossen" have become "Bürger," a land dominated by bureaucrats, the carrion crows left behind after revolution and war, who write manifestos and jostle for power rather than participate in revolutionary struggle and who now rule in subservience, anonymity and intellectual rigidity, while so many of the activists are exiled or imprisoned.[17]

One particular consequence of the process of bureaucratization which Roth isolates is the flourishing of the careerist. While the NEPman is out to make money and survives because the system winks at his unorthodox economic methods, others are out to make a career by operating within the official system, a course which is made all the easier because bureaucracy likes conformity and what can be measured statistically and because genuine revolutionary conviction is no longer prized and can be mimicked without too much difficulty. At several points Roth refers to the "Streber," who join the Komsomol, put in the expected appearances at marches and meetings, familiarize themselves with party manifestos and decrees, and, after being admitted to the party, advance no longer by means of bribes, as in Tsarist days, but by virtue of a bent back. For him the

---

16 See Konstantin Rudnitsky, *Russian and Soviet Theatre: Tradition and the Avant-Garde* (London: Thames and Hudson, 1988), p. 228.
17 See I,814; I,828-30; I,842. Some of these similarities have been recently discussed in Klaus Pauli, *Joseph Roth: "Die Kapuzinergruft" und "Der stumme Prophet": Untersuchungen zu zwei zeitgeschichtlichen Portraitromanen* (Frankfurt: Lang, 1985), especially pp. 313-19.

careerist is the new Tartuffe, who bears a red star and flag in place of the prayer book and rosary, and in whom the three elements so far described coincide. "Es gibt keinen schlimmeren Typus," Roth writes, "als den kleinbürgerlichen Revolutionär, den Karrieremacher, den arrivierten Bürokraten" (III,1029).[18]

A further strand in the process of "Verbürgerlichung" which Roth isolates may be called "Americanization," as long as it is understood that America, for him, is not so much a geographical definition as a form of shorthand, above all for that modern technological advance which, for good or ill, was to become a yardstick of achievement.[19] Even on a fairly superficial level he notes how the busy construction work gives the streets of cities like Moscow and Kiev the appearance of those newer colonies of the American West,[20] while the rapidly expanding oil industry of the Caucasus has recreated the spirit of the gold-rush from some American film.[21] More important, however, is the effect this technological advance is having on the consciousness of the populace. For one thing it is in danger of obscuring the fundamental political and economic issues. The enthusiasm for the revolution which the peasants of the Volga region display has as much to do with the fact that it has

---

18 Toller too notes the danger of careerism among young people, who did not have to fight for the revolution or struggle to formulate its ideas, *Quer durch: Reisebilder und Reden*, Reprint, ed. Stephan Reinhardt (Heidelberg: Das Wunderhorn, n.d., 1981?), p. 108. (Hereafter Qd).

19 Kisch observes, as a further influence of American practice, the training of the labor force to perform certain restricted manual operations, which he regards as an adaptation of Taylorism with less deleterious effects, apparently unaware of the dehumanization involved in what he describes, ZPB, pp. 69-71. Such Taylorism had by then already been satirized in Yevgeny Zamyatin's novel *We*.

20 Benjamin notes something at once similar and different: that the poor yet eventful political life of Moscow makes it like the Klondike gold-rush, BGS, IV,1, p. 335.

21 Roth may well have had Chaplin's film *The Gold Rush* (1925) in mind, which he had seen by 1927 at the latest. See "Bahnhof von Saarbrücken," III,731-38.

introduced the benefits of modern civilization (electricity, typewriters, telephones, the cinema) as it has with their political emancipation.[22] Similarly, in the Caucasus, it is the reclamation of marshland, the provision of libraries, cinemas, theaters, children's playgrounds and so forth which has served to confirm the workers' belief in the miraculous power of socialism. Like the careerist — though for very different reasons — the populace at large lacks real political conviction: it makes a simple equation between socialism and the benefits of technology, many of which are of American or at least Western provenance. With half an eye on recent experiences in Germany Roth draws a revealing parallel between the Soviet worker and his counterpart in the *Ruhrgebiet*, who has been won over by domestic gadgetry and conveniences.[23] The worker, it seems, can be persuaded to accept any economic and political system that fulfils certain material needs.[24] And in the Soviet Union, as in Germany, the worker will thereby be turned into a "Kleinbürger." In the peasant too there is a danger that technological advance will subvert the process of socialization. The emphasis on tractors and machinery to increase agricultural productivity can so easily give rise to bourgeois psychology, directing interest towards objects, possessions, profitability and therefore making it even more difficult to educate the traditionally individualistic peasant to think collectively.[25]

---

22 Zweig noted such naiveté in the enthusiasm for the new technology that many believed the electric sewing machine had actually been invented by the revolutionary leaders, Lenin and Trotsky, *Die Welt von Gestern: Erinnerungen eines Europäers* (London and Stockholm: Hamish Hamilton and Bermann-Fischer, 1941), p. 346.

23 See especially "Privatleben des Arbeiters" (10 April 1926), III,673-77.

24 This is also the insight of Friedrich Kargan and Berzejew in *Der stumme Prophet* (I,740).

25 Benjamin too observes that the period of "heroic communism" is now over and is mourned by many, but recognizes the revolutionary demand of the moment for technological advance. He does not perceive any adverse effect on the mentality of the populace, BGS, IV,1, p. 348.

Together with modern technology the Soviet Union has also imported from America, in Roth's view, a soulless rationalism. Having dismissed the major cultural achievements of Europe as bourgeois and much of the Russian cultural heritage, including its mysticism, its religious art, Turgenev and Dostoevsky, as reactionary — an attitude which Roth naturally rejects — the Soviet government could then only find an intellectual basis for its new society in what he calls "die frische, ahnungslose, gymnastisch-hygienische rationale Geistigkeit Amerikas — ohne die Hypokrisie der protestantischen Sektiererei: aber dafür mit der Scheuklappenfrömmigkeit des strengen Kommunismus" (III,972). Altogether indeed, despite the superficial distinction between atheism and religious belief, he detects a striking similarity of intellectual naiveté in both countries, a similarity between Soviet arguments against and American arguments for the existence of God, between the banal optimism of official Soviet opinion and that of those American Evangelicals who dismiss the idea of death as nonsense. If Russia is moving towards America, as the title of one of the pieces declares, it is thereby encouraging the process of "Verbürgerlichung" and accepting a mixed blessing.[26]

"Verbürgerlichung" means not only looking westwards to the modern technology symbolized by the concept "America"; it also means looking back to the tastes and attitudes associated with European bourgeois societies of the nineteenth century, or at least the failure to establish new habits of mind appropriate to a truly revolutionary society. To his regret Roth discovers that Philistinism has not been overcome in the Soviet Union but has merely attached itself to different objects. He can understand why many cinema-goers in Moscow should flock to see a romantic silent film, while, ironically, people in the West

---

[26] As late as October 1934 in a letter to Klaus Mann, who had recently published an article on Moscow, Roth makes the same point: "Keine neue Welt wird vorbereitet, sondern unsere ekelhafte alte kommt nach dem Osten." He also refers expressly to his article "Rußland geht nach Amerika" from the *Reise in Rußland* (Briefe,386).

clamor to see Eisenstein's *Battleship Potemkin*. For these Muscovites are the representatives of the old, defeated bourgeoisie, still clinging to prerevolutionary habits. What he finds harder to accept is the extent to which, in their fearful rejection of everything that does not serve an immediate, practical purpose or lacks direct political relevance, the revolutionaries themselves have missed an opportunity to re-examine the whole of European literature and culture through new eyes[27] and have merely adopted the utilitarian mentality of the German bourgeoisie of twenty years before. Instead of abolishing *Kitsch* they have allowed it to trivialize the revolution, with plaster busts of Lenin, knife-handles in the form of Marx's head, and so forth.[28] Instead of eliminating pathos and overblown rhetoric from school textbooks and speech-days, they have merely introduced different objects of hero-worship.[29] The call of king and country has given way to the victory-cry of the revolution, but the method is the same: military music, tendentious poetry, endlessly repeated slogans.[30] Roth relates this state of affairs to a neglect of form.

---

[27] In "Zensur, Schriftsteller, Neue Literatur" Toller argues for an art, like that of Sophocles and Euripides, which is multi-faceted and yet not neutral, Qd, p. 168. Elsewhere he maintains that great dramatists, who have stood the test of time, were very much involved in their own age, "Arbeiten," Qd, p.278. Benjamin records a performance of the *Oresteia* of Aeschylus produced in the style of a court theatre and at which the Communists, the representatives of the new society, were not among the audience, MT, p. 65f.

[28] Both Benjamin's diary and his essay on Moscow note the numerous pictures and plaster busts of Lenin and other revolutionary leaders — but without comment, MT, pp. 75, 90, 97; BGS, IV,1, pp. 322, 336, 342, 348. Roth's criticism has a different emphasis from Toller's attack on the Lenin-cult, which, for him, is a mistaken political (rather than aesthetic or cultural) tactic, since it sacrifices long-term success for immediate gain. See Qd, p. 107.

[29] These thoughts are echoed in unpublished comments of Roth's on the way in which school textbooks tend to perpetuate the false pathos of their predecessors. Quoted in Bronsen, p. 357f.

[30] Toller makes a similar point later, when, giving a brief account of his own works, he comments on a mistake that critics of both Left and Right make in demanding of the dramatist, "er solle sie am Finale mit jenen albernen

Form, he argues, has become suspect, because it is confused with what is merely decorative, aesthetic, playful, and is therefore classified as bourgeois.[31] In consequence the authorities have poured new wine into old bottles. Their scorn for form is in fact reactionary; it fails to recognize that new ideas require new means of expression.

The characteristic features of "Verbürgerlichung" which Roth isolates in the mid 1920s have relatively little in common with those described by the historians as part of the *embourgeoisement* of the 1930s, the "great retreat" under Stalin. There the emphasis is placed on phenomena such as the return to classroom discipline and academic testing; the re-instatement of heroes in history textbooks; the reversion to academic rather than socio-political criteria for university entrance; the championship of motherhood and family life; the emergence of an élite of administrators and professionals, with higher salaries and greater privileges, but with aesthetic preferences that resurrect the older cultural values of Pushkin and *Swan Lake*.[32] Not only are the details different; some of these developments are of a kind that would almost certainly have elicited Roth's approval rather than disapproval.

Although it is possible to detect an interconnectedness in the various strands of "Verbürgerlichung" to which Roth calls particular attention, his attitude to the process is not always as simple and coherent as I have so far presented it. For one thing,

---

Hausssprüchlein entlassen, die unsere Eltern, zur Nutzanwendung, auf Sofakissen, Tellern und Plaketten sich malen ließen," Qd, p. 291f., adding: "Auch in der Begriffswelt der Revolution, der Arbeiterschaft dürfen wir pharisäische Phrasen, unechte Scheidemünzen, verlogene Zerrbilder nicht zulassen," Qd, p. 296.

31 When, in a piece on puppet-theatre, Kisch expresses mock-fear for the puppet Petrushka and suggests a new sort of puppet-theatre is needed to correspond to the postrevolutionary political situation, it is clear that, for him too, it is the subject-matter, not the form, which determines whether art is revolutionary or not, "Petruschka und Wanjka-Wstanjka", ZPB, p. 252.

32 See Sheila Fitzpatrick, *The Russian Revolution 1917-1932* (Oxford University Press, 1984), especially pp. 148-53.

he uses terminology rather loosely, sliding imperceptibly from "Bürger" to "Kleinbürger" (or "kleiner Bürger"), to "Spießer," to "Reaktionär," as though the words were accepted synonyms. And he is able to do this, I would suggest, only and precisely because he relegates the significance of political and economic criteria and focuses attention on an attitude of mind. Second, to the extent that his account of "Verbürgerlichung" implies an approval of "genuine" revolution, it is viewed, perhaps inevitably, less from the perspective of the proletarian, the revolutionary from necessity, and more from that of the intellectual, the free-will revolutionary, the one who suffers most from the inevitable sacrifice of bold thinking in favor of reliable orthodoxy.[33] In terms of *Der stumme Prophet*, it is the perspective of Friedrich Kargan. Third, if Roth's account implies disparagement of bourgeois attitudes, it also betrays an occasional ambivalence. Having adopted his own "cultural" interpretation of the word "bürgerlich," he is not always sure where he stands with regard to its supposed manifestations. Those considered so far are viewed negatively. Yet when he voices regret at a lack of color, luxury,[34] frivolity, even feminine charm in modern Soviet society, is he not himself reverting to bourgeois thought-patterns? In fact he is obliged at one point to admit to attacks of bourgeois atavism. He is probably suffering from such an attack when, despite all his calls for new, revolutionary means of artistic expression to accommodate the new,

---

33 Toller writes ironically of those intellectuals whose orthodoxy makes them suitable functionaries, contrasting them with creative writers who seek to retain their intellectual freedom, individual responsibility and critical stance, and who are unjustly besmirched as counter-revolutionaries or traitors, Qd, p. 165f.

34 Toller suggests that official disapproval of luxury has created an artificial austerity of dress, a proletarian pose, which violates something in the human psyche that will ultimately reassert itself, Qd, p. 173. Zweig, who was more accustomed to luxury, merely records the absence of luxury and color as an expression of the will to concentrate on economic necessity, *Zeit und Welt*, p. 210f.

revolutionary ideas, he ironizes the revolutionary theater of Meyerhold, whose rejection of bourgeois conceptions of art as entertainment has gone so far that it has become painfully uncomfortable for the spectator to sit in the auditorium. Here an opportunity to engage with a revolutionary aesthetic, an opportunity which Benjamin seizes, has been submerged beneath a bourgeois hankering after plush seats.[35]

The second major theme of the *Reise in Rußland* is the neglect of metaphysics. I use the term "metaphysics" not in its strict philosophical sense, but in the more popular sense in which Roth himself uses it, as a collective term for matters which transcend the physical world or lie beyond the range of empirical enquiry and are, to his regret, discounted in modern Russian society.[36]

Religion is the area of life where this most obviously applies. And the most comic of all the pieces, "Der liebe Gott in Rußland," is an ironic description of God in an atheistic world, traveling incognito, having handed over his functions to the all-seeing, all-knowing Party, freed from the burden of all the ideological misuse to which he was formerly put, no longer forced to take the blame for public disasters but enjoying a permanent holiday.[37] Beneath the comic surface lie more serious concerns: the conviction that the propaganda against religion is conducted in a naive and outmoded way;[38] the belief that the

---

35 See especially "Neue Dichtung in Rußland," BGS, II,2, p. 757f, and "Disputation bei Meyerhold," BGS, p. 623f. Benjamin records no physical discomfort at Meyerhold's theater despite a four-hour performance of Gogol's *The Inspector General*. See MT, p. 48.

36 In a letter to Brentano Roth attacked the exclusively political approach of Kisch and Toller observing: "Das Problem ist aber keineswegs ein politisches, sondern ein kulturelles, ein geistiges, ein religiöses, ein metaphysisches" (Briefe,95).

37 In *We* Zamyatin gives a picture of men who have become like gods, having (apparently) gained rational control of the world.

38 In Zweig's view, however, the Soviet leadership has shown understanding of its people's psychology in turning its political ideology into a religion and

society which has eliminated God can provide only a partial, superficial satisfaction for its people in material things such as electricity and railways.[39]

The neglect of metaphysics can even be shown to have a curious link with one of the seemingly positive features of Soviet society, its abandonment of the anti-Semitism which flourished under the Tsars. For this has been achieved only because the Jews have been turned into a national minority and granted the official rights of other national groups. In fact, as Roth has shown, the Jews of the Soviet Union are drawn from various tribes; there are even Aryan Jews in the Caucasus.[40] The Jews represent for him — as they did for Zweig — a spiritual and religious community rather than a nation.[41] In treating them as a nation, the authorities may have guaranteed their safety, but only by subjecting them to an inappropriate political definition and ignoring the spiritual, that is, metaphysical dimension.[42]

The second area of metaphysical neglect is that of human love. Roth makes clear that he is not adopting the common,

---

its leaders into mythical figures or saints, that is, in giving religion a new content instead of abolishing it entirely, *Zeit und Welt*, pp. 217-19.

39 It is an interesting yet curious equation of communism and belief in technological progress that a few years later, in 1931, Roth should attack the incursion of modern technology into the religious life of Germany (for example, in the way in which the "eternal flame" of the modernized synagogue of Halberstadt is now operated by electricity) as "Bolschewismus der Frommen." See "Halberstadt, 'Tannhäuser,' Schach," III,698.

40 Kisch too mentions these "Bergjuden," ZPB, p. 88.

41 Bronsen, p. 287f., ignoring this negative aspect of the account, gives the impression that Roth is simply enthusiastic about the Soviet treatment of the Jews. Wollmann, "Sowjetrußland und Potemkinsche Dörfer," p. 392, gives a similar impression.

42 Later Roth was to describe himself as a believing Catholic, for whom his Jewishness was what it also was for a Hasidic "Wunderrabbi": "eine metaphysische Angelegenheit, weit, hoch über allem, was mit ‚Juden' auf dieser Erde passiert" (Briefe,275, 24 August 1933). He also came to regard Zionism, which involves an understanding of Jewishness in national terms, as a form of nationalism on a par with Nazism (Briefe,420f).

cheap slur, which equates Communism with sexual immorality; and unlike Kisch and Toller, he has nothing to say about Alexandra Kollontai and her advocacy of free love.[43] His complaint is rather that the new policies have turned love into a sanitary function. His point, one of a number which reflects the world of Zamyatin's anti-utopian novel *We*, written in 1920, but one that was also to be embodied in Natascha Alexandrowna in his own novel *Die Flucht ohne Ende* of 1927, is expressed in language that itself mimics the scientific detachment which has invaded the realm of *eros* and reduced it, as he puts it, "zu einer hygienisch einwandfreien Paarung zweier durch Schulvorträge, Filme und Broschüren sexuell aufgeklärten Individuen verschiedenen Geschlechts" (III,973). Part of Roth's complaint is directed against the loss of erotic culture, by which he seems to mean that gallantry once accorded to feminine charm before emancipation came along and neutered women.[44] More significant, however, is his conviction that love is a sacred act, not just a physical union, that sooner or later the human soul and human feelings will reassert themselves in the realm of love, from which they have now been officially banished as metaphysical relics.

Sentiment in general is regarded with suspicion or discarded entirely, as it is — almost — in the life of Savelli in *Der stumme Prophet*. Feelings of anger, joy and fear are robbed of their specifically human and subjective significance and

---

[43] Kisch, ZPB, p. 121; Toller, Qd, p. 88.

[44] Benjamin notes the lack of eroticism in the Russian cinema, but relates it not only to the official trivialization of love and sexuality, but also to the orthodox view that the concept of tragic love is counter-revolutionary (MT, p. 82). In a contrasting piece, "Liebesbeziehungen junger Menschen," Toller records a conversation with a young female Komsomol, who informs him that, after a period of matter-of-fact promiscuity, an element of tenderness and loyalty has now returned to sexual relations among the young (Qd, p. 147), but she goes on to remark that marriage turns young people into "Spießer," who lose their political commitment (Qd, p. 148).

reduced to operations of the central nervous system.[45] One consequence of this anti-metaphysical position is that, while the church is not officially persecuted, the propaganda against it is conducted with insensitivity. For it is feelings after all that are under attack. Another consequence is that revolutionary enthusiasm also is seen as dangerous. Yet to deny such fervor is, according to Roth, not only to do violence to the Russian temperament, but also — and here we come back to his first major theme — to turn the proletariat into petty-bourgeois.

If feelings are dismissed as metaphysical and unreliable, their place, it seems, has been taken by statistics, a subject to which Roth returns over and over again in his *Reise in Rußland*. Zamyatin's novel *We* contains its own revolt against one form of arithmetical domination of life, by emphasizing the role of the square root of minus one, which represents that complex of ideas associated with individuality, irrationality, the imagination, the soul.[46] Roth's comments on the use of statistics in the Soviet Union are directed against what he sees as the fundamental error of supposing that only what is quantifiable has value, of confusing statistics with reality,[47] of insisting, for example, on the number of periodicals published while overlooking their (poor) quality, of reciting the percentage of peasants who have now learned to read while ignoring *what they read* and whether it has turned them into Philistines.[48] Coupled with an inappropriate fear of supposedly bourgeois skills, statistics have also served to hold back intellectual

---

45 III,980 and 1004. In Zamyatin's *We* (Harmondsworth: Penguin, 1983) p.166, the heart is robbed of its emotional function and reduced to a mere pump.

46 Ibid., pp.52, 85, 107.

47 Roth's low opinion of statistics is in keeping with his emerging turn against the documentary element of *Neue Sachlichkeit*, which he later distinguishes clearly from truthfulness. See "Schluß mit der ‚Neuen Sachlichkeit,'" IV,246-58.

48 The same critical attitude is suggested by the negative characterization of the party official Tomkin in *Der stumme Prophet*, who is fond of quoting statistics (I,781).

development. For, since they have revealed that children of bourgeois parents have learnt more quickly than their proletarian counterparts, the authorities have preferred to condemn combinatory and conceptualizing skills as merely bourgeois, instead of realizing that the relative slowness of the proletarian children was a temporary phenomenon, a product of environment which time would rectify. It was therefore foolish to neglect those skills in favor of factual cramming.

It is indeed the emphasis on facts and statistics rather than combinatory and conceptualizing skills which is, in Roth's estimation, truly bourgeois. The statistics which the young Komsomol has to memorize are just as dead as the dates of kings and queens which the pupils of Western bourgeois democracies still have to learn.[49] Moreover, to cram oneself with statistics is a favored expedient of the careerist, an acceptance of bureaucratization and its victory over revolutionary spirit and commitment; in short, it is to participate in the process of "Verbürgerlichung."

Although the neglect of metaphysics manifests itself in a variety of forms, these are products of a common philosophical trend, which we might call positivism, but which Roth variously characterizes as Darwinism, materialism, or dialectical materialism.[50] In protesting against the attempt to equate reality with material reality, to reduce life to the quantifiable, he is neither defensive nor nostalgic. Instead he firmly declares that it is reactionary rather than revolutionary to deny the importance of feelings, to deny women their femininity, to

---

[49] Even Kisch, normally positive in his account, notes the superficial understanding and misunderstanding that the children in Soviet special schools acquire as a result of rote-learning, ZPB, p. 219f.

[50] III,976f, 979, 980f. It is a curious detail of Kisch's book that the most materialist of modern scientists whom he visits, Professor Pavlov, should be an opponent of the very society which has a materialist basis. See "Die Hunde des Physiologen: Pawlow," ZPB, p. 305.

proscribe church bells;[51] that the arguments still being advanced against religion are both cheap and outmoded. Roth's reactions to the process of "Verbürgerlichung" and the neglect of metaphysics emerge therefore as aspects of a single response to the Soviet Union: the feeling that despite the revolutionary achievements of its political and economic life it has not managed to develop a corresponding revolutionary culture.

Many of Roth's comments on Soviet society will seem commonplace to the modern reader. Viewed in their historical context, however, they reveal considerable perception and independence. Thus, while several of his points can be matched by similar observations in Arthur Koestler's essay "Soviet Myth and Reality" — the oversimplification of propaganda for the sake of the backward masses, the abandonment of progressive experimentation in education, the prevalence of the bureaucrat, the "statistical stunt" which obscures the human reality, the arid, nineteenth-century materialism which forms the basis of doctrine and fails to provide necessary spiritual nourishment[52] — it has to be remembered that Koestler was writing during the Second World War, with all the hindsight of years of Stalinism.

What position does the *Reise in Rußland* occupy in the development of Roth's attitudes? In his *Moskauer Tagebuch*, only recently published, Walter Benjamin observes, with some acrimony, that Roth had gone to Russia as an (almost) confirmed Bolshevik, but was leaving it as a royalist (MT, p. 43). There is good reason to suppose that this view derives as much as anything from an act of self-dramatization on Roth's part. The reality was less startling: the change of outlook was less rapid and less radical; nor was it really a product of the Russian journey. He certainly kept his eyes open and lapped up each new impression and experience which his travels through the

---

[51] Benjamin also notes the silence of the church bells, but links it to the decline of religion, BGS, IV,1, p. 344.
[52] First published 1945. Arthur Koestler, *The Yogi and the Commissar* (London: Jonathan Cape, 1985), pp. 136-200.

Soviet Union offered him. And there is no need to doubt the assertion he made in his letter to Brentano in September 1926: that without Russia he would not have got to know himself. Yet even there he declares that what Russia taught him was, above all, that he himself was a European, a Mediterranean, a Roman, a Catholic, a humanist, a man of the Renaissance (Briefe,95).

In general it would be fair to say that the Russian journey did not so much change Roth's outlook as confirm attitudes and tendencies that were already present. By 1925 a degree of political resignation had begun to set in. On the basis of his knowledge of German conditions he had evidently formed the view that the worker and the revolutionary had an almost inevitable tendency to become "bürgerlich" or "kleinbürgerlich." "Der Rebell des Erzgebirges" of 27 May 1925 (III,712-15) records the history of a popular eighteenth-century rebel who suffers a final "Rückfall in die Bürgerlichkeit"; "Besuch bei den Webern" of 12 July (III,720-23) describes the little Silesian town of Hirschberg, once the center of revolution, as the place where now "die spießigste Reaktion" is to be found; and "Privatleben des Arbeiters" of 10 April 1926 (III,673-77) depicts those workers' colonies which turn the worker into a "Kleinbürger," the worker who is "von Natur dazu begabt."[53]

This view can hardly have failed to influence Roth's expectations of the revolutionary achievement in Russia. Accordingly, before embarking on his journey he was already clear in his own mind that Soviet society had fallen victim to "Verbürgerlichung" as well as loss of intellectual freedom. On 2 June 1926 he wrote to his employers at the *Frankfurter Zeitung* in terms intended to reassure them that he was going to be no gullible traveler:

> Ich glaube nicht an die Vollkommenheit der bürgerlichen Demokratie, aber ich zweifle noch weniger an der

---

[53] Cf. also Uwe Schweikert, "'Der rote Joseph': Politik und Feuilleton beim frühen Joseph Roth (1919-1926)," *T+K*, especially p.52.

tendenziösen Enge der proletarischen Diktatur. Ich glaube — im Gegenteil — an die furchtbare Existenz einer Art von ‚Spieß-Proleten,' wenn Sie mir diese Bezeichnung gestatten, einer Spezies, die mir die Freiheit, die ich meine, noch weniger gestattet, als ihre bürgerliche Verwandtschaft. Ich bringe also gar keine Voraussetzungen mit für einen ‚Hereinfall,' wie ihn die meisten literarischen Rußlandfahrer der letzten Jahre erlebt haben. (Briefe,92)

Roth could justifiably deny a particular kind of (favorable) prejudgement; but that is not to say he did not harbor more negative preconceptions.

It would be difficult to present the articles of the *Reise in Rußland* as evidence of a turn to royalist attitudes. What is interesting, however, is that some of the points which formed part of Roth's earlier attacks against the monarchy in pieces written for *Der Neue Tag* — the hare-brained ideology, the hollow *Kitsch*, the idolatry — reappear in his criticism of the Soviet Union,[54] except that they are now characterized as "bürgerlich." Through all the changes of Roth's political alignment these cultural responses remain constant.

It would be equally difficult to attempt to pass off the *Reise in Rußland* as evidence of that "pathological anti-Communism" of which Roth's friend Ludwig Marcuse would later speak.[55] The criticism is too measured and balanced for that. Nevertheless the focus of those later diatribes depicting Communism as the father of National Socialism — lack of intellectual freedom, emphasis on material gains, godlessness — is already adumbrated in some of the comments in the *Reise in Rußland* on the neglect of what he calls metaphysics.[56] Moreover, his later

---

54 See "Versuchsklassen" (21 March 1920), cited in Sültemeyer, p.190f.
55 Quoted in Bronsen, p. 457.
56 See letter to Zweig (Briefe,296, 30.11.1933). In a letter to Ernst Krenek he writes of the Social Democrats as the fathers of National Socialism and the

suggestion of a family likeness between the *Hitlerjugend* and the Komsomol, with their shared love of uniforms and trumpets,[57] sounds like an extension of the argument put forward in the *Reise in Rußland* that the Soviet authorities have taken over the methods of bourgeois societies (military music, rousing slogans, plaster busts of heroes) to promote their ideology. Different political forces may be in the ascendancy, but their habits and methods have a common cultural basis.

That disregard for metaphysics should play such a prominent part in Roth's critique of Soviet society does not represent a new departure for him either. The inadequacies of simplistic rationalism, so wittily exposed in "Der liebe Gott in Rußland" are prefigured in an unpublished feuilleton "Der liebe Gott," which Ingeborg Sültemeyer dates before the Russian journey.[58] The appeal of the metaphysical dimension is evident in the earlier travels through Germany, most explicitly in two pieces which appeared within a week of each other in May 1925. The first, based on a visit to Glashütte, deals lovingly with one of his favorite subjects, clocks and watches, depicting them almost as living beings, whose delicate mechanisms inhabit the borderline between matter and spirit, the physical and the metaphysical (III,708f.); the second, "Kleve, Xanten, Kalkar," has a description of the cloisters at Xanten, where the stones too are felt to be alive, grass and sky to be of a more intense, metaphysical hue, the songbirds to be of a heavenly species, which feeds on manna rather than worms (III,672). If even the material constructions of human hands seem to possess a soul for Roth, it is only to be expected that he will deplore the absence or denial of the spirit in the public affairs, the social and cultural interchanges of postrevolutionary Russia.

---

liberal Jews as its grandfather (Briefe,388, 24.10.1934). See also Anton van Duinkerken, quoted in Bronsen, p. 457.
57 Ibid.
58 Sültemeyer, p. 130f.

In emphasizing cultural phenomena above all the *Reise in Rußland* concentrates on those areas where Roth's attitudes retained a greater degree of continuity and consistency throughout the changes of his political allegiance. If it does contain a political message, it is essentially implicit and pessimistic, suggesting that the human aims which political action is designed to realize are doomed to neglect and distortion by the exigencies and compromises of the political process. It is a message, moreover, which is already moving towards that even gloomier conclusion derived from his visit to a Saarland coalmine in the autumn of 1927: that, whatever the political and economic system, the claims of "Humanität" will always yield to those of "Rentabilität" (III,745).

„Der Merseburger Zauberspruch": Joseph Roths apokalyptische Phantasie

KARLHEINZ ROSSBACHER

I

Im Jahre 1909 erschien ein Heft der Wiener satirisch-humoristischen Zeitschrift *Die Muskete* mit folgender Abbildung auf der Titelseite: Im Hintergrund, silhouettenhaft schwarz vor gerötetem Himmel, ein Wald von Fabriksschloten, deren Rauch sich zu einer Dunkelmasse ballt, im Vordergrund eine gigantische schwarzgraue Dampfwalze, die über ein Dorf fährt, Kirche und Kirchturm, mit geknickten Mauern, stürzen bereits. Das Vordergrundgrün ist geschwärzt, das Mittelgrundgrün ist ausgelaugt. Das Bild heißt „Die Kultur," es stammt von dem bekannten Karikaturisten Fritz Schönpflug.[1]

Das Bild verweist einerseits auf die Angst vor der kulturzerstörenden Großtechnik und -industrie, andererseits — schließlich handelt es sich um eine satirisch-humoristische Zeitschrift — illustriert es auch einen spielerischen Umgang mit der Idee des Untergangs. Möglich ist auch, daß es als Satire auf die Untergangsvisionäre der Zeit, von denen Karl Kraus der bekannteste war, verstanden wurde. Auf jeden Fall gehört es in die Tradition des Kulturpessimismus am Schauplatz der später von Hermann Broch so benannten „fröhlichen Apokalypse."[2]

---

[1] *Die Muskete. Kultur- und Sozialgeschichte im Spiegel einer satirisch-humoristischen Zeitschrift 1905-1941*. Mit Beiträgen von Murray G. Hall u.a. (Wien: Edition Tusch, 1983), S. 92.

[2] Karl Kraus, „Apokalypse," *Die Fackel*, 261/262 (Oktober 1908), 1-14; Ders., „Die chinesische Mauer," Ebda. 295/296 (Juli 1909), 1-16; Hermann Broch, *Schriften zur Literatur*, 1, *Kritik*, Hrsg. P.M. Lützeler (Frankfurt: Suhrkamp, 1975), S. 145-75. Eine ausgezeichnete Darstellung des Kulturpessimismus bei

Im Jahre 1962 veröffentlichte Rachel Carson ihr berühmt gewordenes Buch *Silent Spring*.[3] Darin entwirft sie die Vision von einem Ort in den USA, um den herum die Anwendung von Chemie die schlimmstmögliche Wendung genommen hat. Der Plan, DDT anzuwenden, um Erträge zu steigern, schlägt fehl und zurück: Die Natur stirbt, mit ihr der Ort. Über allem liegt der Schatten des Todes, die Vögel sind verstummt, die Vegetation ist verdorrt, und ein weißkörniges Pulver bedeckt die Gegend.

Rachel Carson hätte diesen Ort nicht erst imaginieren müssen, hätte sie Joseph Roths am Weihnachtstag des Jahres 1930 veröffentlichten Reisebrief „Der Merseburger Zauberspruch" gekannt (III,690-96). Sogar Carsons appellatives titelgebendes Bild, das Verstummen und Verschwinden der Vögel, hat Roth vorweggenommen: „Wer kann singen, wenn es stinkt?" (III,693). Der kleine Unterschied: Das weiße Pulver ist hier nicht DDT, sondern der Grundstoff Kali; seine Verarbeitung zu Kunstdünger soll, darin wieder vergleichbar, segensreicher Ertragssteigerung dienen. Ein weiteres Verarbeitungsprodukt derselben Ausgangsstoffe aber ist Giftgas. Um dieses Kali abzubauen und zu verarbeiten, vernichten die berühmten Leunawerke ein Dorf, Runstedt bei Magdeburg. Die Verarbeitung selbst vernichtet die umgebende Natur.

Wie Carson beschreibt Roth diesen begrenzten Vorgang schon auf seine schlimmstmögliche Wendung hin. Von einem partiellen Untergang ausgehend,[4] perspektiviert Roth einen großen, der Krieg einschließt. Wenn auch Roth den Begriff der Apokalypse m.W. erst nach Hitlers Machtübernahme gebrauchte: In der Sache hat er sie schon vorher gemeint, allerdings nicht mehr im ursprünglichen Sinne. Er hat zwar,

---

Karl Kraus in Edward Timms, *Karl Kraus, Apocalyptic Satirist. Culture and Catastrophe in Habsburg Vienna* (New Haven, London: Yale University Press, 1986).

3 Rachel Carson, *Silent Spring* (Boston: Houghton Mifflin, 1962), S. 1-3.
4 Hans Magnus Enzensberger, „Zwei Randbemerkungen zum Weltuntergang," *Kursbuch*, 52 (Mai 1978), 1-8.

z.b. in seinem Buch *Der Antichrist* (1934), in das unter anderem auch „Der Merseburger Zauberspruch" hineinverarbeitet wurde, Anleihen bei der Offenbarung des Johannes genommen, doch ist bei ihm, wie bei Karl Kraus und anderen Schriftstellern des 20. Jahrhunderts, der religiöse Inhalt von Apokalypse längst säkularisiert. In der christlichen Eschatologie bedeutete Apokalypse als Untergang der alten Welt in der Endzeit die Bedingung für das Erstehen einer neuen.[5] Doch selbst in Roths illusionärstem Denkansatz ist davon nichts zu spüren: Eine restauriert-„neue" k.u.k. Monarchie hielt er als Rettung Europas *vor*, nicht als seine Neuordnung *nach* dem Untergang für nötig.

Fritz Hackert hat in einer Studie aus der Frühzeit der Roth-Forschung die These verfochten, Roth habe sich von Anfang an in die Tradition des Wiener Kulturpessimismus, zum Beispiel bei Karl Kraus und Egon Friedell, gestellt.[6] Ingeborg Sültemeyer[7] wiederum hat am Beispiel von journalistischen Arbeiten, die Hackert noch nicht zur Verfügung gestanden waren, den frühen Roth als optimistisch in die Zukunft blickenden, sozialistischen Intellektuellen gezeichnet. Auch für den Biographen David Bronsen ist der frühe Roth ein „zukunftsfreudiger, linksorientierter junger Mann."[8] Sültemeyers Festlegung ist nicht unwidersprochen geblieben. Uwe Schweikert zum Beispiel, ein von Roth nie abgegebenes politisch-programmatisches Bekenntnis vermissend (und darob ideologische Zensuren verteilend), hat ihm für die frühen 20er Jahre sozialkritisches Engagement zugestanden, ihm gleichzeitig aber frühe Skepsis gegenüber der Entwicklungs-

---

5 E. Ludwig Pfeiffer, „Apocalypse: It's now or never," *Sprache im technischen Zeitalter*, 81-84 (1982), 181-96; Gunter E. Grimm u.a. (Hrsg.), *Apokalypse. Weltuntergangsvisionen in der Literatur des 20. Jahrhunderts* (Frankfurt: Suhrkamp, 1986).
6 Hackert, S. 27 ff.
7 Sültemeyer.
8 D. Bronsen, „Die journalistischen Anfänge Joseph Roths, Wien 1918-1920," *Literatur und Kritik*, 41 (1970), 47.

fähigkeit der Welt bescheinigt.⁹ Tatsächlich war ersteres da, besonders als Roth für den sozialdemokratischen *Vorwärts* schrieb, andererseits galt das auch für den Pessimismus und die Skepsis. So konnte man schon 1919 Roths Frage lesen, ob die Welt nicht ein Tollhaus sei und ob man sich nicht rechtzeitig ein „warmes Plätzchen" in einer Irrenanstalt sichern sollte (IV,785). Das klingt noch, als sei es der Pointe zuliebe geschrieben,¹⁰ doch hielt Roth ein Jahr später, ganz ohne Pointenfrohsinn, fest, daß die menschliche Entwicklung seit Jahrzehnten rückwärts verlaufe (IV,516). Man tut gut daran, für die Periode bis 1925 mit einer Beinah-Gleichzeitigkeit des Ungleichzeitigen zu rechnen, die, wie zu zeigen sein wird, sogar eine technikutopistische Position einschließt.

Was bislang über die Jahre 1925 und 1930 als Wendejahre in Roths Denken gesagt worden ist,¹¹ möchte ich am Beispiel seiner Haltung zum technisch-industriellen Fortschritt unterstreichen und zeigen, wie die Radikalisierung von Roths Fortschrittspessimismus nicht auf irgendwelche industriellen Katastrophen in jenen Jahren, sondern auf einschneidende politische Veränderungen in Deutschland zurückgeht. Stärker, als es bislang geschehen ist, möchte ich auch literarischrhetorische Qualitäten seiner publizistischen Schreibweise zu würdigen versuchen.¹²

---

9 U. Schweikert, „'Der rote Joseph.' Politik und Feuilleton beim frühen Joseph Roth (1919-1926)," *T+K*, S. 45.
10 Man vergleiche damit die Reportage „Hephata," die eine Anstalt für Geisteskranke beschreibt (*Frankfurter Zeitung*, 18.2.1926) und die ungleich ernsthafter schließt: „Ich ziehe einer durchwegs von normalen Dummköpfen bewohnten Welt immer noch eine vor, in der ein Teil sozusagen irrsinnig ist" (IV,54).
11 z.B. Sültemeyer; Marchand; Westermann.
12 In einigen Arbeiten wird über Roths publizistischen Stil eine Art Brillanz-Verdacht ausgesprochen. Vgl. Sonja Sasse, „Der Prophet als Außenseiter. Rezeption von Zeitgeschehen bei Joseph Roth," *T+K*, S. 76.

II

Roth hat bekanntlich zeit seines Berufslebens für Zeitungen geschrieben, ab ca. 1923 als gesuchter Journalist mit außerordentlichen Honoraren, meist in der *Frankfurter Zeitung*.[13] Ab ca. 1928 schrieb Roth unter zunehmend schwieriger werdenden persönlichen Verhältnissen und in der Folge finanziellen Bedrängnissen. Wenn er von den späteren 20er Jahren an immer wieder hoffte, „die Journalistik als Hauptberuf bald aufgeben zu können" (z.B. Briefe,109, 20.9.1927), so deshalb, weil er sich von Terminzwängen befreien und mehr Zeit für seine Romane gewinnen wollte, und nicht, weil er seine publizistische Schreibarbeit geringschätzte. Im Gegenteil, Roth machte kaum einen Unterschied zwischen seinen erzählenden und seinen reportierend-feuilletonistischen Schriften.[14] Joseph Roth ist kein Fall für Gattungspuristen. Es ist nicht Faulheit oder Unfähigkeit, wenn man sein umfangreiches publizistisches Werk nicht trennscharf in Reportage, Reisebrief, Feuilleton und Essayistik gliedern mag.[15] Das „Gesicht der Zeit" (Briefe,88, 22.4.1926) hat er sowohl in diesen Formen, als auch als Erzähler zu zeichnen versucht.[16] Ludwig Marcuse hat eine überzeugende Einschätzung seiner journalistisch-literarischen Eigenart formuliert, als er den Band *Panoptikum* besprach: „... dieses beobachtende Denken — diese einzigartige

---

13 Zur *Frankfurter Zeitung* vgl. A.Todorow, „'Wollten die Eintagsfliegen in den höheren Rang aufsteigen?' Die Feuilletonkonzeption der *Frankfurter Zeitung* während der Weimarer Republik im redaktionellen Selbstverständnis," *Deutsche Vierteljahrsschrift*, 62 (1988), 679-740. Zu diesem Aspekt des Themas vgl. ferner Westermann.
14 Briefe,11, Einleitung Hermann Kesten; auch Hackert, S. 50, 137; ähnlich F. Trommler, „Joseph Roth und die Neue Sachlichkeit," in David Bronsen (ed.), *Joseph Roth und die Tradition. Aufsatz- und Materialiensammlung* (Darmstadt: Agora, 1975), S. 280.
15 Sültemeyer, S. 19. Westermann, S. 217 verzichtet überhaupt auf Gattungsreflexion.
16 Vgl.Trommler, S. 280.

Balance zwischen Sinnlichkeit und Reflexion, niedergelegt in Sätzen, die zugleich abbilden, hintergründig erkennen und Melodien zaubern."[17] Roth ist niemals ein bloßer Daten- und Faktenreporter gewesen. „Bücher mit sachlichem Anlaß in dichterische Sphäre gehoben" (Briefe,62, 30.8.1925): Das gilt auch für seine Kurzprosa.[18] Keinesfalls wollte er sich, „wie Kisch, auf Recherchen beschränken" (Briefe,96, 26.9.1926). Andererseits tadelte er im „Merseburger Zauberspruch" seinen sonst so verehrten Heinrich Heine[19] wegen seiner impressionistischen Art, durch den Harz zu reisen und zu beschreiben, was der Zufall heranwehe. Daß Heine über den Stadtnamen Goslar eine etymologische Spekulation angestellt habe, um dessen Herkunft zu eruieren, statt an Ort und Stelle darüber zu recherchieren, erschien ihm als „Hochmut des Romantikers gegenüber den Tatsachen" (III,690). Seinen Kollegen und Schützling Bernard von Brentano hat er wiederholt zu Sachlichkeit und Präzision aufgefordert,[20] und an Benno Reifenberg, seinen Feuilletonchef bei der *Frankfurter Zeitung*, ging folgender Satz: „Ich bin langsam, gründlich, voller Angst, ich könnte was Falsches sehn, mein ‚Stil' ist ja nichts anderes, als eine genaue Kenntnis des Zustands — ohne sie schreibe ich schlecht — ... Ich bin kein Leerschreiber. Ich habe keine ‚Gedanken' — nur Kenntnisse." (Briefe,102, 23.4.1927). Aber auch das ist noch nicht sein letztes journalistisches Credo. In seiner 1930 verfaßten kritischen Bilanz über die sogenannte Neue Sachlichkeit, der er wegen seines Vorworts zu seinem Roman *Die Flucht ohne Ende* (1927) zeitweise zugerechnet

---

17 Ludwig Marcuse, „Ein objektives Herz. Joseph Roth: *Panoptikum*," *Die tägliche Rundschau*, 16.3.1930, zit. bei Bronsen, S. 313.
18 Vgl. dazu Hackert, *Kulturpessimismus*, S. 82.
19 Vgl. z.B. Briefe,78, 11.2.1926; 90, 29.4.1926; *Das Neue Tage-Buch*, Paris, 14.7.1934 (IV,427); vgl. auch Bronsen, S.88 f. über Roth und Heine.
20 Briefe,71, 19.12.1925: „Schreiben Sie eine schöne 2 ganze Spalten lange Recherche für Weihnachten. Lieber sachlich, als reflexiv. Ohne Einleitung. In medias res."; Briefe,76, o.D.: „Ich vermisse ... Anzahl der Arbeiter, Häuser nebenan, das Viertel und seine sozialen Verhältnisse."

worden ist, wird klar, daß er an der Reportage, der er schon 1925 den Rang einer Kunstgattung zugeschrieben hat (IV,336), weniger die Detailgenauigkeit (und faktische Detailhäufung) als die Möglichkeit künstlerischer Durchformung, die auch sie biete, schätzt.[21] Es ist daher konsequent, daß er in dem Aufsatz „Schluß mit der ‚Neuen Sachlichkeit'" dem Dokumentarischen zwar einerseits gewisse Anerkennung zollte — als „Wink an die Schreibenden, sich in ihrer Gegenwart umzusehen" (IV,252) —, andererseits die Gefahr beschwor, daß z.B. die dokumentarische Zeugenaussage, für Roth ein Beispiel für „ungeformte Simplizität," die Gestaltung verdrängt (IV,250 ff). Fast hört man einen bürgerlichen bzw. poetischen Realisten gegen einen Naturalisten das Argument vorbringen, ein synchron-statisch an die Wirklichkeit angelegter Abbildungsschnitt könne nie über die Registratur ihrer Oberfläche hinauskommen. In einzelnen Aspekten kann man hier auch Ähnlichkeiten zu Georg Lukács' Kritik an einem bestimmten Typus der Reportage feststellen.[22]

Aus diesen Gründen finden wir bei Roth nur sparsame Verwendung literarischer Zeugenaussage im O-Ton. Im „Merseburger Zauberspruch" gibt es eine einzige. Einen Arbeiter läßt Roth über das Dorf sagen: „Ja ... weg ist weg. Ab mit Schaden! Gegen die Technik kommt keener an!" (III,695). Aber auch hier schlägt Roths gestalterische Absicht durch, denn er verwendet den Satz später noch einmal, nun aber nicht mehr im O-Ton des Arbeiters, macht ihn damit zu seinem eigenen und gibt ihm die Wirkung eines musikalischen Echos bzw. Leitmotivs.

Weit häufiger findet man bei Roth ein Mittel, das in seinen Händen sowohl reportagenhaft als auch feuilletonistisch wirkt: Die Thematisierung der Wahrnehmungsbewegung. Der durch

---

21 Vgl. dazu Hackert, S. 82.
22 Georg Lukács, „Reportage oder Gestaltung?" Kritische Bemerkungen anläßlich eines Romanes von Ottwalt (1932). In: G.L.: *Schriften zur Literatursoziologie*. Hrsg. Peter Ludz (Neuwied und Spandau: Luchterhand, 1961), S. 122-42, bes. 126f.

das erstickte, von Menschen geräumte Dorf gehende Roth ist nicht lässig flanierender, sondern radikal aufmerksamer Augenzeuge, und die Wahrnehmungsbewegung fungiert einerseits als Authentischmacher, andererseits als Türöffner für die feuilletonistisch-subjektive Bezugnahme auf den Gegenstand: „Und ich ging zu Fuß durch die sterbende Natur, es war wie ein Krankenbesuch, nein, wie ein Leichenzug" (III,693). Von Roths eigenem Begriffsgebrauch ist keine gattungsdefinierende Trennschärfe zu erwarten.[23] Seine „Briefe," die er als durch Europa reisender Korrespondent an die *Frankfurter Zeitung* schickte, sind, vom fingierten Adressatenbezug her, Reisebriefe, mit denen Roth in der Tradition Heinrich Heines, George Sands, aber auch Daniel Spitzers steht. Vom Schreibverfahren her sind sie feuilletonistische Reportagen, wobei häufig das Feuilletonistische dominiert. Was z.B. im 3. Band der vierbändigen Ausgabe unter „Reisebriefe" gereiht ist, etwa „Im mittäglichen Frankreich," nennt Roth einmal „Feuilletons" (Briefe,54, 1.8.1925), ein andermal „Artikel" (Briefe,56, 22.8.1925). Spricht man vom Feuilletonisten Roth, so muß die

---

[23] Die Schwierigkeit der Gattungsdefinition zeigt sich auch bei Ilse Plank, *Joseph Roth als Feuilletonist. Eine Untersuchung von Themen, Stil und Aufbau seiner Feuilletons*, Phil. Diss. Erlangen, Nürnberg, 1967. Für sie sind fast alle publizistischen Texte Roths Feuilletons. Sie verwendet, gegen Roths Eigenverständnis, den Begriff der Reportage gar nicht, auch nicht für faktenaufbereitende, durch bloße „Impressionabilität" kaum zu erklärende Texte bzw. Abschnitte. Hervorzuheben ist bei Plank der Nachweis, daß Roth der Gattung Feuilleton eine neue Qualität gegeben hat. Kritisch zu vermerken: Plank berücksichtigt keinerlei Entwicklung bei Roth, weder in seiner Themenwahl noch in der stilistisch-rhetorischen Intensivierung. Abschnitt III der vorliegenden Arbeit stellt sich in Analyse und Bewertung von „Bekenntnis zum Gleisdreieck" in Gegensatz zu Planks Einschätzung (Plank, S. 113f. und S. 165f.): Der Text sei eine Stilparodie. Es findet sich jedoch keine Angabe darüber, was oder wen Roth hier parodiert haben soll. Das Netz von positiven Konnotationen (Organismus-Metaphorik für das Gleisdreieck, die Wärme, die Bewegung) bleibt in solcher Deutung unberücksichtigt. Die „Ananke," die beschworene Göttin der Notwendigkeit, in deren Zeichen all das geschehe, vor allem aber die Unsagbarkeits- und Bescheidenheitstopoi sind in die Lesart Parodie nicht integrierbar. Vgl. zu dieser Kritik auch Marchand, S. 174.

Höhe erwähnt werden, auf die er diese vielgescholtene Gattung, in Kombination mit Elementen der Reportage, gehoben hat. Obwohl beeinflußt vom Wiener Feuilleton,[24] hätte ihn doch niemals die Abrechnung, ja Vernichtung der Gattung in ihren flachen Vertretern getroffen, wie sie Alfred Polgar, im übrigen eines der Vorbilder des frühen Roth, vorgenommen hat.[25] Das Feuilletonistische bei Roth hat kaum je etwas von dem sprachwitzelnden Unterhaltungsgegenstand, zu dem es, den Verfall einer räsonierenden Öffentlichkeit parallelisierend, abgesunken und bei Karl Kraus oft und oft zum Angriffsgegenstand geworden war. Schon früh hat Roth, am Beispiel Heinrich Heines, den Anspruch des Feuilletons, „eine künstlerisch große Leistung" zu sein, formuliert (IV,805). Er hat diese Bedeutung später für sich erneuert: Man dürfe nicht „mit der linken Hand" und „nebenbei" Feuilletons schreiben, läßt er Benno Reifenberg wissen (Briefe,87, 22.4.1926). Die moderne Zeitung brauche den „Reporter" — man beachte, wie er hier diese Bezeichnung einfach für „Feuilletonist" einwechselt! — nötiger als den Leitartikler.[26] Roth hat versucht, diesen ernsthaften Anspruch einzulösen, es gibt bei ihm selten Zeichen bewußter Linkshändigkeit. Und ernst war es ihm auch — dies gegen Karl Kraus gewendet (IV,805) — mit der Verteidigung der Gattung

---

24 In „Spaziergang," *Berliner Börsen-Courier*, 24.5.1921, (IV,793-96), geht Roth nach dem Modell „Was ich sehe" in reihender Eindrucksschilderung vor und schließt diesen Abschnitt mit „Ich bin ein Spaziergänger." Peter Altenberg und Daniel Spitzer haben also Pate gestanden.
25 Alfred Polgar, *Kleine Schriften*, 4: *Literatur*, Hrsg. M. Reich-Ranicki in Zusammenarbeit mit Ulrich Weinzierl (Reinbek: Rowohlt, 1984), S. 200-05: „Sorte dünnster Literatur" (200); „Man ist mit dem Lesen fertig und spürt nichts davon" (201).
26 Roth liegt hier auf einer Linie, die die Feuilletonredaktion später auch selbst formuliert hat. Einem Leser, der vom Feuilleton mehr Aufregendes verlangte, antwortete die Redaktion, „Das, was wir wollen, ist ...: Ihnen die Augen öffnen über gesellschaftliche Zustände ...." Und Benno Reifenberg, der Feuilletonchef, schrieb am 1. Juli 1929 in der *Frankfurter Zeitung*: „Das Feuilleton ist der fortlaufende Kommentar zur Politik." Beides zit. bei Todorow, S. 697 und S. 739.

gegen ihre schlechten Vertreter. Die bei Uwe Schweikert zu beobachtende Tendenz, das Feuilletonistische an Roths Journalistik für deren Schwächen, das Reportagehafte hingegen für deren Stärken verantwortlich zu machen — nach dem Kriterium, das Feuilleton sei eine bürgerliche Literaturform, in der eine sozialbewußte Darstellung der Wirklichkeit nicht möglich sei[27] —, hätte er als „Kesselpaukerei" bezeichnet (IV,804).

III

Die meisten der Aussagen, die David Bronsen bei Zeitgenossen über Joseph Roths Abneigung gegenüber der Idee des technischen Fortschritts gesammelt hat, leiden darunter, daß die Interviewpartner nicht angeben, ob sie über den Roth der 20er oder der 30er Jahre sprechen.[28] Im Jahre 1936, als Roth den Vortrag „Glaube und Fortschritt" hielt, den er lieber „Der Aberglaube an den Fortschritt" genannt hätte (IV,632-46, hier 633), hatte er sich längst deklariert. Aber noch 1929 schrieb er an Pierre Bertaux, „das Unerträgliche an Deutschland ist nicht die Technik, sondern die Romantik der Technik" (Briefe,142, 26.1.1929). Und vor 1925 ist seine Position keineswegs eindeutig. 1921 beschrieb er einen „Flug nach Dortmund" (Saisonbericht,156-60). Bedenkt man, daß im Wiener Kulturpessimismus schon vor 1914 der von der Presse enthusiastisch begrüßte Aeroplan auch angstbesetzte Stellungnahmen hervorgerufen hat — von Karl Kraus bis hin zu Ebner-Eschenbach[29] —, so ist Roths Haltung als spöttisch-distanziert, in Teilen sogar als fasziniert zu bezeichnen. Ein halbes Jahr

---

27 Schweikert, T+K, S. 47.
28 Z.B. Bronsen, S. 464 (Anton van Duinkerken); S. 545 (Joseph Gottfarstein).
29 Vgl. *Die Fackel*, 261/62, 2, kommentiert bei Timms, S. 150; auch in *Die letzten Tage der Menschheit*, z.B. I,29. Timms behandelt auch Karl Kraus' Kritik am „techno-romantischen" Denken, auf die Roths Satz an Pierre Bertaux eine Art Echo darstellt (S. 318 ff). — Marie von Ebner-Eschenbach: „Ein Traum im Traume." In: *Altweibersommer* (Berlin: Paetel, 1909).

später beschrieb er, an Hand von Abbildungen, „Wolkenkratzer" in New York (Saisonbericht,182-85). Hier ist Roth mit einem Denkmodell am Werk, das an Kleists Reflexion über die Marionette erinnert: Die Technik werde den Menschen, auf einer anderen Stufe, wieder näher zur Natur führen. Er spricht von einer „Entwicklung," die einen „geheimnisvollen Kreis durchläuft, in dem Anfang und Ende sich berühren und identisch werden" (Saisonbericht,184). Seine Beispiele: „Die Erfindung des Aeroplans bedeutete nicht Kampfansage an alles fliegende Getier, sondern im Gegenteil: Verbrüderung zwischen Mensch und Adler." Ebenso sei „der erste Bergwerksarbeiter ... nicht verwüstend in die Tiefe" gedrungen, „sondern er kehrte heim in den Schoß der Mutter Erde" (Saisonbericht,184). Dieses in die Romantik weisende Sprachbild belegt, verglichen mit der Metaphorik des kriegerischen Gemetzels, mit der er im „Merseburger Zauberspruch" den Abbau von Kali beschreiben wird, eine utopisch-harmonisierende Haltung zur Technik. Roth geht sogar weiter: Der Anblick von Wolkenkratzern habe ihm das Gefühl gegeben, auf einer nächsten Stufe ihrer Entwicklung habe „die Zivilisation Gelegenheit, sich den alten Begriffen von Kultur zu nähern," in jener Freiheit, wie sie auch auf Bergen wohne (Saisonbericht,184). Wenn sich dieser Text am Ende trotzdem eine gewisse Ambivalenz selbst verschreibt, so richtet sie sich nicht gegen die Technik, sondern eigentlich gegen die Menschen, die vorderhand in diesen Wolkenkratzern nichts anderes einzurichten wissen als Kinos und Unterhaltungslokale. Roth scheint, umso mehr, als er auf persönliche Anschauung New Yorks nicht zurückgreifen konnte, in dieser Phase von utopischen Stadt- und Technikentwürfen des europäischen Futurismus beeindruckt gewesen zu sein (ohne daß ich hier dafür außertextliche Evidenz anbieten kann). Es wird jedenfalls in einem weiteren Feuilleton, das Roth zweimal zu Druck gebracht hat, noch klarer: Das erste Mal erschien es unter dem Titel „Eiserne Landschaft" am 1.4.1923 im *Berliner Börsen-Courier* (III, 644-47), das zweite Mal unter dem Titel „Bekenntnis zum Gleisdreieck" am 16.7.1924 in der *Frankfurter*

Zeitung (Saisonbericht,295-98). Der Titelwechsel hin zum Bekenntnis, durch keinerlei Distanzierungssignale relativiert, erscheint dabei besonders bedeutsam.

Das Feuilleton beginnt mit den Worten: „Ich bekenne mich zum Gleisdreieck." Es sei „ein Sinnbild und ein Anfangs-Brennpunkt eines Lebenskreises und phantastisches Produkt einer Zukunft verheißenden Gegenwart" (III,644). In der weiteren Beschreibung wechseln die Bilder gar hinüber zu Organismus-Metaphern, was für sich schon eine negative Bewertung unwahrscheinlich macht: Gleisnetze werden zu „großen, glänzenden, eisernen Adern," die das „Herz der Erde" bilden. Sie verändern allerdings den Rhythmus der Naturabläufe, weil die Erde nun „tausendmal schneller um ihre Achse kreist, als es Tag- und Nachtwechsel uns lehren will" (III,645). Was wie der Wahnsinn „unaufhörliche(r), unsterbliche(r) Rotation ... scheint," sei das Ergebnis „mathematischer Voraussicht." Was „sentimentalen Rückwärtssehern" wie eine „brutale Vernichtung innerlicher Kräfte" erscheint, erzeuge „in Wirklichkeit lebensspendende Wärme ... und den Segen der Bewegung" (III,645). Die „konstante Stärke der eisernen Konstruktion" sei, gegen allen Anschein des Metallisch-Toten, „die höchste Form des Lebens" (III,645).

Allerdings: In solch eiserner Landschaft erscheine dann „alles Menschliche ... klein und schwächlich und verloren," ein Weichensteller werde zu einem winzigen Mechanismus, weil ein Hebel wichtiger sei als ein Arm, eine Laterne wichtiger als das Auge. „Hier ist nicht Leidenschaft mächtig, sondern die Vorschrift" (III,646) — im zweiten Abdruck fügt Roth noch an: „das Gesetz." Er verbirgt keineswegs sein Bedauern über einen Schwund des Humanen, aber weder protestiert er dagegen, noch färbt er ihn apokalyptisch ein, sondern spricht wenig später von der griechischen Schicksalsgöttin „Ananke," der mythischen Verkörperung der Notwendigkeit. Es klingt wie „Es wird weitergehen, weil es immer weitergegangen ist," wenn er schreibt: „Die Erde hat mehrere Umformungen durchgemacht

— nach natürlichen Gesetzen. Sie erlebt eine neue, nach konstruktiven, bewußten, aber nicht weniger elementaren Gesetzen" (III,647).

Es ist die These verfochten worden, daß bei Roth „der machtvoll sich entfaltenden technischen Zivilisation der Wirklichkeitscharakter abgesprochen" werde.[30] Das ist in dieser Form, ohne chronologische Differenzierung, nicht haltbar. Weder der Flugzeug- noch der Wolkenkratzer- noch der Gleisdreieck-Text, alle vor 1925, lassen eine solche Aussage zu. Beinahe das Gegenteil ist der Fall: Roth spricht nicht der technischen Zivilisation den Wirklichkeitscharakter ab, sondern der zeitgenössischen Sprache die Fähigkeit, diese Wirklichkeit zu erfassen. „Eiserne Landschaft/Bekenntnis zum Gleisdreieck" enthält nämlich die einzigen schriftstellerischen Unsagbarkeitstopoi bzw. Bescheidenheitsformeln, die mir in Roths Werk untergekommen sind:

> So gewaltig sind die Ausmaße des neuen Lebens. Daß die neue Kunst, die es formen soll, den Ausdruck nicht finden kann, ist selbstverständlich. D i e s e Realität ist noch zu groß für eine ihr gemäße Wiedergabe. Dazu reicht keine „getreue" Schilderung. Man müßte die gesteigerte und ideale Wirklichkeit dieser Welt empfinden, das platonische „Eidolon" des Gleisdreiecks. (III,646f.)

So schreibt niemand über eine Wirklichkeit, die er ablehnt, wohl aber reflektiert man so über eine Sprache, an deren Darstellungskraft man zweifelt. Daß dem technischen Fortschritt als neuer, nur noch nicht richtig erfaßter Wirklichkeit die Möglichkeit einer — keineswegs nur negativen — Utopie innewohnt, hat Roth also 1923/24 nicht ausgeschlossen.

---

30 Hackert, S. 15.

IV

Im folgenden möchte ich mit zwei Vergleichen die Spannweite von Roths Denkwandel herausarbeiten und sodann die Frage nach den Ursachen für diesen Wandel zu beantworten versuchen. In „Eiserne Landschaft/Bekenntnis zum Gleisdreieck" entwirft Roth eine Phantasmagorie der Technik:

> Man sehe in den klaren Nächten das Gleisdreieck, das von zehntausend Laternen durchsilberte Tal — es ist feierlich wie der gestirnte Nachthimmel: eingefangen darin, wie in der gläsernen Himmelskugel, sind Sehnsucht und Erfüllung. Es ist Etappe und Anfang, Introduktion einer schon hörbaren (der zweite Abdruck schreibt hier „schönen hörbaren," Anm. K.R.) Zukunftsmusik. Schienen gleiten schimmernd-langgezogene Bindestriche zwischen Land und Land. (III,646)

Der „gestirnte Nachthimmel" als eine keineswegs ironisch zu lesende Anspielung an Kant, Schienen, die länder- und damit völkerverbindend wirken: Kulturpessimismus ist das nicht. Daß die zweite Fassung die „schon hörbare" Zukunftsmusik in eine „schöne" steigert, liegt auf dieser Linie. Max Weber mag zwar die industrielle Revolution im Zeichen des Kapitalismus des 19. Jahrhunderts für die „Entzauberung der Welt" verantwortlich gemacht haben, die Industriewelt des 20. Jahrhunderts hat, zumindest allnächtlich, die Möglichkeit zu erneuter Verzauberung geschaffen, und Roth läßt sich hier auf sie durchaus ein.

Das ist im „Merseburger Zauberspruch" von Ende 1930 anders. Auch hier, allerdings nachdem er bereits genug an Zerstörung geschildert hat, entwirft Roth, in der Eisenbahn die nächtlichen Leunawerke passierend, eine solche Phantasmagorie:

> Blickten Sie durch das Fenster, so sahen Sie sich an einem immensen Lichtermeer vorbeigleiten, einer festlich illuminierten Welt, Labsal dem Aug'. Wie ein großer See aus silbernem Feuer liegen die Werke ... Sehen Sie, mein Lieber, das ist gewissermaßen unsere Place de la Concorde.

Die Nennung der Pariser Place de la Concorde spielt nicht nur auf die berühmte Beleuchtung des größten Stadtplatzes der Welt an, sondern assoziiert auch die Höherwertung alles Französischen, zu der Roth seit 1925 gelangt war. Weiter wohnt dieser Bildungsanspielung die Möglichkeit inne, die dichten Todesbilder dieser Reportage mit der Hinrichtungsstätte der Französischen Revolution zu assoziieren, was aber hier nicht auf Frankreich, sondern auf Deutschland negativ zurückschlägt. Und bereits im nächsten Satz entzaubert Roth diese verzauberte Landschaft: „Leider stinkt sie nach Ammoniak" (III,692).

An einem weiteren Aspekt kann man den qualitativen Sprung in Roths Haltung mit Beispielen vor und nach 1925 darlegen: 1923/24 nennt er die „Eiserne Landschaft" einen „großartigen Tempel der Technik unter freiem Himmel, dem die kilometerhohen Schlote der Fabriken lebendigen, zeugungsmächtigen, Bewegung fördernden Rauch darbringen" (III,645). Die religiöse Sprache ist hier nicht negativ konnotiert, denn Bewegung und Wärme gehören, wie auch Organismus, für Roth in ein positives Bedeutungsfeld. In den Städte- und Industriereportagen aus dem Ruhrgebiet, die in die 1930 veröffentlichte Sammlung *Panoptikum* eingegangen sind und die aus den Jahren nach 1925 stammen, ist das anders. Hier wird nicht einem Himmel Rauch dargebracht, sondern es heißt: „Hier ist der Rauch der Himmel," zu dem er sich zusammengeschlossen habe. In der Reportage „Der Rauch verbindet Städte" (III,545-48, obiges Zitat 545) „vergrößert" der Rauch „unaufhörlich sein spezifisches Gewicht," wie ein sich selbst schaffendes Prinzip. „Aus ungeheuren Schornsteinen zieht er neue Nahrung heran. Sie dampft zu ihm empor." Der Rauch erscheint als expandierendes, sich selbst bedienendes Götzensystem — "Er ist Opfer, Gott und Priester" —, und man ist dringend versucht zu fragen, wer diesen Rauch noch kontrollieren soll. Roth hat einen Weg gefunden, eine, wie man es nennen könnte, „Progression des Fortschritts" zu gestalten. Der Ausdruck meint hier nicht eine Tautologie, sondern Roths Verfahren, in die Beschreibung eines Stadiums des Fortschritts gleich seine Eskalation einzubauen. Ob es das Wachsen trauriger Ruhrstädte ist, die er nicht mehr als eine Landschaft, sondern als „eine Art langgedehnter Stadtschaft, Industrieschaft ... sieht," oder ob er, in einem eindrucksvollen Bild, schreibt: „Die Städte reichen einander die Straßen": Er sieht von nun an den Prozeß, und es ist ihm unmöglich, durch einen zu beschreibenden Zustand einfach einen synchronen, datengestützten Schnitt zu legen und es dabei zu belassen. Vielmehr extrapoliert seine Phantasie in die Zukunft, mit der pessimistischen Neugier dessen, der zuviel Abwärtsveränderung gesehen hat, um noch an Aufwärtsbewegung, oder auch nur an Stillstand, zu glauben. Von nun an fehlen auch jene Sprachbilder, die geeignet waren, Bewegung innerhalb eines ansonst statischen, nicht weiter expandierenden Organismus zu beschwören. Nun wird aus einem bedauerten, gleichwohl begrenzten und unter einem neuen Gesetz stehenden Schwund des Humanen innerhalb einer neuen Gesetzlichkeit eine Gegnerschaft: „Die Menschen fühlen historisch, das heißt rückwärts. Mauern, Straßen, Drähte, Schornsteine fühlen vorwärts." Sie attackieren das Land, „Schlote, vier, fünf, sechs, bereit, sich noch zu vermehren ...." In einer weiteren Steigerung wird Roth, im „Merseburger Zauberspruch," einen „Generalangriff der Schlote" beschreiben.

Es stellt sich die Frage, woher, innerhalb von wenigen Jahren, diese Radikalisierung Roths in bezug auf Technikfeindlichkeit rührt. Zwischen 1924 und 1926 erfolgte in Deutschland oder Europa kein spektakulär-bedrohlicher Innovationsschub, der ihn von moderater Zurückhaltung zur Ablehnung hätte treiben können. Es passierte m.W. auch keine aufrüttelnde Industriekatastrophe, die etwa, um in der Chemie zu bleiben, vergleichbar mit Seveso (1976) oder Bhopal (Dezember 1984) gewesen wäre. Die Antwort liegt darin, daß von 1925 an Roth sich sehr viel stärker gezwungen sah, zu fragen, in wessen Hände die Kräfte der Technik und Industrie fallen werden, nicht im engeren Sinne der Eigentümerfrage, sondern im Sinne politischer Macht. Das Jahr 1925 sah er als ein Schwellenjahr.[31] Mit Ende 1924 begann das, was die Geschichtsschreibung über die Weimarer Republik die Stabilisierungsphase nennt. Es stabilisierte sich nicht nur die Währung, sondern es etablierten sich auch die konservativen bis rechtsgerichtet-reaktionären Kräfte und eroberten sich in wachsendem Maße die Öffentlichkeit der Straße. Daß Roth sich im Mai 1925 aus Paris euphorisch über Frankreich äußert, ist nur die andere Seite seiner Verzweiflung über den Stand der Dinge in Deutschland. Er berichtet über ein Fest in den Pariser Straßen gegen den im Mai gewählten Reichspräsidenten: „Die ganze Stadt ist ein Protest gegen Hindenburg, Preußen, Stiefel, Knopf" (Briefe,45, 16.5.1925). Und am 30.8. schreibt er aus Marseille, daß in Deutschland die Staatsspitze nicht aus einem Gipfel bestehe, „sondern von einem Quadratschädel" gebildet werde. „Ich kann nicht sehn, wie ganz Deutschland ein großer masurischer Sumpf wird" (Briefe,64) — eine Anspielung auf den Sieg Hindenburgs bei den Masurischen Seen im Herbst 1914 über die Russen. Anfang 1926 erregt er sich über die nationalistische Stimmung in dem 1923 von Franzosen und

---

31 Sültemeyer, S. 11, hebt auf das Verstummen Roths in der linksgerichteten Presse ab 1925 ab, Schweikert, S. 52, erwähnt die von Roth selbst formulierte Desillusionierung nach seiner Reise in die Sowjetunion 1926, Westermann (Saisonbericht,16) erwähnt die Wahl Hindenburgs zum Reichspräsidenten. Alle unterstreichen Roths Resignation in politischer, keiner seine Radikalisierung in technikskeptischer Hinsicht. Daß Schweikert Roth vorwirft, daß bei ihm die Ausbeutung der Natur durch die Technik nicht aus Einsicht in den historischen Prozeß beurteilt wird, sondern daß er damit nur „fortschrittsfeindliche Sentimentalisierung" (S. 47) ausdrücke, ist ein zu flott gefälltes Urteil.

Belgiern besetzten, ab August 1925 wieder besatzungsfreien Ruhrgebiet, über das Bismarcksche Schwarz-Weiß-Rot, unter dem das Schwarz-Rot-Gold der Weimarer Republik verschwinde. „In allen Kinos nationalistische Schundfilme ..., unsere Kultur ist eingezogen" (Briefe,79, 11.2.1926). Und aus derselben Zeit: „Es ist mir mieß vor Deutschland," gefolgt von der Beschreibung einer Art Sprachkrise, die ihm die Kehle zuschnüre (Briefe,75, o.D., Anfang 1926).

Man versteht solche Heftigkeit nur, wenn man Roths Technikskepsis mit seiner Abneigung gegen alles Preußische zusammenschließt. Ein Fabrikingenieur, den er 1927 interviewte, erschien ihm als einer jener Menschen, auf deren Gesichtern „wie ein Mensurschmiß" die Forschheit liege und denen man es „meilenweit ansieht, daß sie die Humanität einen ,Dusel'" nenne und die, „um ja nicht mißverstanden zu werden, das Wort ,Humanitätsdusel' erfunden" haben (III,744). Die Feinde der Humanität haben bei Roth preußische Väter. Zwar hat Egon Schwarz mit Recht angemerkt, daß Roths Neigung, in den Preußen die Vertreter der „chemischen Hölle" der Welt zu sehen, einer unangemessenen Reduktion und einer „kurzsichtigen Lokalisierung und Isolierung des Übels" entsprang.[32] Andererseits ist Tatsache, daß die deutsche Armee für den ersten Einsatz von Giftgas als Kriegswaffe (Ypern 1915) verantwortlich war. Auch mit der anderen seiner antipreußischen Befürchtungen, daß nämlich das Anwachsen der nationalistischen Strömungen in der Konsolidierungsphase dem Aufstieg der Nationalsozialisten in die Hände arbeiten würde, sollte Roth recht behalten. Hindenburg erschien ihm als Verbindungsglied zwischen bestimmten geistfeindlichen Traditionen des Preußentums und der Barbarei Hitlers, auch wenn er das erst ex postero so formulierte, im Herbst 1933 in dem Aufsatz „Das Autodafé des Geistes" (Saisonbericht,383).

---

32 E. Schwarz, „Joseph Roth und die Österreichische Literatur," in Bronsen, *Tradition* (siehe Anm. 14), S. 149.

Ob Roth wahrgenommen hat, daß auch noch die Neubegründung der Nationalsozialistischen Deutschen Arbeiterpartei in das Jahr 1925 fiel (27. Februar), ist nicht auszumachen, aber wahrscheinlich. Daß er ihren Aufstieg zur Massenpartei mit wacheren Augen verfolgte als viele seiner Zeitgenossen, ist jedenfalls erwiesen. In der Reichstagswahl vom 14.9.1930 schaffte Hitler den Durchbruch, die NSDAP wuchs von 12 auf 107 Mandate an.[33] Wenige Wochen später unternahm Roth jene Harzreise, an deren Ende er den „Merseburger Zauberspruch" schrieb, dem man bereits all das entnehmen kann, was Roth dann im September 1933, nach Hitlers Machtübernahme, in dem erwähnten Aufsatz „Das Autodafé des Geistes" zusammenfassend „die heidnische Zivilisation der Giftgase" und „den mit Ammoniak bewaffneten germanischen Kriegsgott" nannte (Saisonbericht,382). Es verdient ferner besondere Beachtung, daß Roth vor 1925 die politische Verfügungsmacht über die Industrie eher selten reflektiert hat. Im „Merseburger Zauberspruch" hingegen, also bereits 1930, tauchten die Nationalsozialisten als Schirmherren über todbringende Chemie und Technik auf. Seit den späteren zwanziger Jahren, dies meine These, schrieb Roth mit jeder Warnung vor dem technischen Fortschritt auch eine Warnung vor der politischen Barbarei.

V

1930 ist auch in anderer Hinsicht ein besonderes Jahr für Roth. Er beginnt es mit einer Klage, diesmal nicht an die oftmalige Adresse Stefan Zweigs in Salzburg, sondern an René Schickele. Er ist noch nicht 36 Jahre alt, seine Frau ist seit einem halben Jahr mit geistiger Erkrankung in einem Sanatorium. „Acht Bücher bis heute, mehr als 1000 Artikel, seit zehn Jahren zehnstündige Arbeit, und heute, wo mir die Haare ausgehen,

---

33 Ernst Nolte, *Der Nationalsozialismus*, München, 1963 (Frankfurt, Berlin, Wien: Ullstein TB 2756), S. 72.

die Zähne, die Potenz, die primitivste Freudefähigkeit, nicht einmal die Möglichkeit, einen einzigen Monat ohne finanzielle Sorge zu leben" (Briefe,156, 20.1.1930). Roths Intermezzo mit den *Münchner Neuesten Nachrichten* (seit August 1929) ist im November 1930 zu Ende. Seit Oktober ist sein Roman *Hiob* auf dem Markt, mit schönem Erfolg, aber er braucht mehr Geld denn je zuvor. Obwohl er gerne mehr Zeit fürs Erzählen hätte, schreibt er nach wie vor journalistisch, nun wieder bei der *Frankfurter Zeitung*. Es verdient besondere Aufmerksamkeit, daß Roth zur selben Zeit, als er das Konzept zum vergangenheitsbezogenen Roman *Radetzkymarsch* fertigstellt,[34] mit dem „Merseburger Zauberspruch" seine schärfste gegenwartsbezogene Kritik an der technischen Zivilisation formuliert. Aber auch in anderer Hinsicht verdient diese Reportage Hervorhebung. Roth plaziert sie bewußt in die zeitgenössische Medienlandschaft, wenn er es als Skandal bezeichnet, daß die anderen Zeitungen die Zerstörung des Dorfes Runstedt in wenigen Zeilen wie eine „Nachricht aus der Gesellschaft" behandelt hätten. Er hingegen habe vor, dies als Nachricht aus der „Gesellschaftsordnung" zu behandeln. Es geht also nicht unverbindlich um Anklage gegen „den" technischen Fortschritt und „die" Industrie, sondern um die Leunawerke und ihre Betreiber. Er leitet z.B. einen historischen Exkurs — die recherchierte Geschichtsdokumentation gehört durchaus zu den Mitteln der Gattung — über in eine Vermutung: „Hermunduren dürften an dieser Stelle gewohnt haben, an der heute die Industrie die Vandalen übertrifft" (III,694). Und er fährt fort:

> Um das Jahr 1900 nach Christi Geburt beginnt man nach Kali zu graben, der Michel-Konzern und die Mansfeld AG kaufen das Land auf, man zahlt das Vierfache des Bodenpreises, und die Bauern sind glücklich. Sie ahnen nicht, was in der Welt der Generaldirektionen, der

---

34 Ende 1930, s. Bronsen, S. 392.

> Börsen, der Wirtschaft vorgeht. Sie haben Geld und legen es in sichern Papieren an und leben vorderhand noch auf ihren alten Gehöften. Aber der Krieg kommt, die Inflation, die sichern Papiere lösen sich auf, die hungrige Weltwirtschaft schreit immer heftiger nach Kali und Kohle, die Besitzer fangen an, das Dorf Runstedt niederzureißen. Die Bauern ziehen mittellos weiter, hinein ins Land, mit wertlosen, sichern Papieren ... (III,694)

Nach dem Niederreißen des Dorfes übersiedeln nicht nur die Lebenden, sondern mit dem Friedhof auch die Toten. Es ist wahrscheinlich einer der luzidesten Abschnitte, die der Publizist Roth je geschrieben hat:

> Aus der ewigen Ruhe, zu der man sie einst bestattet hatte, mußte man sie für eine Weile wecken, zwecks Übersiedlung. Und sie erhoben sich, mit Kreuz und Kegel, sie verließen den Boden, der aus den Gebeinen ihrer verstorbenen Ahnen bestand und der sich leider in Kali verwandelt hatte, und sie zogen auf Geheiß der Weltwirtschaft nach Frankleben und legten sich wieder unter einen frischen Rasen. (III,695f.)

VI

Auf den literarisch-rhetorischen Charakter auch der publizistischen Gattungen hat Gert Ueding aufmerksam gemacht.[35] Joseph Roth, der kaum je ein Handbuch der literarischen Rhetorik studiert haben dürfte, zieht im „Merseburger Zauberspruch" ihre stärksten Register. Es ist, als habe er das Ziel der Rhetorik, Hörer bzw. Leser mit allen

---

35 Gert Ueding, *Rhetorik des Schreibens. Eine Einführung* (Königstein/ Ts.: Athenäum, 1985), S. 125-37: „Die Reportage."

Mitteln der Rede bzw. Schreibe so zu beeinflussen, daß sie sich im Verstand überzeugen und im Gefühl überreden lassen, zu seiner Leitlinie gemacht. Ich möchte an zwei Beispielen erläutern, auf welche Weise Roths Denken sich in den Sprachfiguren aus der literarischen Rhetorik kristallisiert. Viel von der Entsetzlichkeit, die Roth vermitteln möchte, vertraut er der Paradoxie und dem Oxymoron an: Der Kunstdünger erzeuge Nahrung, die „eine Zwillingsschwester des Giftes ist," die „nährt, indem sie tötet und umbringt, indem sie nährt" (III,692). Die semantischen Gegensätze, ja Unvereinbarkeiten rühren wohl auch daher, daß Roth noch davon ausgehen mußte, daß die Gewinnung von Kali und die Erzeugung von Kunstdünger zwar naturzerstörerisch sind, daß aber ihre Rechtfertigung darin liegt, daß man mit Kunstdünger Erträge steigern und Nahrungsmangel mildern kann. Roth hatte, als er diese Reportage schrieb, noch keine Rückendeckung in einem öffentlichen chemie-skeptischen Bewußtsein, das z.b. ein heutiger „grüner" Journalist hinter sich weiß. Die Leunawerke waren vielmehr Aushängeschild für deutsche Leistungskraft; Roth schreibt selbst, daß ihr Name „ehrfurchtsvolles Schweigen in der Welt auslöst" (III,691). Er konnte noch nicht wissen, daß die mit schädlichem Aufwand kunstgedüngten Produkte ihrerseits schädlich sind oder sein können. Das legt seine Argumentation mehrmals an die Zügel der Ambivalenz. Daher der — in diesem Falle paradoxale — Kern- und Keimsatz:[36] „Hier vollzieht sich der Untergang der Welt, auf daß sie gedüngt werde" (III,692). Einerseits noch das Unvereinbare ausdrückend, kippt er andererseits bereits in die apokalyptische Eindeutigkeit, denn eine untergegangene Welt braucht keinen Dünger mehr. Stilfiguren wie diese sind rekurrent: Die Leunawerke schaffen „produktive Wüsten," die Werke selbst wiederum seien „ein häßliches und notwendiges

---

[36] Der Kern- oder Keimsatz gehört zu den Merkmalen der Gattung Essay. Vgl. Gerhard Haas, *Essay* (Stuttgart: Metzler, 1969), S. 63, wo er „aphoristischer Satz" genannt wird.

Geschwür," „Auf unserem Segen ruht unser Fluch" (alle III,692). Auch die ambivalente Verwertbarkeit des Ausgangsstoffes selbst zeigt sich, diesmal in der Wahl der Stilfiguren Opposition und Parallelismus: „Es ist in der Tat ein leichtes, die Stoffe, aus denen man den Dünger herstellt, in Gift zu verwandeln und die Geräte, in denen der Segen quirlt, zu Gasherden umzugestalten" (III,692). Auch kombiniert Roth die Wahrnehmungsbewegung, die beglaubigend wirkt, mit einem Paradoxon, das ihre Unmöglichkeit bescheinigt: „Also nähere ich mich dem Dorfe Runstedt, das nicht mehr vorhanden ist" (III,694).

Das zweite ist eine Verfahrensweise, die z.B. für die Erzählprosa schon erkannt worden ist: Die Realisierung der Metapher. Was für den ganzen Gang mancher Romane Roths gilt, daß „eine zunächst metaphorisch benannte Welt ... für den Helden allmählich Realcharakter" erhalte,[37] führt Roth in dieser Reportage auf der stilistischen Ebene durch: Das Dorf Runstedt sei nicht nur „umgebracht," sondern von der Presse auch noch „totgeschwiegen" worden (III,694). Ein anderes Beispiel aus diesem Feld: Die Nachrichtenindustrie sorge dafür, daß „der dichte und schnelle Staub des Vergessens" im Nu auch solche Geschehnisse der Zeit bedecke, denen man sich eigentlich skandalaufdeckend zuwenden müßte. In dem Abschnitt, in dem Roth schildert, wie die Bagger über den Boden herfallen, um ans Kali zu kommen, heißt es: „Und der graue Schutt rieselt über die grünen Felder" (III,691). Wer also den Staub des Vergessens zuläßt, trägt Mitschuld, wenn die Wüste wächst.

Der verzweigteste Metaphernbereich, der sich in Teilen sogar zur Allegorie vernetzt und ebenfalls ins Denotiert-Reale übergeführt wird, ist der des Krieges, des Metzelns, Mordens, Vernichtens.[38] 1922 hatte Roth noch geschrieben, daß der erste Bergwerksarbeiter nicht verwüstend in die Tiefe gedrungen,

---

37 Hackert, S. 33 ff.
38 Zur Bedeutung des Krieges für Roths Werk vgl. Bronsen, Kap. 7. bes. S. 173ff.

sondern in den Schoß der Mutter Erde heimgekehrt sei. „Was wie im Krieg gegen die Elemente aussieht, ist ein Bündnis mit den Elementen," hieß es damals (Saisonbericht,184). Nunmehr ist daraus, im Zeichen der Chemie, die zentrale Metapher vom Krieg der Wirtschaft gegen die Natur geworden, Rachel Carsons Wort von „man's war against nature" um Jahrzehnte vorweggnehmend.[39] Roth anthropomorphisiert die Erde — als Frau im Topos von der Mutter Natur — und läßt die Leunawerke in ihren „Eingeweiden ruchlos und zweckhaft kramen" (III,692). Der „Leib der Erde" werde „umgestülpt," das Kali werde „aus dem aufgeschnittenen Schoß hervorgezerrt" (III,693); „mörderisch" sei der „Kampf, den die Technik gegen das Land führt" (III,692). Die Vergegenwärtigung der „Niederlage" der Natur (III,694), die im Kleinen angelegte Eskalation ins Größere und die quantitative Progression dieses Kampfes lenken Roths apokalyptische Phantasie. So spricht er im weiteren davon, daß die Industrie „die Natur in Mitteldeutschland frißt" (III,692), im weiteren gar schon davon, daß dadurch „das Gesicht der Erde vernichtet werde" (III,692). Die Materialisierung der Metapher zeigt sich noch einmal im Abschnitt über die Übersiedelung des Friedhofs, in dem eine zur Redensart verblaßte Metapher zuerst wieder aufgeladen und dann realisiert wird: „Die Weltwirtschaft übersiedelt die Toten. Sie geht über Leichen und verschafft ihnen dann neue Quartiere" (III,696).

Roths Reportage ist rhetorisch-literarisch so verdichtet, daß man sich mit ausgewählten Beispielen zur Kriegs- und Zerstörungsmetaphorik begnügen muß. Hier möchte ich zunächst auf den Titel hinweisen, der sich sehr bald, nachdem man zu lesen begonnen hat, als voll integrierbar entpuppt. Im Text selbst werden die vorchristlich-germanischen „ehrwürdigen Merseburger Zaubersprüche" erwähnt (III,694), mit dem Singular des Titels kann aber nur der zweite, berühmte, in den Lehrstoff der Schulen aufgenommene Spruch

---

39 Carson, S. 7.

gemeint sein, mit seinem geläufigen „ben zi bena, bluot zi bluoda." Es ist ein Spruch, der naturmagische Heilung von Ge- und Zerbrochenem beschwört. Roths Reportage hingegen ist eine Schilderung, die naturfeindliche Zerstörung von Gewachsenem anprangert. Der Bezug ist also scharf ironisch und fügt den Titel antithetisch ins Bildfeld ein. Weitere Beispiele für die Kriegsmetaphorik sind evident: Der Industriebagger erscheint als „Tank" (III,694), die Fabrikanlage als „unheimliche Festung" (III,695), es „umstellen Mauern und Schornsteine das Land" (III,694), sie bleiben aber nicht, wo sie sind, sondern „die riesenhaften Schlote" rücken „im Halbkreis" heran, „den Rauch, der alles zuerst verpesten sollte," schicken sie gleichsam als Stoßtrupp voraus. „Es war der Generalangriff der Schlote ..." (III,696).

Das alles ist als metaphorisches Netz bzw. Allegorie eindringlich genug. Wir müssen uns aber überdies daran erinnern, daß Roth sich vorgenommen hat, „Nachrichten aus der Gesellschaftsordnung" zu gestalten. Wie geht er dabei vor? Ein wortspielerischer und komprimierter Satz, der zunächst metaphorisch aussieht, sagt, auf die Übersiedelung des Friedhofs anspielend, von der (deutschen) „Weltwirtschaft": „Sie zieht Christi Kreuze aus der Erde und fabriziert Gelbkreuze unter dem Schutz von Hakenkreuzen."

Wie ist das zu verstehen? Man muß versuchen, einige Verstehensbedingungen eines zeitgenössischen Lesers der *Frankfurter Zeitung* nachzuvollziehen, um metaphorische in denotative Bedeutungen überzuführen. Gelbkreuzgas, auch Senfgas genannt, wurde im Ersten Weltkrieg als Kampfgas eingesetzt und stand fortan für das Grauen des chemotechnischen Krieges.[40] Sprach also Roth hier bereits vom nächsten Krieg, und was bedeutete schon jetzt, Ende 1930, der Hinweis auf die Produktion des Gelbkreuzes „unter dem Schutz von Hakenkreuzen"? Der Zusammenhang war für den

---

40 Vgl. z.B. in Karl Kraus' *Die letzten Tage der Menschheit* (1919/20) I,22; III,14; V,55 und im Epilog.

Zeitungsleser so herzustellen: Zwei Wochen zuvor hatte Roth in der *Frankfurter Zeitung* einen „Brief aus dem Harz" veröffentlicht (III,685-89). Er kam auch darin, wie so oft, seiner selbstgestellten Aufgabe, Schein und Anschein überall zu durchstoßen, nach: Auch ihn rühre „die steinerne Anmut der alten Kirchen" in den Harzstädten, „die gewölbte Kraft und Sanftheit der alten Portale ...," aber das alles könne ihn nicht für den „unheilvollen Anblick" von „Heimatliteratur" und „phrasenreicher Anhänglichkeit" an „Scholle" (III,688) im Schaufenster einer Buchhandlung entschädigen. Er sagt von solcher Literatur, von der er weiß, daß sie „über Millionen Volkgenossen" verbreitet werde, daß sie „die gesamte Zukunft des Dritten Reiches vorwegnehme(n)." Zwischen diesen Büchern sind zu sehen: die Fotos von Mussolini und Hitler, die Buchtitel des wütenden Antisemiten Arthur Dinter, kurz, „die Bestie und das Gemüt, der Goldschnitt und der Blutstreifen" (III,689). Man hatte also als Leser der *Frankfurter Zeitung* Roths Überzeugung vor sich, das Dritte Reich sei nicht zu verhindern. Roths Wort vom Produzieren unter dem Schutz von Hakenkreuzen schlüsselt man vollends auf, wenn man den Zusammenhang zwischen Teilen der deutschen Industrie und den Nationalsozialisten, der damals schon kein Geheimnis war, mitdenkt. Großbourgeoises Kapital, in die NSDAP investiert, sollte Schutz vor der befürchteten Macht- und Eigentumsübernahme durch die Kommunisten gewährleisten.[41] Roth, der nicht wissen konnte, daß im Zweiten Weltkrieg zwar ein anderes Gas in den deutschen Konzentrationslagern, jedoch, anders als im Ersten, keine Kampfgase eingesetzt werden sollten, sah also zumindest Teile der deutschen Wirtschaft unmittelbar an der Vorbereitung der Kriegs-Apokalypse teilnehmen.

---

41 Vgl. dazu W. Wippermann, „Zur Interpretationsgeschichte des Dritten Reichs," in *Die deutsche Literatur im Dritten Reich. Themen, Traditionen, Wirkungen*, Hrsg. Horst Denkler und Karl Prümm (Stuttgart: Reclam, 1976), bes. S. 20-23; im selben Band, Bernd Neumann, „ ... die Speers werden lange mit uns sein. Anmerkungen zu den Memoiren Entscheidungsträger des Dritten Reiches," S. 504-29, bes. S. 511f., S. 515ff.

VII

Im „Merseburger Zauberspruch" finden sich rekurrente Bilder und Bedeutungsebenen, die man als Gegenbilder zur Kriegsallegorie bezeichnen kann und die aus jener älteren, naturbezogenen Kultur stammen, die der Technik zum Opfer fällt. Joseph Roth hat dafür einige Kürzel entwickelt, die sich auch in anderen seiner Arbeiten finden (III,543-45; 545-48; Saisonbericht,356-61). Es sind die Bereiche naturbelassene Landschaft, Kirchturm im Dorf, Glockengeläute, der Bauer, der über den Acker geht, der Geruch „nach Mist und Milch und Heu" (III,692). Das alles wird, im Augenblick seines Verschwindens, von Roth stark emotional besetzt. Verschwindet es nicht, kann Roth durchaus gelassener sprechen. Im März 1930 bespricht er zum Beispiel einen Film von Sergej Eisenstein, *Die Generallinie*, an dem er die Romantisierung der Technik im Zeichen der Modernisierung der Landwirtschaft in der Sowjetunion nachdrücklich kritisiert. Er sei gewiß kein Bukoliker. „Mein Mangel an Begeisterung für landwirtschaftliche Maschinen, elektrisch erzeugtes Brot und chemische Eierspeisen resultiert nicht etwa aus einer Veranlagung zum Schollendichter," wenn auch seinen Ohren ein Hahnenschrei nach wie vor angenehmer sei als eine Autohupe (Saisonbericht,359f.). Auch in dem bereits zitierten Brief aus dem Harz wußte er sich sehr wohl von „mißverstandener ... Heimatkunst" (III,688) abzusetzen.[42] Aber es gibt in diesem

---

[42] In „Die Scholle," *Münchner Neueste Nachrichten*, 29.1.1930, (IV,859-61) hat Roth versucht, den Begriff Scholle vor der völkisch-nationalistischen Besetzung zu retten. Gegen Marchand, S. 165 ist hier zu betonen, daß Roth zwar nicht ohne eine Gegen-Symbolik auskommt, daß sie aber zurück ins 19.Jahrhundert, weit hinter die Zeit der ideologisierten Heimatkunst, verweist. Vgl. dazu Ina-Maria Greverus, *Der territoriale Mensch. Ein literaturanthropologischer Versuch zum Heimatphänomen* (Frankfurt: Athenäum, 1972). Dazu auch Karlheinz Rossbacher, *Heimatkunstbewegung und Heimatroman. Zu einer Literatursoziologie der Jahrhundertwende* (Stuttgart: Klett, 1975), S. 7f.

Zusammenhang andererseits doch einige nachdenklich machende Aussagen bei Roth, z.B. die Stelle aus einem Brief, den er wenige Wochen nach dem „Merseburger Zauberspruch" aus Marseille an Friedrich Traugott Gubler gerichtet hat: Hier hat Roth einen Anfall von Lebensekel, von dem bezeichnenderweise nur das ausgenommen bleibt, wovon er am weitesten entfernt ist: „Es gibt nichts Wichtigeres, als PRIVATMENSCH sein, die Frau lieben, die Kinder auf den Schoß nehmen .... Alles Öffentliche ist einen Dreck wert, das Land, die Politik, die Ztg, das Hakenkreuz, die Demokratie. Man muß leben wie ein Bauer ..." (Briefe,192, 31.1.1931).

Mit dem Bild vom Kulturpessimisten, das für den frühen Roth relativiert werden mußte, stimmt diese Aussage des späteren voll überein.[43] Sie weist aber auch auf einen anderen wichtigen Aspekt hin: Roths agraridyllische Sehnsüchte und seine Ablehnung der Technik lockten ihn nicht ans Fliegenpapier der nationalistischen Schollenideologie.[44] Er durchschaute den Zusammenhang, der in der nationalsozialistischen Ideologie den Agrarromantizismus mit der Hochtechnisierung verbindet, ein Zusammenhang, der vielen völkischen Kulturpessimisten verborgen blieb. Um Roths Position zu erhellen, braucht man nur die beiden Reisebriefe vom Dezember 1930 zusammen zu lesen. Im ersten hat Roth den blut-und-boden-mythischen Romantizismus als einen wesentlichen Teil der nationalsozialistischen Ideologie genau erfaßt, im zweiten hat er die Hochtechnisierung mit ihrem zerstörerischen Potential als bereits in den Händen des Nationalsozialismus imaginiert. Roth ist also abzurücken von anderen Technikverteuflern der zwanziger Jahre, bei zugegebenermaßen viel Ähnlichkeit mit den zukunftsverschreckten Kulturpessimisten Spenglerscher und anderer

---

43 Hackert, S. 29 f.
44 Marchands Untersuchung belegt, wie nötig — und möglich — es ist, Ähnlichkeiten von Roths geistigen Positionen mit völkisch-nationalen immer wieder durch Herausarbeiten von Unterschieden vor pauschalierender Hinzurechnung zu bewahren. Marchand, z.B. S. 132ff., S. 191ff.

Prägung.⁴⁵ Aber anders als Roth war dieser geistig-gesellschaftliche Typ blind gegenüber den technisch-modernistischen Grundlagen der NS-Ideologie,⁴⁶ weil er nur auf deren eine Grundlage, den Blut-und-Boden-Mythos, starrte und ihn als Antidotum gegen die Technik verstand, mithin aber einäugig in die Technisierungs- und Modernisierungfalle der Nationalsozialisten ging. Roth stand nie in dieser Gefahr, und dies nicht nur, weil er Jude war.⁴⁷ Ein Sänger im Chor des Kulturpessimismus, der dann eben aus rassischen Gründen zwangsweise ausscheiden mußte, als der Chor hin zu Hitler marschierte, war Roth nicht.

---

45 Vgl. Oswald Spengler, *Der Untergang des Abendlandes. Umrisse einer Morphologie der Weltgeschichte (1918-22)* (München: dtv, 1972), S. 1183-95, bes. S. 1190ff. Westermann, S. 69, S. 74 weist darauf hin, wie wichtig Spenglers Buch für Roth war.
46 Auf deren Grundlage man übrigens sehr bald nach 1933 und, wie Regionalstudien belegen — vgl. Ernst Hanisch, *Nationalsozialistische Herrschaft in der Provinz, Salzburg im Dritten Reich* (Salzburg: Landespressebüro, 1983) —, bis in entlegene Rückstandsgebiete hinein, Modernisierungs- und Technisierungsschübe ins Werk setzte.
47 Vgl. Trommler (siehe Anm. 14), S. 302.

Predators or Victims? — Women in Joseph Roth's Works

HELEN CHAMBERS

It has been suggested on the one hand, by Wolf Marchand, that women in Roth's works function simply as appendages of the male world, above all as sexual partners or as mothers of sons.[1] Alfred Kurer's theory, on the other hand, is that dynamic females have usurped male roles in Roth's narratives, and indecisive men are manipulated by determined women.[2] There is truth in both views, but closer scrutiny yields a more complex picture. Crucial to such an examination are the narrative perspective, and the question whether Roth's female figures differ significantly from his male characters.

That Roth often sees women not as human beings who happen to be female, but as existing as a category distinct from men, is shown by his use of generalizations. As a student he wrote, "Studentinnen und Straßendirnen sind keine Frauen" (Briefe,30, 1915/16). Although one should not overinterpret the crasser formulations of youth, the implication of this letter is that women should be fresh, spontaneous, unemployed and tastefully packaged. Twenty years later he writes in a letter to Zweig, "Es steckt in dieser Frau — wie übrigens in allen — der fatale und sehr natürliche Drang, mich einzuengen, familiär und zum Haustier zu machen, und ich kann mich nur davor schützen, wenn ich sie nicht entbehren lasse" (Briefe,442, 26.11.1935) — again a male chauvinist view, although, interestingly, in his novels there is a remarkable dearth of the domesti-

---

1 Wolf Marchand, *Joseph Roth und völkisch-nationalsozialistische Wertbegriffe* (Bonn: Bouvier, 1974).
2 Alfred Kurer, *Josef Roths "Radetzkymarsch." (sic) Interpretation* (Zurich: Juris, 1968).

cated or domesticating female. Negative categorical statements about women abound in *Beichte eines Mörders*,[3] one being, "Alle Frauen kosten Geld besonders die liebenden ..." (II,726) which accords with the above private utterance. And Golubtschik expatiates on women's predatory nature, speaking of "dem hurtigen Instinkt der Frauen, der die Furcht und die Ohnmacht der verliebten Männer zu allererst wittert ... Der Feind vernichtet euch schnell! Die Frau aber ... wie mörderisch langsam" (II,697). Here a woman, Lutetia, has a central role but is seen exclusively through male eyes. Like many of Roth's novels, *Beichte eines Mörders* is about a man's search for his identity. Golubtschik tries to prove that he is a true Krapotkin, a son of the philandering prince, falling for Lutetia, not for herself but because he has seen her on the arm of an acknowledged son of Krapotkin, and because she is prepared to believe in his own Krapotkin pedigree. The female portrait is one of the most unflattering in Roth's works: Lutetia is petulant, opportunistic, vain and tasteless, but he is in her thrall. She is presented as archetypally female in a negative form, and as a symptom of his obsessive search. His love for her is proof of the disturbance in his own personality, which in turn derives from his mother's thoughtless seduction by Krapotkin, after which she refuses to sleep with her husband. Thus the confusing, destructive potential of sex is at the heart of the tale. The night before Golubtschik confronts his father to demand his birthright, he ends up in bed with a Gipsy girl. He recalls, "Meine Hand verfing sich in ihrem Schoß wie eine Fliege im Netz" (II,669), an image reflecting the trap that sexual desire sets for the unwary, a snare for men and women alike.

Some of Roth's generalizations about women point to male rather than female weakness. In *Rechts und links* we are told, "Die Frauen glauben eine Versicherung, die sie gerade brauchen. Seit Jahrhunderten verführt man sie mit Lügen und nicht mit Wahrheiten" (I,671), a criticism of male deviousness

---

[3] Published 1936, the year Andrea Manga Bell left him.

borne out in the novels where women are more often lied to than lying. Equally Gabriel Dan's comment in *Hotel Savoy*, "Die Frauen begehen ihre Dummheiten nicht wie wir aus Fahrlässigkeit und Leichtsinn, sondern wenn sie sehr unglücklich sind" (I,214), suggests the morally superior position of women. Another key statement tells us more about male responses to women than about women themselves and prompts scrutiny of the female types with which Roth peoples his fiction. In *Die Flucht ohne Ende* Roth comments: "Die Frauen, die uns begegnen, erregen mehr unsere Phantasie als unser Herz. Wir lieben die Welt, die sie repräsentieren, und das Schicksal, das sie bedeuten" (I,350),[4] a view underpinned at a variety of levels in Roth's writings. "World" can mean a specific social or geographical context or indeed an imagined and envied mode of existence. It operates at its most straightforward in Tarabas who, living as a Russian exile in New York, falls in love with a waitress from Nizhni-Novgorod, out of homesickness: "Tarabas liebte Katharina wie seine verlorene Heimat" (II, 328). In *Die Flucht ohne Ende*, as Thorsten Juergens has demonstrated, the succession of women Franz Tunda loves serves to plot his search for a spiritual home.[5] He leaves his mute, instinctive wife, Alja, in Baku because, unlike Tarabas, his homeland is not in the undercivilized eastern reaches of Europe but in the metropolitan West. He needs "komplizierte Verhältnisse" (I,358) and cannot settle without the sophistication symbolized by his ex-fiancée, Irene. Although the desired worlds are different the mechanism is the same. A humorously illuminating variation on the theme occurs in a rhapsodic letter written from Paris. Listing aspects of the ambience's overwhelming impact on him, Roth writes, "Alle Frauen, auch die Ältesten liebe ich bis zum Antrag" (Briefe,45, 16.5.1925). In *Das Spinnennetz* the

---

[4] Cf. in *Rechts und links*, "Man liebt nicht die Frauen, man liebt die Welten, die sie repräsentieren" (I,668).
[5] Thorsten Juergens, *Gesellschaftskritische Aspekte in Joseph Roths Romanen* (Leiden University Press, 1977).

mechanism works on two further levels: Theodor Lohse, disorientated by a sense of his own superfluity in postwar Berlin, likes women with broad hips and bosoms, seeing in them "Zuflucht und Heimat"; after sexual intercourse he wallows in a sense of maternal protectiveness, valuing women not in their own right but as a world of warmth and security.[6] Lohse equally longs for the world of his employer Efrussi's beautiful wife, a milieu unattainable but infinitely desirable to those without money or rank.

More often than showing women who embody the lost world of childhood, Roth's fiction presents women like Frau Efrussi who are, to the males affected, mysterious and exotic creatures apart. Roth evokes the alluring unfamiliarity of such women primarily in sensual terms. In the case of the Russian Countess Walewska in *Stationschef Fallmerayer*, her perfume and the smell of her pigskin suitcases linger in the Austrian stationmaster's memory, with her foreign accent. In order to get closer to her world he learns Russian "Beinahe mit Wollust" (III, 132) while on active service on the Eastern Front.

Stationschef Fallmerayer is a grotesque tale of obsession, and the figure of Countess Walewska as seen through Fallmerayer's eyes is not entirely convincing, except in terms of his obsession, but the beautiful Gipsy Euphemia in *Das falsche Gewicht* is a creation of unforgettable allure. Again she is primarily perceived through the eyes of a besotted and prosaic admirer, the local government inspector, Eibenschütz, but her impact is carefully motivated psychologically in terms of his vulnerability and disorientation, and the descriptions of her physical presence leave no doubt as to her worthiness as an object of desire. Her sensual appeal is evoked repeatedly in terms not of fragrance but of sound and movement. Her wide, swirling skirt

---

[6] In *Radetzkymarsch* Carl Joseph's relationship with Frau von Taußig, and, Maud Curling suggests, even with Frau Slama, similarly provide a substitute world of maternal comfort. See M.C., *Joseph Roths "Radetzkymarsch": Eine psycho-soziologische Interpretation* (Frankfurt: Lang, 1981), p. 64.

has a life of its own: we and Eibenschütz hear it "knistern," "säuseln," "rauschen" (suggesting the fluid and unstable elements of fire, air and water), while the penetrating, but not importunate, sound of her earrings — "klirren" and "das goldene Läuten" — has more magical overtones, as if signalling some mysterious and imminent revelation. With Countess Walewska Euphemia has exotic origins in common, she comes from Bessarabia, but unlike the countess she appeals not by the appurtenances of wealth, rank and civilization (perfume, leather cases, fur coats) but as an embodiment of pure nature (II,787). When she appears, shown through Eibenschütz's eyes in the *Grenzschenke*, we see first her movements, demeanor and effect, and only then her face, but not as a human face with recognizable features, rather as planes of shimmering colour that suggest to Anselm miracles of natural beauty. Her voice reminds him of the nightingale in his childhood home, but above all she is an instrument of his self-discovery and his fate in the present of the novel. She is not an unambiguously positive force, but if in this novel of weights and measures one tries to assess the overall balance, it seems his longing for her otherness has a positive effect on him. Through her, after years of mindless army routine, followed by a barren domestic existence and alienating work conditions, Eibenschütz sees for the first time the beautiful natural world around him, is freed from the constraints of respectable existence and in his final vision arrives at a perception of the possibility of grace beyond rationally imposed values.

Roth's mysterious women are inevitably shown from a male standpoint and reveal male longings and fantasies, but although he presents us with a predominantly male perspective on events, which is contingent on his own maleness, this does not exclude occasional reversals in the configuration of the sexes. In *Die Geschichte von der 1002. Nacht* Mizzi Schinagl experiences the same sense of exotic otherness in the Shah; and in *Der blinde Spiegel* Fini's sense of wonder and inadequacy at the young men she sees is parallel to male reactions to smart women elsewhere. Similarly in *Rechts und links* Lydia experiences her husband Brandeis as remote and enigmatic.

Related to this category of mysterious creatures apart, but not necessarily overlapping it are the dangerous and destructive women in Roth's works.[7] The myth of women in the shape of witches or mermaids dragging men to destruction has a long history. In Roth's novels as elsewhere it often derives more from male fear and incomprehension of the female than from rational fact. Both Lutetia and Euphemia are referred to as archetypal women whom men find awe-inspiring and difficult to control. Roth expresses his sense of woman's destructive potential in disarmingly lapidary terms in *Hiob*: of Deborah he says, "Sie war eine Frau, manchmal ritt sie der Teufel" (I,850). In a letter, with a greater attempt at psychological nicety, he restates the problem as portrayed in *Triumph der Schönheit*: " ... ce n'est pas la haine contre les femmes — c'est simplement que la femme trouvante un jour un homme incapable de l'aimer à sa façon devient un jour l'objet du Diable" (Briefe,337, 14.6.1934). Eibenschütz's wife probably belongs to this category too. Max Demant's wife in *Radetzkymarsch* destroys him, Andreas in *Die Legende vom heiligen Trinker* is frightened by Karoline, and Lutetia prompts Golubtschik to comment on her greedy, lustful mouth whose poisonous red beast of a tongue darts out occasionally and moves him to reflect that all women's wickedness has its seat in their mouths — "die Geburtstatt der Erbsünde" (II,724).

Despite the fact that there are more nasty and destructive women than one might expect in a statistically plausible sample, and although Roth's men generally come to grief, it cannot be convincingly argued that predatory and dominant women are the cause. Alfred Kurer with his theory that in

---

[7] There are dangerous, mysterious and indeed diabolical male characters too, such as Lakatos (*Beichte eines Mörders*), Jadlowker (*Das falsche Gewicht*), Brandeis (*Rechts und Links*), Benjamin Lenz (*Das Spinnennetz*) and Ignatz (*Hotel Savoy*), but they too threaten the male rather than the female world in the novels.

Roth's works women dominate weak men surely oversimplifies the position, when he asserts: "Die Frau ist das berechnende Triebwesen, das sich des willensschwachen, liebesbedürftigen Mannes geschickt bemächtigt, um ihn später seinem Unglück zu überantworten."[8] This may be true of Eva Demant, but if it fits for example Frau Blumich in *Die Rebellion* then her husband Andreas Pum is just as guilty of trying to base marriage on material considerations having nothing to do with love or regard for another human being, and it certainly does not take account of a third group who may be termed Roth's natural women, to whom we shall return, or of his confused and well-meaning women who are victims of the social structure or of their own misguided obsessions. Roth in his portrayal of Frau Slama's seduction of the teenager Carl Joseph for example is describing a natural, relatively wholesome event. There is no moral condemnation of either party. When she dies of a complication of her pregnancy by Carl Joseph, she could be seen as a victim of her own sensuality, but this is not the light in which Roth presents it. Frau Slama, for all the sensual richness of the evocation of her presence, is not in the novel in her own right as an individual, we see her through Carl Joseph's eyes. She is scarcely, in Kurer's terms, a calculating creature of instinct, who abandons Carl Joseph to his unhappy fate. Can she really be blamed for spoiling his life by inconsiderately dying — as Kurer's analysis suggests? Equally, a young man would not necessarily have to be weak-willed or emotionally deprived in order to acquiesce in the sexual initiation on offer. She functions in the narrative as part of a plot designed to illuminate the behavior of men — notably the Bezirkshauptmann, Carl Joseph and her husband — in the grip of hierarchical values. The death functions in the working out of Carl Joseph's fate as the first of a series of corpses blighting his life and underlining the inherent morbidity of the society into which he is born. Like many of Roth's females Frau Slama functions as a point of fusion

---

8 Kurer, p. 61.

between public and private morality, between the individual's life and his wider social and historical context. She clearly fits into Marchand's category of women in a male world, though because of Roth's mode of presentation, it would be hard to argue that she is a victim of that world except in an oblique way.

There are other female figures who are more clearly cast in the role of victim. In *Rechts und links*, a novel about opportunism and exploitation, the sexual relationships are simply part of the general pattern. Lydia, the Ukrainian cabaret artiste, is bought from her boyfriend by Brandeis who uses her as his wife, but is indifferent to her emotional needs; Nissen Piczenik's wife in *Leviathan*, a more extreme case of emotional neglect, dies of lack of love, the innocent victim of her childlessness; Lutetia, for all her subsequent power over Golubtschik, is in the beginning sadistically manipulated by him. The opportunists Theodor Lohse (*Das Spinnennetz*) and Paul Bernstein (*Rechts und links*) in the Berlin novels of the twenties use women cynically, if to no very satisfactory purpose even from their own point of view. Mirjam in *Hiob*, who goes mad as a result of her unfaithfulness, appears to be a victim of her own sensuality, rather than directly of men.

In *Die Geschichte von der 1002. Nacht* Mizzi Schinagl may be seen as a victim of the upper-class male world that, in the figure of Taittinger, uses her, his own mistress, to satisfy the Shah's desires, and thus places her on the path to prostitution. In this case it is not she but Taittinger who commits suicide in the end. She finishes up, made-up to look like a waxwork, playing herself as the Shah's mistress in a sideshow at the fair; she is reduced to barely human form in a spectacle of female acquiescence and male dominance. However, Mizzi, in spite of male exploitation and her own weakness, survives. No one in this novel is an innocent victim, but the women, both morally and in their grasp of reality, are by and large superior to Taittinger, who remains hollow and unfit for life. Mizzi's sense of dignity is more genuine and solid than anything Taittinger has, as is her naturally cheerful disposition. Whereas Taittinger succumbs to his own personality and background Mizzi has been deliberately exploited. In the long run her survival may not be a triumph of the individual over fate's blows, but at least hers is a qualified defeat.

A signal area of Mizzi's failure is as a mother, and mother figures play a significant secondary role in Roth's fiction. Roth writes in a letter, "... ich (halte) es für sündhaft, daß die Mütter ihren Söhnen das Leben opfern" (Briefe,233, 4.10.1932), which sums up the theme of his first published story, *Barbara*. *Die hundert Tage* is similar on one level, as Angelina's son becomes alienated from her and is lost to the army, his absent father's world. Mizzi Schinagl too experiences the alienation of her son, but she must be seen as responsible for this. She has no maternal feelings; to her he is no more than bait with which to catch Taittinger. Other mother figures appear in even more ambiguous and negative lights; Frau Bernheim in *Rechts und links*, despite the occasional maternal impulse, is a cold mother; Fini's mother in *Der blinde Spiegel* warms briefly to her daughter at the onset of menstruation but is otherwise a sad figure of authority. In *Tarabas* these characteristics are divided between the grandmother and mother: the old lady is icy, powerful and oppressive; the mother is subservient in her "weinerliche(r) Ohnmacht" and the children are afraid of her as she weeps and smells of onions. Both portraits are filtered through the offspring's perspectives, projecting an image of mechanical rather than human responses. Deborah in *Hiob* is certainly a mother of flesh and blood, but her responses too, to the bystanding family, seem alarmingly unbalanced. She is ferociously protective when her children are threatened, but ultimately unable to save them. The only positively drawn maternal figure in Roth's works is Napoleon's mother in *Die hundert Tage*. As the emperor comes to bid her farewell she is shown to be wise, dignified and loving. She loves and understands her son as he does her. Once more a female figure is seen at a focal point in the narrative, where private and historical spheres interlock. On the whole however the relationships between mothers and sons are dysfunctional, and Roth's portraits of mothers tend to be sketchy, concentrating on negatively tinged behavior patterns: mechanical weeping, senseless protective gestures and vain impulses. There is nonetheless an underlying assumption that women have maternal instincts and that it is their allotted role to care for their offspring. The fathers in the novels are generally remote figures of authority providing little in the way of emotional or practical support.

Against this background, Marchand's categorical assertions that "die Frau nur als Mutter sinnerfüllter Mensch (ist)" and "In einer durch Krieg und Kampferlebnis geprägten Männerwelt bleibt der Frau nur die Unterwerfung, der Mutter nur die biologische Pflicht der Kinderaufzucht"[9] require qualification. Both statements occur in contexts where Marchand is arguing that Roth's view of woman's role is reactionary and that he is fundamentally opposed to their emancipation. Roth's thoughts on emancipation, though many of them are offensive to feminist ears, are less clear-cut than this. In a letter to his cousin he arrogantly advises her that it is her duty to marry, and that she should not be too choosy, intellectually speaking (Briefe,39, 28.8.1922), and throughout his works it is clear that the cultivation of the intellect in women is not positively evaluated. In his enthusiastic letter to Annette Kolb on reading *Die Schaukel* he calls her "die einzige Frau, der es Gott erlaubt, das männliche Handwerk zu üben" (Briefe,383, 30.9.1934) — writing is a male prerogative. By this time he has apparently forgotten Larissa Reißner, the Russian revolutionary and journalist, to whose style of writing and living he writes a paean of praise in "Die Frau von den Barrikaden." His account of her literary style reads substantially like a description of his own.[10] His identifi-

---

9   Marchand, p. 278, p. 297.
10 "Ihr eigentliches großes Talent ist eine Art Schlagfertigkeit der Feder, ihre schriftstellerische Methode ist die Offensive auf das Objekt. Sie erstürmt das

cation of her imagery as the product of her feminine sensibility is highly suspect, particularly because the examples he cites are of precisely the kind of image in which he himself excels, for example, her personification of the fingers of a platinum seeker: "'... sie sind wie zehn weiße Blinde, die sich führerlos, aber sicher herbewegen ...'" (IV, 348). Roth in these two cases has recognized women as the equals of men without being prepared to see that they may not be exceptions.

In "Brief an eine schöne Frau mit langem Kleid"[11] — like many of his feuilletons a deliberately provocative piece — he says that having previously thought nothing should impede women's emancipation, he has now concluded that feminine beauty is a more positive force for good than the sacrifice of such beauty in order to participate in the world of politics, industry, the press or charity. She would thus best be employed producing children so that her beauty is inherited, not lost to the world. A male chauvinist piece, but consciously so, and not pure male chauvinism, because woman is seen not as subservient to man, but as the repository of vital values — aesthetic values that stimulate the imagination, as well as values based on a recognition of natural humanity, not on artificially constructed ideas of a controlled and sanitized existence, in which people alienated from their natural responses are forced into disguising their responses by vicarious activities that only

---

Thema. Ihre starke Wirkung kommt von der absoluten Subjektivität, ihrer anarchistischen Willkür, ihrer aggressiven Melodie. Die lebendige Bildlichkeit ihrer Sprache ist das Produkt russisch volkstümlicher Unmittelbarkeit. Die Sicherheit ihrer trefflichen Metaphern und Vergleiche ist die Folge ihrer eignen (weiblichen) Sensibilität. Die Unerbittlichkeit ihres Urteils diktiert ihr ein klares, scharfsichtiges, detaillierendes Auge. Die Wärme ihrer Sprache liefert ein großes, edles, menschliches Herz. Ihr Charakter ist human und ihre Überzeugung entschieden. Ihr Instinkt ist hell wie eine Vernunft, ihre Hand flink wie ein Gedanke, ihr Hohn scharf und kalt wie ein Fluch, ihr Werkzeug elegant wie ein Scherz, ihr Pathos dunkel wie eine Nacht. Ihr Thema ist die Wirklichkeit" (IV,349, *Frankfurter Zeitung*, 10.4.1927).
11 IV,162-65, *Frankfurter Zeitung*, 26.4.1931. Cf. "Die Frau, die neue Geschlechtsmoral und die Prostitution," ibid., 1.12.1926 (DnT,224-30).

appear to let them participate in the real world. Roth's argument here is not about women's emancipation at all, but about the perverted values of contemporary society. He denies the myth of male superiority however, referring to women's misguided wish, "jene Hosen zu tragen, die unser Geschlecht — das Männliche — seit etwa hundert Jahren lächerlich machen" (IV,163).

His negative sentiments about emancipation, rightly or wrongly, are intimately bound up with his scepticism about the direction of social and political development in general, and about human nature, both male and female. It is a question he addresses directly in *Die Flucht ohne Ende* (1928) and *Der stumme Prophet* (1929) in the context of the First World War. In the case of Natascha, the Russian revolutionary, and of the Viennese Hilde, both middle-class girls, he shows that their ideas of emancipation are a product of the times and very suspect.[12] Natascha is blind to the contradictions in her position and ends up obsessed with revolutionary activity which denies natural human and emotional needs and fosters egotism, underpinned by Marxist theory, and not recognized as such. In the name of emancipation Hilde embraces free love with the boss with clinical curiosity only to be reduced by the hand of convention to a shotgun wedding under the old rules. Roth turns a merciless though not unsympathetic spotlight on the contradictions in Hilde's attitude to men. But he also widens the perspective beyond the question of women's emancipation, as Hilde's father reflects that male emancipation does not exist either, and in his authorial voice he points out that Hilde's case was typical, and that it wasn't just a woman's problem: "Die ganze Jugend ... benahm sich so, als hätte sie unaufhörlich Ketten zu sprengen" (I,728), an attitude which he views sceptically, with the hind-

---

12 This is also true of Elisabeth in *Die Kapuzinergruft*. See Klaus Pauli, *Joseph Roth: "Die Kapuzinergruft" und "Der stumme Prophet": Untersuchungen zu zwei zeitgescichtliche Portraitromanen*, (Frankfurt: Lang, 1985), p. 145.

sight that war was imminent, and that this rebellion was no more than normal adolescent revolt against parental authority.

Despite this high degree of scepticism Roth does point to practical improvements in the position of women. With nursing experience during the war has come anatomical enlightenment and the ability to take contraceptive measures for themselves; with the absence of men at the front girls have become less afraid of their fathers, who are no longer present as figures of authority, and in spite of a tendency to view emancipated women as a threat to the natural order, Roth nonetheless exhibits sympathetic insight into women's position in society and has a strong sense of human dignity and vulnerability, which he shows to be often more strikingly embodied in women than men.[13] He regrets their association with the male of the species, precisely because it tends to damage and degrade them. His article "Die 'Girls'" (IV,546-48, *Frankfurter Zeitung*, 28.4.1925) is an ironic piece on the dangerous hypocrisy inherent in American chorus girls' shows. "Sie sind wie eine Übersetzung des männlich ernsten Militärexerzierens ins Weibliche": there is a disorientating confusion of form and content, whereby the hygienic appearance of the girls seems to deny the possibility of erotic voyeurism. Natural human behavior has been perverted, ostensibly in the name of therapeutic leisure activity for both audience and performer. What has in fact happened is that women have taken on undesirable male patterns of behavior, and sex has been sublimated into quasi-military discipline. The surface order and respectability is a repugnant and potentially dangerous perversion of natural behavior both male and female — a point Roth reiterates wittily five years later in "Konfektionserotik".[14] Here he accuses stocking advertisers of "die Versachlichung des weiblichen

---

13 Cf. "Madame Annette" (III,586-91, *Panoptikum*), where he describes the case of a chambermaid who, as a result of pretending to be married, is given easier, more responsible work. Roth admires her dignity and composure and has only scorn for social and sexual prejudice and male behavior towards her.
14 IV,861-64, *Die Literarische Welt*, 17.4.1930.

Körpers," and of disguising pornography as hygiene. The not infrequent references to women's legs and stockings in the novels can, in the light of this article, be seen as indicators of the extent to which women have either retained their natural (human, not necessarily feminine) characteristics or have been encased in the deadening accoutrements of modern western civilization. Frau Slama's legs are bare when she seduces Carl Joseph, and she belongs with Maria (*Tarabas*), Euphemia (*Das falsche Gewicht*), Lydia (*Rechts und links*), Alja (*Die Flucht ohne Ende*) and indeed Mirjam (*Hiob*) before she goes to the States, to a readily identifiable category of natural women, all of whom have their origins in the eastern outposts of European civilization. Klara, Franz Tunda's hygienic sister-in-law in *Die Flucht ohne Ende* is a representative if extreme example of the opposite category. Tunda reflects that since it is impossible to imagine natural legs beneath her stockings, perhaps her hose join directly on to her knickers (I,361). Max Demant's cruel wife is described as "ein Modell aus Wachs und seidener Wäsche" (II,89); Lutetia is made of wax and porcelain (II,723). The new age and society have produced new women who are more like Frankenstein's monsters than real people.

Running counter to such negative portraits however are such pieces as the early article, "Die Frauen Nebbe und Klein" (IV,87ff),[15] a sympathetic examination of two husband-poisoners, driven by male brutality into a Lesbian relationship, which social prejudice is less able to tolerate than murder. This article goes to the heart of many of Roth's primary concerns,[16] among which are the implied themes of sexual politics and female emancipation. Firstly here, as in Roth's works in general, a comparative consideration of how social class conditions

---

15 IV,87-89, *Berliner Börsen-Courier*, 17.3.1923.

16 The same is true with different emphasis of "Frau Promptueux," another article on a murderess in the *Berliner Börsen-Courier*, 28.5.1921 (Saisonbericht, 192-94). Roth is fascinated by the enigmatic relationship between this ruthless, dynamic woman and her weak, venal men. Despite the sexual factors involved, the conclusion is generalized.

human behavior is a focal preoccupation. Often sophisticated characters from the metropolitan West are played off against figures from the natural, rural, primitive East, or wander between the two worlds. Here, presumably with Freud and Schnitzler in mind, Roth questions the assumption that "Perversität und Raffinement, Rätselhaftes und Unentwirrbares" are "die Folgen einer geistig luxuriösen Dekadenz," suggesting rather that human and psychological complexity is not the prerogative of the upper classes. Secondly, his preoccupation with the nature of good and evil is articulated. He speculates that we are all born with the latent potential for both. The idea of a cosmic battle being fought out within the individual, whose result partly depends on social factors, permeates his works. Thirdly, there is the dialectic relationship between weakness and strength,[17] between aggressor and victim, in which, as we see repeatedly in Roth's novels, both poles are apt to become their opposites. Here it is the submissive Frau Klein who actually destroys her husband. The men's physical strength is contrasted with their mental and moral deficiency. Physical strength and aggression are frequently equated in the novels with human and intellectual weakness. The seemingly powerless emerge bloodied but unbowed. Roth's obsession with this theme, which cannot be pursued further here, clearly has political undertones, reflecting his analysis of the rise of Nazism on the back of *Mitlaüfer* attracted by force and power, and his desperate hope that the strength of ideas in the weak and victimized may somehow assert itself against the fatal combination of physical strength and intellectual weakness. Finally, with a characteristically sharp eye for the insidious effect of language on our value

---

17 These contradictions are articulated for example in *Triumph der Schönheit*: "dieses schwache(n) Geschlecht(es), dessen Kräfte wir niemals gewachsen sein werden" and further linked to the problem of good and evil: "Der Irrsinn dieser Welt ist stärker als der gesunde Menschenverstand, die Bosheit ist mächtiger als die Güte" (III,164), clearly a pessimistic political and existential utterance in 1935.

judgements, he analyses the cliché that poison is a devious, female murder weapon, in order to highlight the misuse of language to suggest there are clean and dirty ways of killing. His dismissal of the sexist categorization of poisoners is part of a wider condemnation of the contrary implication, that murder can be condoned if it is properly executed, for in Roth's words, "Es gibt keine humane Art des Mordes."

In this article Roth shows a female problem — "Tausende Frauen leiden und schweigen" — their domination by the male world of force, but in such a way that while exposing exploitation and social prejudice he widens the perspective to show the dangerous paths that human behavior in general can be led down. He concludes, "die Frau fürchtet sich, leidet, haßt — bis der Haß ihre Seele füllt, überschäumt, unnatürliche Begierde weckt und Mordgelüst, Grausamkeit, Verstellung, Vernichtung und Selbstvernichtung." This is written in the same year as *Das Spinnennetz*, a fact which makes clear that the psychological problem under examination is not gender-specific, except in so far as the inhuman aggression and brutality are seen as emanating originally from the male world.

This brings us finally to consider more directly in what way Roth's female figures differ significantly from his male characters, and to the role in this connection of the narrative perspective. Of Roth's eight short stories and fifteen novels two of the earliest stories, *Barbara* (1918) and *Der blinde Spiegel* (1925) have female protagonists and are told mainly from their point of view. Between 1925 and 1935 the narrative perspective is monopolized by male characters. Brief moments of female perspective in *Rechts und links*, *Der Stumme Prophet* and *Radetzkymarsch* only serve to show the abyss of incomprehension separating Irmgard, Hilde and Frau von Taußig from their partners. Of the novels of the last five years however, two accord substantial coverage to women's perspectives. *Die hundert Tage* (1935) is divided into four books, two focused on Napoleon and two on the washerwoman, Angelina Pietri. In Roth's last published novel, *Die Geschichte von der 1002. Nacht*, on the worthless life and ignominious death of Baron von Taittinger, two women, Mizzi Schinagl and the brothel-Madame Frau Matzner, have substantial roles and are shown to a significant extent in their own right, from their own point of view. One can only speculate as to why in an opus, the main body of which shows the world and indeed women through male eyes, the early and late works are exceptional. On a psychological level one might suggest that *Barbara*, written while Roth was still close to the maternal influence of his childhood, reflects his natural feelings of guilt at being an ungrateful focus for his mother's overwhelming devotion, and that Fini in *Der blinde Spiegel* is, as Bronsen suggests,[18] simply a female variant of Gabriel Dan (*Hotel Savoy*), a cipher for existential isolation and lack of inner certainty.

In *Der blinde Spiegel* Roth for the first time uses a series of sexual partners to plot the protagonist's progression through life. Delicately and perceptively drawn, Fini's sexual and emotional development is seen from a perspective which only occasionally in formulations such as "in ihren dummen Augen" (III,107) slips beyond her own view to that of the author. Through the succession of men in Fini's life: Ernst the painter, Ludwig the musician and Rabold the mysterious orator, we witness the loss of her youth and innocence and what comes after — not fulfilment but indifference and alienation, the unfulfillable aspirations of a young girl who cannot see herself and does not learn to live. The feminine detail is convincing. The problem examined however is not gender-specific, and Fini's experience can without difficulty be seen as a general statement about anxiety, desire and disappointment. Roth uses a succession of sexual partners again in *Die Flucht ohne Ende*, in a more highly developed way. In *Radetzkymarsch* both male and female encounters (not sexual in the male cases) plot Carl Joseph's decline, and in *Die hundert Tage* Angelina's imaginary relationship with Napoleon flanks a series of sexual partners.

---

18 Bronsen, p. 262.

Curiously, this is a relatively positive progression from the physically overwhelming Sosthènes, to whom she submits as to an act of God such as an avalanche, via the more articulate, if anonymous administrative officer, to the gentle, exiled cripple, Wokurka — although he too fails to provide the answer to her longing. This is ambiguously consummated in the scene of her death at the hands of the Bourbon mob, side by side with a rag doll of Napoleon that she takes to be real.

Near the beginning of *Die hundert Tage* we read of Napoleon: "Und er war ein Mensch. Er selbst haßte, liebte, fürchtete und verehrte. Er war stark und schwach, verwegen und mutlos, treu und verräterisch, leidenschaftlich und gleichgültig, hochmutig und einfach, stolz und niedrig, gewaltig und armselig, treuherzig und mißtrauisch" (II,476f.). This, put here in rather crude terms, is Roth's view of the human condition and its contradictions, and it could be widely applied to his characters, both male and female. It is economically restated in *Die Geschichte von der 1002. Nacht* in the words, "Das Volk besteht aus Menschen. Der Mensch ist gut und schlecht" (II,1093). Again the contradictions are not gender-specific, and in *Die hundert Tage*, a novel about *Macht* and *Ohnmacht*, the structure is designed to suggest a paralellism between female and male protagonist, in order to prompt a critical rethinking of the categories "die kleine Angelina" and "der große Kaiser." At the end it appears that Angelina's gesture in rallying support for Napoleon was futile, but she is admirable and ridiculous at the same time, combining her private love for Napoleon with a sense of the greatness of the nation, the *patrie*, which has been betrayed and lost. She is both strong, single-minded and committed to an ideal, and weak, in that her obsession is senseless, and at the end she is probably mad. Like so many of Roth's figures — mainly males — Angelina has groped her way through life in naive ignorance, but unlike most, a great passion has emerged and endured. Hers is the fate of the wandering individual who loses his/her spiritual, political and personal homeland because the times are out of joint. In some ways she is stronger than many male protagonists, except for the fact that it is a man whom she is living through, and that the origins of her feelings are erotic. She does say that she wishes she were a man, but Wokurka maintains that it is her class, not her sex, that prevents her from influencing events (II,636). Kurer's observation then that "Die Frau ... erscheint in der Regel der neuen, der ... 'wertfreien' Zeit zugeordnet. Sie findet sich spielend zurecht. Sie ist im Grunde wie jene hart, sachlich, unerbittlich"[19] is wide of the mark in a number of significant cases including Angelina's, Mizzi's and even Frau Matzner's. The women are as much adrift as the men most of the time. What is terrible in *Die hundert Tage*, is not death, although there is no lack of that, but the confusion. In Joseph Roth's world of fluid and fluctuating values it would be strange if the women were stable and predictable, even in the way that Kurer suggests, and they are not. Still it may be conceded that there are fewer *Versager* among the women than the men.

It is in the nature of the historical reality that Roth describes, whether it be the Habsburg Empire in its last years or contemporary Europe, that it is a male-orientated and male-dominated world. To recognize this is not the same as to say that women are inevitably depicted as appendages of men, as functions in their world, be it as their victims or as their manipulators threatening to usurp traditional male roles. What emerges from a study of Roth's female figures is that in many respects they share a common humanity with the men, though they are often restricted by social circumstance and prejudice to functions determined by sex and status. In Roth's eyes however this is true of men too. Although Roth's male characters are frequently acquiescent in female hands, and in their lack of manly decisiveness, they follow in the footsteps of Grillparzer

---

19 Kurer, p. 61.

and Stifter's men.[20] They still often heedlessly exploit women and it is then the women who acquiesce, a pattern of domination and victimization containing political overtones. Sex in Roth's narratives can often be equated with self-assertion and power, and has nothing to do with love. This emerges particularly clearly in the case of Tarabas and Maria. The night before he departs for the war he takes her, in his uniform and boots. After the act, "satt, herrisch, lärmend erhob er sich." His sexual conquest has conferred on him the requisite identity, he has used her to underwrite his pose as virile warrior and he speaks to her in monosyllables, the language of tyranny.[21] To men sexual relations tend to be either an aspect of their identity crises or of their regressive desire for escape and protection. The women are not interested in sex for its own sake either. They are looking for something else, perhaps love, youth, a wider participation in the world, an ideal. Whatever it is the men fail to provide it.

Marchand comments on the fact that none of the relationships between men and women in Roth's works is successful or meaningful. Perhaps the explanation for this lies less in any specific belief in a war of the sexes[22] than in Roth's painful perception of the times in which he lived, a view associated with Graf Chojnicki in *Radetzkymarsch* in the historical context of the fall of the Habsburg Empire: "Die Welt, in der es sich noch lohnte zu leben, war zum Untergang verurteilt. Die Welt, die ihr folgen sollte, verdiente keinen anständigen Bewohner mehr. Es hatte also keinen Sinn, dauerhaft zu lieben, zu heiraten und etwa Nachkommen zu zeugen" (II,186), a counsel of

---

20 Cf. Dagmar Lorenz, "Weibliche Rollenmodelle bei Autoren des 'Jungen Deutschland' und des 'Biedermeier'," in *Gestaltet und gestaltend. Frauen in der deutschen Literatur*, ed. Marianne Burkhard (Amsterdam: Rodopi, 1980), pp. 155-84.
21 II,346. Ironically this pose is later unmasked when we discover she has ignored his orders and married a German.
22 Marchand, p. 278.

despair uttered fictionally in dark days, and penned in even more desperate times.

Roth's nasty, cold, physically repellent women, with their hard eyes, fleshy ear-lobes or big nostrils, and his fragrant, soft and seductive creatures are created with a sensual precision suggesting they are the product of intensely real fear and resentment, and of equally real passion and desire in the writer's personal experience. Although three main categories can be identified: mysterious and exotic women, destructive, sophisticated females and natural, rural ones; and although an examination of them helps to pinpoint Roth's criteria for judging individuals, such is the fluidity of his fictional universe that many of the female figures partake of characteristics from more than one category. It is also possible to discern similar characteristics in selected male characters, albeit on a more restricted scale. There can be no doubt that women form a significant if subordinate aspect of the perplexing reality he depicts and that in their dual and contradictory roles as both victims and predators, simultaneously weak and powerful, they appealed to him as epitomizing a fundamental aspect of the human condition, as well as of the problems of his own life and times.

„... wir die beeideten Sachverständigen für Schlachtfelder ..." Joseph Roths Ansichten vom Kriege

JOHANNES SACHSLEHNER

> Den Krieg vergessen können,
> ist ein Unglück.
> (Karl Kraus, Vorwort zur
> ersten Prager Vorlesung;
> Fackel Nr. 546-550, Juli 1920)

DIE AUFERSTANDENEN TOTEN

Im Sommer und Herbst des Jahres 1925 unternahm Joseph Roth in seiner Funktion als Korrespondent der *Frankfurter Zeitung* eine Reise durch Südfrankreich — wie seine Biographen glaubhaft versichern, „gewissermaßen ein Lebenshöhepunkt"[1] des Autors, der dies in einem Brief an Benno Reifenberg, den Chefredakteur der *Frankfurter Zeitung*, auch zu bestätigen scheint: Von den „schönsten Tage(n)" seines Lebens ist hier die Rede, muß jedoch gleichzeitig eingestehen, daß ihm deren unbeschwerter Genuß nicht möglich sei und er sie vielmehr „durchzittere, durchsehne und durchweinen könnte," wenn er sich nicht dafür schämen würde (Briefe,54, 1.8.1925). Das seltene Gefühl des Glücks bleibt überschattet von der leidvollen Erinnerung an die eigene verlorene Jugend — einer Erinnerung, die jedoch zugleich eine merkwürdig ambivalente Qualität besitzt: Die Unbedingtheit, mit der sich Joseph Roth ihr in Leben *und* Werk ausliefert, läßt darauf schließen, daß sie für ihn zu einer elementaren Quelle der Lust, zu seinem persönlichen Lebenselixier wurde. Der Leutnant Tunda, der Held des „Berichts" *Die Flucht ohne Ende* (erschienen 1927) und von

---

1 Helmut Nürnberger, *Joseph Roth* (Reinbek: Rowohlt, 1981), S. 66; vgl. dazu auch Bronsen, S. 276ff.

„dieser sorglosen und anmutigen Welt" (I,417) ähnlich weit entfernt wie Joseph Roth selbst, exerziert dieses Leben in der Erinnerung, in „einer Unwirklichkeit ..., die er sich selbst bekennt," (I,417) eindrucksvoll vor: „Er lebte vom Geruch der Fäulnis, und er nährte sich von dem Moder, er atmete den Staub der zerfallenden Häuser und lauschte mit Entzücken dem Gesang der Holzwürmer" (I,421).

Tundas Anläufe, in jene eigentliche Welt der Lebenden zurückzukehren, sind von vornherein zum Scheitern verurteilt. Der Weltkrieg hat seine Heimat, das Land der Väter, in Fremdes verwandelt; verwandelt hat sich aber auch der ehemalige Oberleutnant der österreichischen Armee selbst: Für ihn, der aus dem „Schattenreich" (I,411) kommt, gilt ein neues, eigentümliches Apperzeptionsverhalten; Tunda selbst spricht von einem „Zustand zwischen Resignation und Erwartung," (I,354) einem Oszillieren zwischen Leben und Tod, wobei von letzterem eine Faszination ausgeht, vor der die Wirklichkeit verblassen muß. Friedhöfe und Massengräber bilden nun als einzige mit Gefühl und Sehnsucht verbundene Realitätspartikel die neue Heimat, das Zentrum der „Wunschproduktion" des Heimkehrers. Diese verwandelt schließlich auch den sozialen Bezug: „Manchmal kamen sie (die Mitmenschen, J.S.) Tunda vor wie Totenwürmer, die Welt war ihr *Sarg*, aber im Sarg lag niemand. Der Sarg lag in der Erde, und die Würmer bohrten Wege durch das Holz, bohrten Löcher, kamen zusammen, bohrten weiter, und einmal wird der Sarg ein einziges Loch sein — dahin die Würmer und der Sarg, und die Erde wundert sich, daß keine Leiche dringelegen hat — " (I, 408).[2] So ausweglos der Bericht *Die Flucht ohne Ende* das Versinken des überlebenden Soldaten in die Unwirklichkeit zeichnet, die Unmöglichkeit seiner Reintegration in die Nachkriegsgesellschaft an Beispielen exakt protokolliert — Joseph Roth konnte sich zeitlebens mit diesem „Zustand" der mißlingenden

---

[2] Siehe auch I,411: „In dieser Welt war er nicht zu Hause. Wo war er es? In den Massengräbern."

Heimkehr nicht abfinden. Obwohl er erkennt, daß seine Generation „Ursache, Werkzeug und Opfer einer großartigen Zerstörung" gewesen ist[3] und er an der Möglichkeit eines Wiederaufbaues zweifelt, ist er doch ständig auf der Suche nach dem verlorenen Land der Kindheit — jene Reise durch Südfrankreich verhieß die Möglichkeit, über die bloße Erinnerung hinauszugelangen in die Realität der Vaterwelt. Die Kluft erweist sich allerdings auch hier als unüberbrückbar: Die Existenz des Heimkehrers im Nachkrieg hat mit jener des Lebenden in der Vorkriegszeit nur mehr die personale Identität gemein. Denn so meint der reisende Reporter Joseph Roth,

> Wir sind die Söhne. Wir haben die Relativität der Nomenklatur und selbst die der Dinge erlebt. In einer einzigen Minute, die uns vom Tode trennte, brachen wir mit der ganzen Tradition, mit der Sprache, der Wissenschaft, der Literatur, der Kunst: mit dem ganzen Kulturbewußtsein. In einer einzigen Minute wußten wir mehr von der *Wahrheit* als alle Wahrheitssucher der Welt. Wir sind die auferstandenen Toten. Wir kommen mit der ganzen Weisheit des Jenseits beladen, wieder herab zu den ahnungslosen Irdischen. Wir haben die Skepsis der metaphysischen Weisheit.[4]

Auferstanden und doch nicht wirklich lebendig, gezwungen zu einem ungewohnten zivilen — im Wortgebrauch Roths „zivilistischen"[5] — Dasein, wissen diese „Söhne" auch um die Brüchigkeit des Friedens, spüren sie den Aufzug neuer Konflikte, das Weiterglimmen der alten: „Denn es ist Krieg, wir wissen es, wir die beeideten Sachverständigen für Schlachtfelder, wir haben sofort erkannt, das wir aus einem kleinen

---

3   III,883, (*Die weißen Städte*).
4   III,884.
5   II,1107, (*Die Geschichte von der 1002. Nacht*).

Schlachtfeld in ein großes heimgekehrt sind" (III,885). Und selbst während der so relativ glücklichen Reisetage in Frankreich kann Joseph Roth nicht umhin, diesem Wissen seinen Tribut zu zollen; ein „unerklärliches, geheimnisvolles Heimweh nach den Stätten und nach den Zeugnissen unseres großen Erlebens (des größten, wenn nicht des einzigen, das wir hatten)"[6] drängt ihn auch hier zum Besuch der Kampfstätten des Weltkrieges; ja er plant eine Artikelserie „Vergeßt die Schlachtfelder nicht," ein Titel, mit dem sich sein Auftraggeber und Freund Benno Reifenberg jedoch keineswegs einverstanden erklärt (Briefe,83, 7.4 1926). Die tiefen, persönlichen Beweggründe Roths bleiben für Reifenberg dabei wohl unbemerkt: Roth geht es nicht um einen vordergründigen Akt der *pietas* und das übliche Andenken — die Kontaktaufnahme des Überlebenden mit den Gefallenen stellt vielmehr den Versuch einer Wiedereingliederung in die Reihen der toten Kameraden dar, eines Zurückgehen auf jenen „grausamsten Augenblick unseres Lebens," in dem man sich in einer „einzige(n) Angst" fest zusammengeschlossen hat, und dessen Erlebnis unvergeßlich bleiben wird (I,184): Elias Canetti hat in seinen Reflexionen zur „Doppelmasse" Krieg eine mögliche Begründung für dieses Verhalten gegeben, wenn er von den „deklarierten Zeiten des Todes" spricht, in denen sich dieser einer bestimmten Gruppe „im ganzen" zuwende und deren Mitgliedern den „Tod als einzelne" erspare.[7] Sehr exakt dazu paßt auch Canettis grundlegende Beobachtung, daß eine „kriegerische Masse" durch ihre Selbstaufgabe auch ihr Leben preisgebe[8] — ein Phänomen, das implizit der *Flucht ohne Ende* zugrunde liegt, und dem Roth immer neue Anläufe seiner Erzählkunst widmete. Die bestimmte Gruppe, die dabei im Mittelpunkt

---

6 IV,509, ("Schluß mit den Kriegsfilmen"); vgl. auch seinen Brief an Otto Forst-Battaglia vom 28.10.1932: „Mein stärkstes Erlebnis war der Krieg und der Untergang meines Vaterlandes, des *einzigen*, das ich je besessen: die österreichisch-ungarische Monarchie" (zitiert nach Bronsen, S. 21).
7 Elias Canetti, *Masse und Macht* (Frankfurt: Fischer, 1980), S. 78.
8 Ebda.

steht, wird gebildet aus dem Offizierkorps der österreichisch-ungarischen Armee, jenem Stand, dem er sich auch in der Zeit des Exils noch zutiefst verpflichtet fühlte: „Was wird Österreich machen und ich sein armer Leutnant?" schreibt er im September 1934 an Stefan Zweig (Briefe,381) angesichts der sich abzeichnenden Kriegsvorbereitungen Hitlers. Auf dem Schlachtfeld Maisonette an der Somme begegnet er im Frühjahr 1926 noch einmal der Wirklichkeit des Krieges; obwohl dessen sinnliche Erfahrung sonst „beschlossen, begraben" liegt wie in „gläsernen Särgen, die niemals aufgehn werden,"[9] findet hier Roth zur geheim ersehnten physischen Erfahrung des Kampfes zurück:

> Wer den Krieg nicht gesehen hat, mag glauben, daß hier Friede ist. Aber ich fühle rotes Blut durch die Adern der noch lebenden Bäume rinnen, durch die Krumen der Erde, durch die zarten Fasern der Blätter. Der Frühling riecht nach Pulver und Blei. Schwalben sind irrende Geschosse. Der Himmel ist schwer. Nicht Wolken trägt er, sondern Unheil. Milliarden Granatenatome sät der Wind. Bäume stöhnen wie Sterbende. Zweige knacken wie Gewehrverschlüsse. Über das Schlachtfeld gebeugt, wie ein General über eine Landkarte, ist Gott. Unnahbar wie ein General; und fern wie ein General ...[10]

Es ist ein flüchtiger Augenblick der Integration, oder besser Reintegration in die Maschine des Todes, den Roth hier durchlebt; gleichzeitig erhält diese durch das Auftreten Gottes ihre Verankerung in einer — wenn auch höchst diffusen, den Krieg mit einer metaphysischen Aura umgebenden — Sakralität. Vergegenwärtigen wir uns an dieser Stelle die Tatsache, daß Roth zu diesem Zeitpunkt (Frühjahr 1926) aufgrund seiner journalistischen Tätigkeit bei linksorientierten Zeitungen und

---

9 IV,509, ("Schluß mit den Kriegsfilmen").
10 III,851, ("St. Quentin, Perronne, Die Maisonette").

Zeitschriften als kompromißloser Gegner des Militarismus bekannt war, so scheint sich zwischen politisch-intellektuellem Anspruch und persönlicher Wunschproduktion eine nicht unbedeutende Differenz abzuzeichnen. Anders gesagt: Joseph Roth bekämpfte den Krieg, von dem er innerlich nicht loskam; der, obwohl letzte Ursache für den Untergang seines „Vaterlandes," doch immer auch Gegenstand seiner Sehnsucht blieb. In seinen Texten gelangt dieser Zwiespalt — und das wäre die These, die dieser kurze Abriß des sehr komplexen Themas zu illustrieren sucht — in immer wieder neuen Variationen zur Abbildung.

Rekapitulieren wir kurz das Material, das die biographische Forschung in bezug auf Roths Kriegsdienstzeit und sein Verhältnis zu den Ritualen militärischer Formationen zur Verfügung gestellt hat: Zusammen mit seinem Freund, dem späteren bekannten polnischen Schriftsteller József Wittlin, rückte Roth im August 1916 freiwillig in die Einjährigen-Schule des 21. Feldjäger-Bataillons ein; nach seiner Ausbildung in Wien kam er im Frühjahr 1917 nach Galizien, wo er bei der „Kriegszeitung" der im Raum Lemberg (Lwów) stationierten 32. Infanterietruppendivision tätig wurde. Inwieweit er tatsächlich in Kämpfe an der Ostfront verwickelt wurde, ist unbekannt; im Dezember 1918 war er jedenfalls wieder in Wien. Legenden um eine angebliche russische Kriegsgefangenschaft sowie seine Ernennung zum Leutnant werden jedoch von jetzt an von Roth mit erstaunlicher Hartnäckigkeit und Konsequenz genährt,[11] vor allem die Vorstellung, einen Offiziersrang in der österreichisch-ungarischen Armee bekleidet zu haben, entwickelt sich im Laufe der Zeit zu einer fixen Idee — so scheint es zumindest dem außenstehenden Beobachter.

Die Marotte fügt sich jedoch ins Bild, hält man sich einige andere Facetten des Soldaten Joseph Roth vor Augen. In einem Brief an seine Cousine Paula Grübel vom August 1917 findet sich eine der wenigen konkreten Stellungnahmen Roths zu

---

11 Vgl. dazu Bronsen, S.154-85.

seinen Kriegseindrücken: „Hauptsächlich ist das Erleben, die Intensität des Fühlens, das starke Sich-Hineinbohren in das Ereignis. Ich habe furchtbare Momente erlebt und Momente voll grausiger Schönheit" (Briefe,35). Nicht nur diese „satte, strotzende Lebensfülle des jeweiligen Augenblicks, den wir noch lebten oder schon wieder lebten,"[12] fasziniert den Einjährig-Freiwilligen, zumindest in der verklärenden Erinnerung bekommt auch die Ausbildung in der Rekrutenzeit auffallend positive Züge:

> Ich freute mich über den Gleichklang marschierender Schritte und die meinen hörte ich zuerst. Ich war ein guter Soldat. Ich liebte das Exerzieren. Ich liebte es, weil es mich zwang, eine unbeschreibliche unausschöpfliche Dummheit gemeinsam mit den anderen — und mit welch einer Genauigkeit — zu erleben. Ich haßte die Kameraden, die nicht exerzieren konnten oder einen Widerwillen gegen das Militär empfanden. Es waren die feinsten Menschen. Aber es erfüllte mich mit Feindschaft gegen sie, wenn ihre Gewehrläufe bei einem bestimmten Kommando aus der geraden Reihe der anderen hinausragten. Ich konnte nichts gegen *dieses Gefühl*, das ich zu bekämpfen suchte.[13]

David Bronsen, in dessen Besitz sich die zitierten autobiographischen Aufzeichnungen befinden, kommentiert diesen aufschlußreichen Passus mit dem Hinweis auf Roths „Eitelkeit" und „Überlegenheitsgefühl,"[14] doch geht dieser zweifellos am Kern der Sache vorbei, auf die nicht zuletzt auch der überlieferte Stolz Joseph Roths auf seine Uniform und die Abneigung gegen das Tragen von Zivil ein erhellendes Licht werfen. Zielführend dürften in diesem Zusammenhang die von

---
12 IV,509, ("Schluß mit den Kriegsfilmen").
13 Zitiert nach Bronsen, S. 162f.
14 Ebda.

Elias Canetti in *Masse und Macht* angestellten Beobachtungen zur „Erziehung des Soldaten" sein, deren Ergebnis etwas von einer „stereometrischen Figur" an sich habe, den Soldaten zu einem „Gefangenen" mache, der sich seinen „Mauern," also den Verboten, die ihn umgeben, angepaßt habe.[15]

Im Hinblick auf diese Ausführungen gewinnt auch Roths permanente Selbstbeförderung zum Offizier eine unerwartete Plausibilität. Nach Canetti ist die Beförderung „Ausdruck für das verborgene Wirken der Befehlsstacheln," von deren Druck sich der Beförderte in neuen Befehlssituationen — mit ihm als Befehlenden — befreien könne.[16] Von hier aus gesehen entpuppt sich das „Netz von Legenden,"[17] der Mythos, mit dem Roth seine Militärzeit zu umspinnen pflegt, als Akt der Defensive. Unablässig — auch in seinen literarischen Texten — arbeitet er an einem Schutzwall, hinter dem sich die Fiktion einer soldatischen Existenz, die er tatsächlich nicht mehr leben kann, noch erhalten läßt. Dazu gehört auch seine Vorliebe für Ausdrücke aus der Soldatensprache wie etwa „Man muß wissen, mit wem man im Schützengraben liegen kann"[18] sowie die von Zeitgenossen übereinstimmend berichteten forcierten soldatischen Umgangsformen.[19] Joseph Roth verteidigte — wenn man so will — seine stereometrische soldatische Figur noch zu einem Zeitpunkt, an dem die Truppe, oder um Klaus Theweleit zu bemühen, die „Ganzheitsmaschine"[20] Österreich-Ungarns schon längst verfallen war. Der Roman *Radetzkymarsch*, dessen „Welt von Gestern," wie Claudio Magris in seinem Buch über Joseph Roth zurecht hervorhebt, tatsächlich eine „Vorhölle

---

15 Canetti, S. 346.
16 Ebda., S. 350.
17 Nürnberger, S. 48.
18 Bronsen, S. 176 (Interview mit Irmgard Keun).
19 Vgl. Ebda.
20 Siehe Klaus Theweleit, *Männerphantasien*, Bd. 2 *Männerkörper — Zur Psychoanalyse des weißen Terrors* (Frankfurt: Stroemfeld/Roter Stern, 1985), S. 154ff.

der Toten" ist,[21] ist in dieser Perspektive auch ein Roman über das Zum-Stillstand-Kommen und Auseinanderfallen der Maschine, das literarische Protokoll einer langsamen und irreparablen Demontage. Sein Held, der Leutnant Trotta, erkennt auch die Ursache dafür: Bei einer noch im Frieden stattfindenden Gewehrübung kommt es ihm „zum ersten Mal in seinem soldatischen Leben" vor, als ob „die exakten Gliedmaßen der Männer tote Bestandteile toter Maschinen" wären, die „gar nichts erzeugten" (II,204). Illusionslos schildert Roth, wie sich die Kampfkraft der Einheit in der Zerschlagung einer Demonstration von Fabrikarbeitern erschöpft; wie Carl Joseph von Trotta in den zu Kriegsbeginn gehenkten angeblichen Verrätern die Gesichter seiner Soldaten wiederzuerkennen glaubt und schließlich „mit zwei Wassereimern in der Hand" von feindlichen Kosaken erschossen wird (II,312). In einer Welt, die ausschließlich dem Untergang geweiht ist, zerstört sich das Heer, zur Marionette verkommen, konsequenterweise selbst, da der Krieg doch nur dessen Unfähigkeit erweisen würde. Dennoch: Einzelne Soldaten, Teile der Maschine, kehren zurück, überleben den Tod, der für sie bestimmt war und nur in der fiktionalen Welt des *Radetzkymarsches* seine ausnahmslose Ernte hält. So sehr Roth „ein düsterer Historiker, ein Chronist des Endes"[22] ist, so sehr ist er in seinen Romanen der zwanziger Jahre auch ein Chronist des Neubeginns, des Weiterlebens, in einer Welt allerdings, in der es für die „funktionslos" gewordenen, demontierten Soldaten keine Geborgenheit mehr gibt.

ES GIBT KEINEN KRIEG MEHR VORLÄUFIG

Wenden wir uns zunächst in einem kleinen Exkurs der Kritik Roths am Militarismus bzw. seiner Polemik gegen

---

21 Claudio Magris, *Weit von wo. Verlorene Welt des Ostjudentums* (Wien: Europaverlag, 1974), S. 200.
22 Ebda., S. 204.

Joseph Roths Ansichten vom Kriege 137

Monarchismus und Patriotismus während der unmittelbaren Nachkriegszeit zu. In zahlreichen Beiträgen für den Wiener *Neuen Tag*, den *Berliner Börsen-Courier*, den *Vorwärts* sowie für *Lachen links* und *Der Drache* bricht Roth offensichtlich mit seiner eigenen soldatischen Vergangenheit: Geprägt vom sozialistischen Gedankengut der Revolutionstage wettert auch er gegen die Reaktion; schwärmt er für die „Auferstehung des Geistes"[23] und den allerorts geforderten „neuen Menschen" und hat dafür auch konkrete Vorschläge:

> Vielleicht fehlt dem neuen Menschen und der neuen Zeit nicht mehr als ein neues Symbol. Vielleicht sind es nur die alten Zeichen der Macht, die zur Macht verleiten. Denn immer noch ist es der längst zerschlissene Purpurmantel, den sich der jeweilige Eroberer um die Schultern wirft; immer noch ein Fahnenfetzen von jeweils anderer Farbe, den die Hand des „Mächtigen" im Winde flattern läßt; immer noch ein Kampfruf von jeweils anderem Ton, der die Truppen zum „Sieg" führt. „Truppen," „Sieg," Purpurmantel" — am Ende sind nur diese Erfindungen des Teufels daran schuld, daß wir noch immer unterliegen ...(IV,517)

Konsequent fordert Roth daher auch von der Jugend die Abkehr von „hirnverbrannter Ideologie und hohlem Kitsch, haßwütigem Nationalismus und sklavischer Götzenverehrung," vor allem aber auch von den „Popanze(n)" des Militarismus.[24] Den Hauptangriffspunkt seiner Kritik bildet die Absurdität, mit der etwa „Prinzen und Generäle" sich die „neuen Paradeuniformen" reichen lassen und die „Schleppsäbel" und ausziehen, „eine neue Gedenktafel einzuweihen."[25] In diesen und

---

23 IV,515-18, ("Die Auferstehung des Geistes," Erstdruck in *Der neue Tag*, 11.4.1920).
24 Vgl. Joseph Roth, „Versuchsklasse." Zu Otto Glöckels Schulreform, in Sültemeyer, S. 190f.
25 Vgl. „Die Parade," in Sültemeyer, S. 205f.

ähnlichen Ritualen (Reden, Paraden) sieht Roth ebenso die Gefahr eines neuen Krieges heraufziehen wie etwa in den ehemaligen Kriegsberichterstattern, den „Propagandachef(s) der Firma Revanche, General und Co."[26] Er verschließt sich auch keineswegs den Kernpunkten marxistischer Kritik des Weltkrieges, die das Moment der Ausbeutung, die Schaffung eines Militärproletariats in den Vordergrund rückt, wenn er 1924 in *Lachen links* dichtet:

> Wer hat uns in Montur gepreßt
> und unsre Opferstirn betreßt
> mit Troddeln, Totenköpfen,
> und mit Manschettenknöpfen?
> Wer tränkte uns im Bad aus Stahl
> von Celsiusgraden ohne Zahl?
> Der Kaiser und der General,
> der Junker und das Kapital
> der Priester und der Fabrikant,
> Professor mit dem Burschenband
> Der Krämer, der im Laden stand,
> Profite zog vom Hinterland,
> und noch einmal und noch einmal:
> Der Kaiser und der General.[27]

Deutlich spürbar wird hier auch die Kritik an zeitgenössischen Heroisierungsversuchen des Weltkrieges — Ernst Jüngers „Stahlbad"-Erlebnis wird von Roth mehrmals heftig angegriffen;[28] jene zynische, funktionalistische Inanspruchnahme des Bürgers als „Menschenmaterial," wie dies Peter Sloterdijk am Beispiel der „Militärsachlichkeit" des Ersten Weltkrieges und der Weimarer Republik gezeigt hat,[29] lehnt er entschieden ab.

---

26 IV,544, „Der Kriegsberichterstatter," Erstdruck *Lachen links* 1.8.1924.
27 Erstdruck 18.4.1924, hier 1. Strophe zitiert nach Nürnberger, S. 64.
28 Vgl. dazu Marchand, S. 224.
29 Peter Sloterdijk, *Kritik der zynischen Vernunft*, 2. Bd. (Frankfurt: Suhrkamp, 1983), S. 777ff.

Eindrucksvollstes Zeugnis dafür ist wohl der Roman *Die Rebellion*, der mit der Geschichte des Invaliden Andreas Pum das Gegenstück zu dem, was Sloterdijk die „Philosophie der begeisterten Prothese" genannt hat,[30] liefert, und damit das von oben verordnete Glück als leere Phrase entlarvt. Andreas Pum, der im Krieg „ein Bein verloren und eine Auszeichnung bekommen" hat (I,227), ist zunächst mit sich und der Welt zufrieden; die Regierung, Gott, Kaiser, Vaterland akzeptiert als etwas, „das über den Menschen liegt, wie der Himmel über der Erde" (I,227). „Heiden„ ist ein Ausdruck für jene Kameraden, die sich dieser Ordnung widersetzen, und er glaubt, so „Antwort auf viele Rätsel" gefunden zu haben (I,228). An diesem Punkt einer „falschen" Bewußtseinsbildung setzt nun der Erzähler mit einer grausamen Geschichte der Desillusionierung ein: Andreas bekommt die versprochene neue Prothese nicht; er gerät in Konflikt mit den Behörden der Republik und muß zusehen, wie man ihm die Lizenz für seine Existenzgrundlage, das Leierkastenspiel, entzieht und ihn ins Gefängnis sperrt. Im Bild des zugrundegerichteten, todgeweihten Krüppels, der nur mehr am Leben bleibt, „um zu rebellieren: gegen die Welt, die Behörden, gegen die Regierung und gegen Gott," (I,299) gelingt Roth die radikale Antithese zu einer im Geiste des Militarismus lebenden Gesellschaft. Sein Held Andreas findet als Verkäufer in einer Herrentoilette schließlich jene individuelle, das Leben bejahende Freiheit, die den Protagonisten von Roths späten Romanen nicht mehr gegeben ist. Symbolhaft dafür ist Andreas Pums Umgang mit seiner Uniform und den erhaltenen militärischen Auszeichnungen. Während im allgemeinen für das Rothsche Personal die Maxime gilt „Wie ein Sterbender den Körper ablegt, so zieht ein Soldat die Uniform aus"[31] — ein Beispiel dafür wäre der Eichmeister Eibenschütz in dem Roman *Das falsche Gewicht*, der zwölf Jahre „in seiner dunkelbraunen Artillerie-Uniform

---

30 Ebda., S. 802.
31 II,1100, (*Die Geschichte von der 1002. Nacht*).

gehaust" hat und deren „Verlassen" ihn schließlich in Einsamkeit und Tod führt (II,774) —, vertraut der „Rebell" auf den Rat seines zwielichtigen Freundes Willi, der die „geheimen Zusammenhänge zwischen Bedürfnisanstalten und Patriotismus" kennt und die „ornamentale Wirkung eines dekorierten Invaliden im Klosett zu schätzen" weiß (I,304). Er wagt es tatsächlich, seine neue Uniform aus dem Bereich des Mythos abzuziehen und in eine bloße geschäftsfördernde Maßnahme zu verwandeln, geschmückt mit fünf käuflich erworbenen bunten Orden.

Doch nicht nur der Mißbrauch der Uniform als Arbeitskleidung auf dem Abort signalisiert in der *Rebellion* die Negation der traditionellen Machtverhältnisse. Ganz unten auf der sozialen Stufenleiter und völlig vereinsamt, beginnt Andreas Pum zusammen mit seinem musikalischen Papagei Ignatz die Nationalhymne und einige kriegerische Märsche zu verabscheuen. Als deklassierter Außenseiter verwirklicht er jene Forderung, die der Kritiker Joseph Roth an seine Zeitgenossen richtete: die Verweigerung gegenüber den Symbolen der Herrschaft und der Macht. Nicht zufällig sind dies eben jene Symbole, die Roth in seinen späteren Werken leimotivisch zur Charakterisierung der metaphysischen Verbindung seiner Gestalten mit dem nun absolut gesetzten „Reich" einsetzt...

Der Lokus als Ort politischer Agitation hatte übrigens die Aufmerksamkeit des Autors bereits früher auf sich gezogen, und in dem polemischen *Vorwärts*-Artikel „Nationalismus im Abort" vom Dezember 1922 seine gültige Darstellung gefunden: „Nicht nur Siegesalleen — auch Bedürfnisanstalten können die Gesinnung eines Volkes charakterisieren" (IV,526).

In dem Roman *Die Rebellion* scheint der Bruch mit dem Militär vollkommen gelungen zu sein; seine Symbole durch Überführung in bloße Kapitalwerte eines WC-Bediensteten der Lächerlichkeit preisgegeben, sein Zynismus durch Satire des Feldes verwiesen. Und doch kehrte Roth in seinen folgenden Arbeiten — deren Entstehen in die Mitte der zwanziger Jahre fällt, also zu Beginn einer Konjunkturphase des Kriegsromans im gesamten deutschen Sprachraum — zum Krieg zurück. Jetzt bekam dieser langsam jene psychische und physische Qualität, die in den zitierten Reiseberichten aus Frankreich anklingen. Claudio Magris sah darin eine Rückkehr zu der mythischen und metaphorischen Bedeutung des Heeres als „Projektion ostjüdischer Familienhierarchie"[32] — eine Auffassung, die sich vor allem auf die Darstellung der Schlacht von Waterloo in dem Roman *Die hundert Tage* bezieht, in der die Grenadiere Napoleons begeistert „ihrem vertrauten Bruder, dem Tod" entgegengehen, geführt von einem Kaiser, den „unwiderstehliches Heimweh" treibt und der um den Tod geradezu betet (II,585). Eine solche Interpretation heißt jedoch, den Diskurs über die Dimensionen der soldatischen Existenz und den Tod bei Roth in seiner Gesamtheit zu verkürzen und in seiner elementaren Bedeutung zu verkennen. Eben durch den Krieg, die Einordnung in die Truppe, ist eine Wiedervereinigung mit der Familie — so oder so, tot oder lebendig — unmöglich geworden. Einzig der Tod im Gefüge der untergehenden Maschine verspricht Vereinigung und auch einen letzten Sieg — den über das Leben: „Der Tod selbst war es also, der die Kanonen übertönte" (II,584).

Das Scheitern der Heimkehr trotz erfolgreicher Loslösung aus den Klammern der Kriegsmaschine führt Roth auch in dem 1934, knapp vor den *Hundert Tagen* erschienenen Roman *Tarabas. Ein Gast auf dieser Erde* vor — die Geschichte des Tarabas bildet nicht zuletzt die kontrapunktische Entsprechung zu jener des Andreas Pum. Ihr Held, der riesenhafte Ukrainer Nikolaus Tarabas, Sohn eines Gutsbesitzers, ist der soldatische Mensch schlechthin. Ehemals Revolutionär und zu Beginn des Weltkriegs in seine Heimat zurückgekehrt, ist seine erste Handlung, die Uniform, „die er liebte, ähnlich liebte wie Vater, Mutter, Schwester und Haus," (II,339) hervorzuholen und sich zu „rüsten." Solcherart zur „Kampfmaschine" geworden, selbst

---

[32] Magris, *Weit von wo*, S. 102.

das Liebesspiel mit seiner Cousine Maria nur mehr „gerüstet und gestiefelt" vollführend (II,346), wird der Krieg „seine große, blutige Heimat" (II,347); das, was Ernst Jünger in seiner Utopie des idealen Soldaten der „Stahlgestalt"[33] zuschreibt und in den Kriegsromanen der späten zwanziger Jahre zahlreiche Exegesen fand, scheint auch Joseph Roth in dieser Figur zu realisieren:

> Er (Tarabas -J.S.) gehorchte und befahl und alles mit gleicher Lust. Er war der mutigste Offizier in seinem Regiment. ... Mit Pistole und Peitsche trieb er seine zaghaften Bauern zum Sturm, den Mutigen aber gab er ein Beispiel: er lief ihnen voran. ... Seine sichere Hand griff zu, schoß und verfehlte kein Ziel, hielt was sie gefaßt hatte, schlug unerbittlich auf Gesichter und Rücken, ballte sich zur Faust mit grausamen Knöcheln, öffnete sich aber bereitwillig und mit stählerner Zärtlichkeit zu kameradschaftlichem Druck. (II,347)

Claudio Magris' Bemerkung, daß Tarabas „in einem gewissen Sinn die Parodie des ‚großen Menschen' der Nachkriegszeit" darstelle,[34] ist wohl angesichts des von Roth betonten strategischen Untalents seines Helden (II,347) dahingehend zu modifizieren, daß es hier um die Auseinandersetzung mit der Lust mechanisierter Gewaltausübung und der Befreiung davon geht, und so gesehen der Roman auch eine aktuelle Botschaft für den zeitgenössischen Leser zu transportieren hatte. Obwohl Katholik und gottesfürchtig, bleibt Tarabas nach Kriegsende „im Rausch des Blutes, das rings um ihn floß und das er fließen ließ" (II,348), versunken. Inmitten der Apokalypse seiner Welt unternimmt er es, den Gang der Geschichte nicht anzuerkennen: „Die Weltgeschichte, die da von alten Vaterländern winzige neue absplittern ließ, ging den Hauptmann Tarabas gar

---

33 Theweleit, *Männerphantasien*, Bd. 2, S. 206ff.
34 Magris, *Weit von wo*, S. 261.

nichts an. Solange er lebte, wollte er den sogenannten Willen der Geschichte nicht kennen" (II,354). Hält man diese selbstbewußte Aufsässigkeit des Tarabas gegen die gespenstische Hilflosigkeit der Trottas, so gewinnt diese Parabel vom Fall des Soldaten an sich und seiner reuigen Einkehr eine besonders optimistische Note, die eng im historischen Kontext und vor allem im Zusammenhang mit dem „Predigtband" *Der Antichrist* zu sehen ist. Die zum bloßen Selbstzweck depravierte Todesmaschine, der blind funktionierende Soldat kann — so das Fazit — noch gestoppt werden, jedoch nicht mehr.

Zum Schicksal wird dem Soldaten Tarabas das zum Großteil von Juden bewohnte Städtchen Koropta, in das er „wie ein schimmernder König aus Stahl" (II,362) einzieht, „gefährlich neue und eiserne Nöte" mit sich bringend. Tarabas kommt zwar nicht als blutiger Eroberer, sondern im Auftrag einer neuen staatlichen Autorität, und dennoch ist es eine „neue Art von Krieg" (II,360), die das idyllische Städtchen überzieht. Roth erzählt von den Folgen, die die Konfrontation der modernen, technisierten Truppe des Tarabas mit den Denk- und Lebensformen der noch ganz in der althergebrachten Ordnung befangenen Einwohnerschaft nach sich zieht; vor allem für den jüdischen Teil der Bevölkerung wird die Besatzung zum Alptraum, schließlich bricht ein Pogrom aus. Tarabas, der dafür die Verantwortung trägt, erhält durch die Begegnung mit dem rotbärtigen Juden Schemarjah den entscheidenden Anstoß zur Schwächung: Im Kampf um einige Thorarollen reißt Tarabas dem Juden einen Teil des Bartes aus und steckt diesen in seine Taschen — wie durch ein Wunder verliert Tarabas in diesem Moment seine soldatische Qualität; gleichzeitig werden ihm seine Gewalttaten als Verbrechen bewußt. Als Pilger durch das Land ziehend, versucht er nach Quittierung des Dienstes nach Hause heimzukehren, doch wie Franz Tunda steht er auch vor einer verwandelten, fremd gewordenen Heimat. Er, der sich von „der Macht, vom Krieg, von der Uniform" zu trennen vermocht hatte, nicht jedoch von den „heimatlichen, silbernen Birken" (II,453), muß die bittere Erfahrung machen, daß seine

Eltern ihn nicht mehr erkennen, die Mutter ihn vom Hof weisen läßt. In dieser Situation greift Roth zur Charakterisierung des Seelenzustandes seines Helden wieder auf die Todesmetaphorik zurück: „Die Erinnerungen lagen in Tarabas, tot und kalt, Leichen von Erinnerungen. Wie ein steinerner Sarg barg sie sein Herz. Auch der heimatliche Himmel, auch die heimatlichen Wiesen, der vertraute Gesang der Frösche, ... waren tot, obwohl sie Tarabas sichtbar, hörbar und fühlbar umgaben" (II,459). Was sich in der *Flucht ohne Ende* bereits ankündigt — die zunehmende Konnotation des Begriffes „Heimat" mit Todesvorstellungen — wird in *Tarabas* zu seinem konsequenten Ende geführt. „Heimat" und „Tod" fallen zusammen, die Eltern transformieren in „bewegliche Mumien" (II,459), das Sterben des Sohnes dokumentiert die Auswegslosigkeit der Situation.

Das Heilsversprechen, das der Erzähler in dieser nach biblischem Muster erzählten Legende[35] trotz allem mitliefert, nämlich die Überwindung des Soldatentums, fußt in der Religion; für Joseph Roth eine Möglichkeit, wie Magris schreibt, „die Realität auch in ihren verwirrendsten Aspekten anzunehmen und jenseits alles Tragischen zu einer Versöhnung mit dem Leben zu kommen."[36] Der „Führer und Herr" (II,357) Tarabas, ein Held biblischen Ausmaßes und Gleichnis für die Führergestalten der Gegenwart, agiert jedoch jenseits der Geschichte, und auch seine bußfertige Umkehr vollzieht sich in einer ahistorischen Dimension — eine tiefgehende Kritik sozialer Mißstände, insbesondere des Krieges, die Roth in der *Rebellion* noch zu leisten versucht hatte, wird so unmöglich. Das seelische Erweckungserlebnis tritt an die Stelle von Kritik. Wenn die Geschichte, so wie Roth meinte, sinnlos ist, kein „tieferer Sinn und kein historischer Zusammenhang" zu sehen sei,[37] kann es nur mehr individuelle Sinnfindung geben,

---

35 Vgl. dazu Magris, S. 263ff.
36 Ebda., S.261.

allerdings: Den Tod hält Roth für seine Helden auch hier bereit, dem Aufgeben des Heeres folgt kein wirkliches Überleben. Auf seinem Weg von der Macht zu der Ohnmacht, vom „Mächtigen zu einem Demütigen" — den auch Roths Napoleon in *Die hundert Tage* nachvollziehen muß[38] — hat Tarabas den Krieg hinter sich gelassen und stirbt im Kloster; eine zumindest nach außen hin realistischere Variante dieses Themas bietet der 1928 veröffentlichte Roman *Zipper und sein Vater*: als Ich-Erzähler auftretend, erzählt Roth hier vom Schicksal der Familie Zipper im Krieg und ihrem Auseinanderfallen an den sich daraus ergebenden Spätfolgen. Während der ältere Sohn Cäsar an den Folgen einer Verwundung stirbt, kommen der jüngere Sohn Arnold sowie der Erzähler wieder zurück, in eine Welt jedoch, die nicht mehr die ihre ist, sondern die des Vaters. Arnold erhält durch dessen Vermittlung einen Posten auf dem Finanzamt, mit dem er jedoch nicht zufrieden ist:

> Schließlich könnte man sich abfinden mit jeder Tätigkeit, auch wenn sie sinnlos wäre. Das Militär war auch sinnlos. Aber man sah einen Vorgesetzten, er ersetzte den Sinn. Man wurde bestraft, belohnt, jeden Tag und jede Stunde. Man hatte einen Befehl, er ersetzte das Ziel. Im Amt aber siehst du nicht, wohin der Akt kommt, wozu er gemacht wird, für wen. ... „Ich verstehe," sagte ich. „Ich glaube der Krieg hat uns verdorben. Gestehen wir, daß wir zu Unrecht zurückgekommen sind. Wir wissen so viel wie die Toten, wir müssen uns aber dumm stellen, weil wir zufällig am Leben geblieben sind. ... Wir können vielleicht nur noch zwei Sachen, die uns beweisen, daß wir lebendig sind.

---

[37] IV,889, ("Unser Vaterland, unsere Epoche" Erstdruck *Pariser Tageszeitung*, 15./16.1.1939).
[38] Vgl. dazu Esther Steinmann, *Von der Würde des Unscheinbaren. Sinnerfahrung bei Joseph Roth* (Tübingen: Niemeyer, 1984), S. 80f.

> Wir können gehorchen und befehlen. Aber lieber gehorchen als befehlen. (I,469)

In diesem Gespräch Arnolds mit dem Ich-Erzähler tauchen noch einmal die beiden Stereotype auf, die für die literarische Bewältigung des Kriegs- und Nachkriegserlebnisses bei Roth entscheidend sind: Der Abschied von den Schlachtfeldern scheint trotz der rational erkannten Sinnlosigkeit des Geschehens immer auch eine Trennung von einer intensiv erlebten keineswegs negativ bewerteten Erfahrung zu sein, andererseits ist es das Gefühl des Unrechts, das die Heimkehrer verfolgt und nicht zur Ruhe kommen läßt. Nicht Auferstandene von den Toten, Erlöste, sind es, die da zurückkehren, sondern seltsame „zivilistische" Wiedergänger der einstigen soldatischen Existenzen mit einem ausgeprägten Hang zur Nekrophilie. „Leer und kalt"[39] zwischen Friedhöfen und Gräbern lebend, müssen sie mit dem Vorwurf der toten Kameraden, sie *überlebt* zu haben, zu Rande kommen. Folgt man Elias Canetti, so ist dieses Schuldgefühl durchaus eine Realität und vielfach bezeugt[40] — Joseph Roth hat es, wie mir scheint, in seinen Büchern mit selbstquälerischer Aufrichtigkeit kommentiert.

Arnold Zipper versucht, durch den Tausch Schlachtfeld gegen Frau ins wahre Leben zurückzufinden, zumindest aber die Täuschung aufrechtzuerhalten, „noch etwas in dieser Welt zu suchen" zu haben (I,470). Doch sein Ehe verläuft unglücklich; der Entwürdigung durch seine untreue Frau schließt sich nahtlos seine berufliche Deklassierung zum sologeigenden Clown an. Eduard P., der gemeinsame Freund, entwickelt in einer umfassenden abschließenden Analyse die Ursachen dieses Dramas, wobei zum Ausgangspunkt die angebliche Schuld der Väter gewählt wird: „Alle unsere Väter sind an unserem Unglück schuld. Das sind die Väter der Generation, die den

---

39 II,459, (*Tarabas*).
40 Canetti, S. 300.

Krieg gemacht hat. Sie haben ihre Uhrketten, ihre Eheringe für Eisen gegeben. Ach, was waren sie für Patrioten" (I,523). Deutlicher als sonst spricht hier Roth hinter das Versagen der Vätergeneration an; entlarvt er mit bitterer Ironie die katastrophalen Folgen von falsch verstandenem Patriotismus und Kriegshetzerei. Fazit des Eduard P.: „Wir sind irrtümlich zurückgekommen" (I,525). Am sozialen Abstieg des Arnold Zipper demonstriert Roth — ähnlich wie in der Rebellion — die Opferrolle des Sohnes: Er hat keine Kinder und wird von seiner Frau verlassen; seine Kommunikationsfähigkeit ist ein schwacher Abglanz derer des Vaters. Sein Leben, das im Krieg auf die Reaktionsschemata „befehlen — gehorchen" umgepolt wurde, als funktionierendes Teilchen einer „Ganzheitsmaschine" eingepaßt, ist unter diesen Umständen auch im Frieden ein verlorenes.

Vom Übel des Krieges, das die Väter heraufbeschworen und in einem zynischen Diskurs perennierten, können sich Roths Heimkehrer-Söhne nicht mehr erlösen. Gefangen in einer trostlosen Unwirklichkeit zwischen Erinnerung und vergeblichen Annäherungsversuchen an die Realität, kehren sie zum Furchtbarsten und gleichzeitig Faszinierendsten des Krieges, dem Tod, zurück. Zu Beginn des Krieges bereits schien Franz Tunda, der Odysseus des Nachkriegs, von diesem gezeichnet: „Die große Trauer der Welt verschönte ihn damals, die Nähe des Todes vergrößerte ihn, die Weihe eines Begrabenen lag um die Lebendigen, das Kreuz auf der Brust gemahnte an das Kreuz auf einem Hügel" (I,321). Das Sterben für das Vaterland verlor im Grauen des Krieges seine sakrale Aura sehr schnell — die Lüge der Väter triumphierte über das Leben der Söhne in jedem Fall. Am „27. August 1926, um vier Uhr nachmittags," erkennt auch Franz Tunda: „So überflüssig wie er war niemand in der Welt" (I,421).

Die Grenzschenke. Zu einem literarischen Topos

JOACHIM BEUG

Daß einige Figuren und Handlungsorte in Joseph Roths erzählerischem Werk mehrfach vorkommen, ist bekannt; man weiß auch, daß faktische Genauigkeit bei solchen „Wiederholungen" nicht im Interesse des Autors lag. Vielmehr waltet großzügige Unschärfe im Detail, und man darf wohl fragen, ob dieser Sachverhalt einfach als Unaufmerksamkeit, Schlamperei oder gar Gedankenflucht abgetan werden kann? Weiß man doch, mit welcher peinlichen Sorgfalt und Genauigkeit Joseph Roth zum Beispiel seine Sätze gebaut hat.

Eher noch mag es mit dem Status dieses epischen Werkes zu tun haben, das besonders in den späteren Jahren nicht vorrangig oder ausschließlich dem historisch Faktischen verpflichtet war, sondern auf eine lebendige Spannung setzte zwischen Geschichten und Geschichte. Joseph Roth der Geschichtenerzähler verfügt mit einer gewissen Souveränität über seine Figuren und Schauplätze, ohne daß er deshalb den Boden der „Realität" preisgeben oder die historische Wahrheit verleugnen müßte.

Die Grenzschenke, ein mehrfach wiederkehrender Ort, eine Art literarischer Topos in Joseph Roths Werk, ist Gegenstand dieser Untersuchung.

Wie bei dem „Hotelbürger" und Kaffeehausbewohner Roth zu erwarten ist, wimmelt es in seinem Werk von „Gasthäusern" aller erdenklichen Arten, was naturgemäß zu Abgrenzungsproblemen führt. Die Herberge „Zur Kugel am Bein," die im *Stummen Prophet* eine Rolle spielt, wird nicht als Grenzschenke bezeichnet, obwohl sie in Grenznähe steht. Die verrufene Schenke Podgorzews im *Leviathan* liegt nicht in der Nähe der Grenze und scheint doch hierherzugehören; der Gasthof „Zum weißen Adler" aus dem Roman *Tarabas*, der in der Stadt gelegen ist, dagegen nicht. Als Unterscheidungskriterien sollen im Folgenden zwei Hauptmerkmale gelten: Die Grenzschenke liegt nicht in der Stadt (oder im „Stetl"), allenfalls am Rande ordentlicher menschlicher Ansiedlungen. Bürgerliche Stammtische sucht man dort ebenso vergebens, wie ordentliche Geschäftsleute oder Bauern. Die Grenzschenke ist der bürgerlichen Sozietät gegenüber exterritorial — und dementsprechend verrufen. Dazu gehört, daß die Schenke nie geschlossen ist; ihre große Zeit ist die Nacht.

Und — die Grenzschenke liegt an einer Grenze oder in deren Nähe. Roth selbst ist in der grenznahen Stadt Brody geboren und aufgewachsen, und die Nähe der Grenze hat bleibende Eindrücke hinterlassen; sein Werk bezeugt das auf vielfältige Weise. Ob die Grenzschenke ein Vorbild in der Realität hatte, ob ein solches Wirtshaus im Dorf Szwaby stand, wie in *Das falsche Gewicht* angegeben, — es scheint nicht unwahrscheinlich; ich habe es jedoch nicht feststellen können.

Aber das Auffinden der „wirklichen" Grenzschenke wäre ebenso interessant und genauso gänzlich belanglos wie die Identifikation von Kafkas Schloß, um die sich Klaus Wagenbach so ernsthaft gekümmert hat. Denn es geht hier nicht um biografische Anlässe sondern um das Lokal aus den Geschichten, die Joseph Roth erzählt hat, um einen „mythischen" Ort in diesem Sinne; und dieser Ort liegt an der Grenze.

Damit hat die Grenzschenke Teil an dem, was Grenzen als Lokalität kennzeichnet: das „neither here nor there," zum einen Reich schon nicht mehr ganz, zum anderen noch nicht gehörig, das „Niemandsland" zwischen den Schlagbäumen oder, strenger genommen, ein Nichts und Nirgends, reinstes Dazwischen. Liegt es im Wesen der Grenze, zwei Bereiche voneinander zu trennen, so kann doch gerade an der Grenze selbst auch Vermischung statthaben.

Die Grenzschenke partizipiert — zumindest virtuell — an der Bedeutung von Grenzen im weiteren und auch im übertragenen Sinn und damit an der Möglichkeit der

Grenzüberschreitung: Grenzen zwischen Licht und Dunkel, Tag und Nacht, zwischen Flüssigem und Festem, um mit den Grenzziehungen des ersten Schöpfungstages zu beginnen; aber auch die Grenzen der menschlichen Körperlichkeit, Innen und Außen, Grenzen des Bewußtseins und der Wahrnehmung, Grenzen zwischen Menschen, die Grenze zwischen Vergangenheit und Zukunft, zwischen Leben und Tod. In allen Fällen kann man die scharfe Trennung und auch die Vermischung der Bereiche denken.

Die Weisheit des Bibelworts rät ab von der Überschreitung der Grenzen: „Bleibe im Lande und nähre dich redlich!" Auch Goethes „Man wandelt nicht ungestraft unter Palmen" kann wohl nur als Warnung verstanden werden, die heimatlichen Gefilde nicht zu verlassen. „Gehe hinüber!" sagt vielleicht der Weise in Kafkas Text *Von den Gleichnissen*, aber diese hypothetische Aufforderung ist schwerlich als Rat zum Grenzübertritt aufzufassen.

Aus der Einstellung Grenzen gegenüber ließe sich eine ganze Typologie — und eine Kritik — menschlichen Verhaltens ableiten: Da gäbe es dann neben den Häuslichen und Seßhaften die kühnen Grenzüberschreiter, Abenteurer, Revolutionäre, Forscher; und die Ruhelosen, ewig Flüchtigen; die, die nie wirklich über eine Grenze hinauskommen und die Wiederholungstäter, die immer wieder dieselbe Grenze überschreiten; und schließlich die Grenzsiedler, die von Grenzsituationen angezogen Übergangslagen auf Dauer besetzt halten ... und eine Vielzahl anderer Spielarten.

Wann immer Joseph Roth die Grenzschenke einführt, ist die Rede von der Herkunft und Genealogie des Schankwirtes. Der Großvater des Regimentsarztes Dr. Demant, Freund Carl Joseph von Trottas in *Radetzkymarsch* war Wirt der Grenzschenke gewesen, die ihm „von Urvätern her vermacht" (II,82) worden war. Großvater Demant war der letzte in einer Dynastie von Grenzwirten, deren Anfänge in mythische Vorzeit zurückgehen. Der Regimentsarzt Demant erinnert sich noch deutlich seines Großvaters: „Vor dem großen Torbogen der Grenzschenke saß er, zu jeder Stunde des Tages. Sein mächtiger Bart aus gekräuseltem Silber verhüllte seine Brust und reichte bis zu den Knien. Um ihn schwebte der Geruch von Dünger und Milch und Pferden und Heu. Vor seiner Schenke saß er, ein alter König unter den Schankwirten" (II,81).

Zu den Abzeichen der Würde dieses Patriarchen gehören neben Silberbart und Körpergröße die gesicherte Abstammung und seine Gelehrtheit und Frömmigkeit. „Am Samstag saß er gebeugt über großen und frommen Büchern. Sein silberner Bart bedeckte die untere Hälfte der schwarzbedruckten Seiten" (II,82).

Dieser Urschankwirt aus dem Geist jüdischer Geschichten wird nun, so will es Joseph Roth, in die Zeitgeschichte gestoßen. Er hatte nämlich, der königliche Patriarch, einen Sohn, „der mittlerer Postbeamter" geworden war, „dem Alten ein Greuel"; und gar einen Enkel in der Uniform eines Offiziers und mörderisch bewaffnet, eben den Regimentsarzt Dr. Demant. Der Großvater „hätte sein Alter verflucht und die Frucht seiner Lenden" (II,82), wenn er es erfahren hätte.

In dieser Weise hat der Wirt und damit die Grenzschenke noch Teil an einer ehrwürdigen, mythischen Ordnung; die aber ist Vergangenheit, ist unterbrochen, abgerissen. Die Grenzschenke in Roths Werken gehört einem Übergangsbereich zu, wo Mythisches an Zeitgeschichte grenzt und sich mit ihr vermischt. Vielleicht läßt sich das erzählerische Werk Roths überhaupt so kennzeichnen: als immer wieder erneuten Versuch — und mit wechselndem Gelingen — Geschichten mit der Geschichte zu konfrontieren, sie an ihr sich bewähren oder scheitern zu lassen; also gerade nicht eine „Flucht aus der Geschichte."

Nach der Chronologie der Werke Roths ist *Der stumme Prophet* der erste Roman, in dem eine Art von Grenzschenke vorkommt, die Herberge „Zur Kugel am Bein." Es ist das erste Haus an der Straße von der Grenze zur Stadt. Ihr Besitzer ist seit 40 Jahren, — eine sehr kurze Zeitspanne gemessen an der Ewigkeit —, der alte Parthagener, der mit seinen drei Söhnen neben der Herberge auch noch die Filiale einer Schiffsgesellschaft leitet.

> Hier kehrten die Flüchtlinge und Deserteure ein und begegneten der reinen und stillen Heiterkeit des Alten mit dem silbernen Bart, der ein Beweis für den blinden Willen der Natur zu sein schien, alle Menschen ohne Rücksicht auf ihre Sünden oder Verdienste schließlich mit der weißen Farbe der Würde zu bekleiden ... Die aufgeregten Flüchtlinge faßten zum Alten sofort Vertrauen und ließen ihm einen guten Teil ihrer mitgebrachten Habe. (I,699)

Die Attribute der Patriarchenwürde, hohes Alter, silberner Bart und die Großen Bücher, sind beim alten Parthagener zwar erkennbar; aber der reinen, stillen Heiterkeit des Alten ist ebensowenig zu trauen, wie der Würde seines weißen Bartes: sie sind eine Folge nur des blinden Willens der Natur! Und die aufgeregten Flüchtlinge müssen für ihr Vertrauen teuer bezahlen. Das große Buch, über dem der alte Parthagener sitzt, ist ein Rechnungsbuch (cf. I,759).

Es ist aufschlußreich, verschiedene Variationen der Figur des Grenzwirts nebeneinander zu stellen. Was über den alten Parthagener gesagt wird, ist nur durch den Vergleich mit dem Großvater Demant als kompromittierte Version des ehrwürdigen Patriarchen zu erkennen.

Neben dem alten Wirt tritt in diesem Roman zum ersten Mal, soweit ich sehe, der Agent und Fälscher Kapturak in der Grenzschenke auf. „Wer war Kapturak? ein winziger Mann von grüngrauer Gesichtsfarbe, dürren Knochen, hurtigen Bewegungen, Bader und Winkelschreiber von Beruf, als Schmuggler berühmt und mit den Grenzbehörden vertraut. Sein Warenschmuggel war nur ein Vorwand für seinen Menschenhandel" (I,699). Dieser Kapturak ist eine Art Komplementärfigur zu dem silberbärtigen Grenzwirt; alterslos scheint er und ist winzig klein und unendlich geschwätzig, während der Wirt großmächtig und schweigsam ist. Mit einer unheimlich wendigen, aber gänzlich gewissenlosen, rein funktionellen Intelligenz begabt, erscheint dieser Zwerg unberührt und unberührbar von menschlichen Leiden oder Leidenschaften: eine schicksallose Gestalt am äußersten Rand des Menschlichen — der reine Geschäftsmann. Kapturak betreibt für die Parthageners eine Art „Legitimationsfabrik," das heißt, zahlungskräftige Flüchtlinge können dort gute, gefälschte Papiere erwerben. Wer nicht zahlen kann, wird abgeschoben oder landet in den Polizeigefängnissen ferner Länder.

Interessant ist zu verfolgen, wie dieser Kapturak den Wandel der Zeiten übersteht. Die Grenzschenke hat beim Ausbruch des Krieges eine zeitgemäße Camouflage angelegt: auf dem Dach weht die Rote Kreuz-Fahne, die Schenke ist verwandelt in eine Art Spital ohne Kranke. Kapturak ist als Feldscher eingerückt und gleich in der ersten Kriegswoche „mit der siegreichen Armee einmarschiert. Ein ganz gewöhnlicher Feldscher! Aber eigentlich bei der Spionage. Mit Beziehungen zum Armeekommando. Er bringt uns gesunde Soldaten, und wir behandeln sie nach verschiedenen Rezepten. Wir geben ihnen Zivilkleider und Papiere, Einspritzungen, Betäubungsmittel, Lähmungserscheinungen und Sehstörungen" (I,758). So berichtet der alte Parthagener. Kapturak sieht in seiner Uniform „friedlicher aus als in ruhigen Zeiten. Damals war er ein Abenteurer. Heute, mitten im großen Abenteuer, ist er ein braver Mann, der seinen bürgerlichen Beruf nicht aufgegeben hat" (I,758). So sagt mit unüberhörbarer Ironie der Erzähler und bestätigt damit die wesentliche Unwandelbarkeit dieser Figur. Man kann sich nicht vorstellen, daß Kapturak sterben könnte; warum? Er lebt nicht, er hat kein Herz.

Dieser Mann ist es, der der Grenzschenke die Kundschaft zuführt, die Flüchtlinge und Deserteure, die er gegen gute Bezahlung illegal über die Grenze schafft. Daß sich die Grenzgänger einem solchen bösen Zwerg anvertrauen müssen, macht deutlich, daß dieser Übergang nicht harmlos ist; sie werden „aus dem Unglück ins Unglück" geführt (I,702). Friedrich Kargan, der Held des Romans *Der stumme Prophet*, ist eine von den hochbewußten und ständig beobachtenden Gestalten, die in den frühen Romanen Roths häufig auftreten. Er, der Außenstehende, kann als Einziger die „Abenteuerlichkeit der nächtlichen Stunden" (I,701) in der Grenzschenke bewußt genießen. Die Flüchtlinge und Deserteure, vom nächtlichen Marsch über die Grenze erschöpft und von Müdigkeit überwältigt, werden sich erst nach langen Jahren und in fernen Ländern an die Unheimlichkeit dieses Ortes erinnern, dieses Ortes „zwischen dem Tod und der Freiheit," „und an die Stille der kreisrunden Nacht, in deren Mitte nur diese eine Schenke beleuchtet war, der helle Kern einer großen Finsternis" (I,701). Deutlicher wird an keiner anderen Stelle ausgesprochen, was die Grenzschenke ist: ein unheimlicher Zwischenort, Mittelpunkt einer rund abgeschlossenen Leere. Wer über die Grenze will, muß da hindurch!

Kargan selbst, der ziellos zwischen den Ländern umherirrt, ist von der Grenzschenke nicht in derselben Weise betroffen wie die Deserteure und Auswanderer. Die Herberge „Zur Kugel am Bein" „steht immer wieder auf seinem Weg" (I,757), sagt der Erzähler. Kargans Lebensweg ist nicht eigentlich zielgerichtet, sondern untersteht dem Gesetz der Wiederholung. Er kommt nicht aus einer Heimat und geht in keine Heimat. Selbst sein Tod steht nicht im Horizont des Romans. Kargan sieht die Grenzschenke detachierter als alle anderen; denn er ist weder so existentiell betroffen wie die Flüchtlinge, noch von der Gewohnheit abgestumpft, wie die Parthageners, und doch träumt er — gewiß nicht zufällig in dieser Herberge — einen Traum, der die ganze Vergeblichkeit seines Lebenswegs anschaubar macht:

> Er sah sich im Traum einen schmalen Weg zwischen Feldern entlanglaufen. Der Weg führte in einen Wald. Es war Nacht. Ein breiter Streifen Licht aus einem

Die Grenzschenke 155

Scheinwerfer huschte über die Felder hin, um den schmalen Pfad zu finden, auf dem Friedrich lief. Der Pfad hatte kein Ende. Man sah die dunkle Masse des Waldes ganz nahe. Aber der Weg machte unerwartete Biegungen, wich einem Stein und einer Wasserlache aus und sooft Friedrich sich entschloß, ihn zu verlassen und geradewegs über die Felder zu laufen, verschwand der Wald vor seinen Blicken. Ein nackter, von weißen Scheinwerfern schamlos entkleideter Himmel lag flach und endlos über der Welt. Hastig suchte er wieder nach dem trügerischen Weg, und er lief, sorgfältig trotz aller Eile, einen Fuß vor den andern, um nur nicht seitwärts zu treten und den Wald vor den Augen zu verlieren. (I,759)

Wie Kargan in diesem Traum die dunkle Masse des Waldes nie erreicht —, des Waldes, der ihn in seinem Dunkel bergen könnte —, so wird er seine eigene Grenze nie überschreiten. Er ist am Ende des Romans der harte, stolze und einsame Zuschauer, „der am Rande der Freuden, der Torheiten und der Schmerzen wandelt ..." (I,846) — am Rande!

Friedrich Kargan ist nicht der einzige unter Roths Helden, der in der Grenzschenke ein Stück Wahrheit über sich selbst erfährt. Etwas durchaus Vergleichbares geschieht in *Das falsche Gewicht*. Dort heißt es: „Die meisten sterben dahin, ohne von sich auch nur ein Körnchen Wahrheit erfahren zu haben. Vielleicht erfahren sie es in der anderen Welt. Manchen aber ist es vergönnt, noch in diesem Leben zu erkennen, was sie eigentlich sind. Sie erkennen es gewöhnlich sehr plötzlich und sie erschrecken gewaltig. Zu dieser Art Menschen gehörte der Eichmeister Eibenschütz" (II,816). Es muß dazu gesagt werden, daß dieser Einbruch von Selbsterkenntis zu einem Zeitpunkt erfolgt, als der Eichmeister aufs engste in die Affären der Grenzschenke verwickelt wird. Davon wird weiter unten noch die Rede sein.

Auch der Korallenhändler Nissen Piczenik in der Erzählung *Der Leviathan* kommt in der verrufenen Schenke Podgorzews (die am äußersten Rande des Städtchens stand) und unter tiefem Erschrecken zu Erkenntnis und Anschauung seiner wahren Sehnsucht: „Er, der keineswegs gewohnt war, in Bildern zu denken, erlebte in dieser Stunde die Vorstellung, daß seine geheime Sehnsucht nach den Wassern und allem, was auf und unter ihnen lebte und geschah, auf einmal an die Oberfläche seines eigenen Lebens gelangte, wie zuweilen ein kostbares und seltsames Tier, gewohnt und heimisch auf dem Grunde des Meeres, aus unbekanntem Grunde an die Oberfläche emporschießt" (III,268). Man wird also sagen dürfen, daß die Grenzschenke ein Ort ist, an dem einen die Selbsterkenntnis überfallen kann; denn, daß es nicht allein die lösende Wirkung des Alkohols sein kann, liegt auf der Hand.

In dem Roman *Die Kapuzinergruft* ist die Grenzschenke wenig mehr als ein Ausflugsort für den Helden Trotta und seine Freunde. Sie liegt in der näheren Umgebung der Grenzstadt Zlotogrod und ist von dort aus mit dem Fiaker zu erreichen. Der Wirt, Jadlowker mit Namen, ist ein uralter, silberbärtiger Jude. Er sitzt vor dem „breiten, mächtig gewölbten, rostbraunen, zweiflügeligen Haustor" wie ein Türhüter vor dem Eingang zur Gesetzlosigkeit. „Er glich einem Winter, der noch die letzten schönen Tage des Herbstes genießen und mitnehmen möchte in jene so nahe Ewigkeit, in der es gar keine Jahreszeiten mehr gibt" (II,895).

Dieser Jadlowker erinnert deutlich an den König der Schankwirte, den Großvater Demant, nur daß er im Begriffe scheint, in die Zeitlosigkeit wieder einzugehen, aus der sich die Dynastie der Grenzwirte herzuleiten schien. Halbgelähmt und stocktaub aber doch sehender als alle Jüngeren um ihn, sitzt dieser uralte Mann gleichsam an der Grenze zur Ewigkeit —, als Monument einer zuendegehenden Ära.

Unter den Besuchern der Grenzschenke, den Landesflüchtigen, Auswanderern und Deserteuren herrscht jene besondere Art von Lärm, „den die plötzlich heimatlos Gewordenen verursachen, die Verzweifelten, alle jene, die eigentlich keine Gegenwart haben, sondern die gerade noch auf dem Weg aus der Vergangenheit in die Zukunft begriffen sind ... Schiffspassagieren in jenem Augenblick ähnlich, in dem sie vom festen Land aus in ein fremdes Schiff über einen schwankenden Steg schreiten" (II,898). Dieser ausgesetzte Ort, für die Gäste ein schwankendes Dazwischen, für den Alten schon nicht mehr in dieser Welt, wird mit Donnerschlag von der Weltgeschichte eingeholt; „...überall klebte das Manifest des Kaisers an den Wänden, der Krieg war da." Eine unheimliche Stille breitet sich aus:

> Sogar der kleine Kapturak ..., der all das viele, das er zu verbergen beruflich und von Natur gezwungen war unter einer unheimlichen geschäftigen Geschwätzigkeit zu verbergen pflegte, saß heute stumm in der Ecke ... der mächtige Donner der Weltgeschichte ließ den kleinen, geschwätzigen Kapturak verstummen und ihr gewaltiger Blitz reduzierte ihn zu einem Schatten ... Der Wirt Jadlowker selbst saß hinter dem Schanktisch, wie ein Unheil-Verkünder, zwar nicht ein Bote des Unheils aber sein Träger; und er sah so aus, als hätte er gar nicht die geringste Lust gehabt, noch neue Gläser einzuschenken, selbst, wenn seine Gäste es verlangt hätten. Was hatte dies alles noch für einen Sinn? Morgen, übermorgen konnten die Russen da sein. Der arme Jadlowker, der noch eine Woche früher so majestätisch dagesessen war, mit seinem silbernen Spitzbärtchen, eine Art Bürgermeister unter den Schankwirten, von der verschwiegenen Protektion der Behörden ebenso beschattet und gesichert, wie von ihrem ehrenden Mißtrauen, sah heute aus wie ein Mensch, der seine ganze Vergangenheit liquidieren muß, ein Opfer der Weltgeschichte eben. (II,899)

Eine schärfere Profilierung des großen historischen Ereignisses ist kaum vorstellbar als dieser Einbruch der Weltgeschichte in diesen weltenfernen Ort und in das Leben seiner Bewohner, und es gibt in diesem Roman keine Anzeichen dafür, daß sich die Schenke, der Wirt und selbst der unverwüstliche Kapturak von diesem Schlag erholen könnten. Eine Welt wird liquidiert, es war eine Welt in der Geschichten erzählt wurden. Für den Roman *Die Kapuzinergruft* ist die Liquidierung der Vergangenheit ein eindringliches und treffendes Signum. Joseph Roth aber hielt an seinen Erinnerungen fest und schrieb wieder und wieder und, wie ich meine, mit wachsendem Erfolg seine Geschichten in die Geschichte ein.

In der „Geschichte des Eichmeisters Anselm Eibenschütz" (*Das falsche Gewicht*) ist die Grenzschenke der zentrale Schauplatz und der Schankwirt Leibusch Jadlowker als Gegenspieler des Eichmeisters eine wichtige Figur. Er wird mit den folgenden Worten des Erzählers eingeführt: „Man muß wissen, wer Leibusch Jadlowker war: von unbekannter Herkunft" (II,779). Mit dieser negativen Bestimmung „von unbekannter Herkunft" wird das Zwielichtige, das historisch und menschlich Unverbundene dieser ans Märchenhafte grenzenden Gestalt auf seine kürzeste Formel gebracht. Gleichwohl ist es bezeichnend, daß der Erzähler diese quasi „mythische" Herkunftslosigkeit nicht auf sich beruhen läßt; vielmehr wird im Verlauf der Geschichte das Licht gerichtlicher Aufklärung in dieses Dunkel geworfen und es stellt sich heraus, daß Name und Herkunft des Jadlowker Fälschungen sind. Er hieß eigentlich Kramrisch, war aus Rußland eingewandert und hatte in Odessa einen Mann ermordet (cf. II,808). Wie er zum Besitzer der Grenzschenke geworden ist, das gehört wie so vieles andere in den Bereich des: „man munkelte ...."

> Auf eine geheimnisvolle, niemals erforschte Weise war der frühere Besitzer, ein alter silberbärtiger Jude, umgekommen. Man hatte ihn eines Tages erfroren

Die Grenzschenke 159

aufgefunden, im Grenzwald, halb schon von Wölfen zerfressen. Kein Mensch, auch der Diener Onufrij nicht, hätte sagen können, warum und wozu der alte Jude mitten im Frost durch den Grenzwald gegangen war. Die Tatsache allein bestand, daß er, der keine Kinder hatte, einen einzigen Erben besaß, nämlich seinen Neffen Leibusch Jadlowker (II,779).

So wird auch in dieser Geschichte an die Dynastie der weißbärtigen, jüdischen Grenzwirte erinnert und die angebliche Verwandtschaft soll dem „Erben" Legitimität und Würde verschaffen. Der Leibusch Jadlowker aber ist in Wahrheit der Mörder des Patriarchen und Usurpator der Macht in der Grenzschenke. Mit seiner Glaubwürdigkeit ist es nicht weit her; die Leute in der Umgebung glauben ihm jetzt jede Untat, jeden Mord, nur seinen Namen glauben sie ihm nicht. Man nennt ihn darum im ganzen Bezirk nur „Leibusch den Wilden" (II,779). Dieser bärenstarke, schlaue und verbrecherische Mensch trägt dazu physiognomische Züge des Todes:

> Er sah das widerliche, breite, stets grinsende Angesicht Jadlowkers an. Ein spitzes, rotblondes Bärtchen zierte es. Man kann sagen: zieren, nichts hätte es entstellen können. Es war blaß, von einer wächsernen Blässe. Zwei winzige grünliche Äuglein glommen darin, wie Lichter, die bereits erloschen sind, und dennoch immer noch Lichter; den Sternen ähnlich, von denen die Astronomen wissen, daß sie seit Jahrtausenden bereits erstorben sind und die wir trotzdem immer noch leuchten sehen. Das einzig Lebendige war noch der rote Spitzbart. Er sah aus wie ein dreieckiges Feuerchen, das etwa überraschenderweise einer längst tot geglaubten, erloschen geglaubten Materie entspringt. (II,795)

Nicht von ungefähr sieht Eibenschütz so bedrohliche Züge im Angesicht des Jadlowker, wird er doch von dessen Hand ermordet werden. Und auch die Flüchtlinge und Deserteure gehen durch die Grenzschenke, wo dieser Wilde herrscht, wie durch ein Totenhaus; ein Leben voller Erinnerungen haben sie hinter sich gelassen, ein anderes unbekanntes vor sich. Es ist denn auch folgerichtig, daß die Cholera, die eines Winters in der Gegend ausbricht und schrecklich wütet, der Grenzschenke und ihren Bewohnern nichts anhaben kann. Nicht minder bedeutsam aber ist andererseits das besondere Interesse, das der Staat der Schenke zukommen läßt: „Man muß wissen, daß die Grenzschenke in Szwaby keine gewöhnliche Schenke war. Um diese Grenzschenke kümmerte sich sogar der Staat. Es war offenbar für den Staat wichtig zu wissen, wieviele und welche Deserteure aus Rußland jeden Tag ankamen" (II,812). So nähert der Erzähler den mythischen Ort der Zeitgeschichte wieder an, auf diese Weise die Spannung von erzählter Geschichte und Historie aufrechterhaltend. Die Geschichte des Eichmeisters Eibenschütz soll weder ins phantastisch Märchenhafte noch in die platte Faktizität abgleiten.

Kapturak, der alterslose Zwerg, der flinke, gewissenlose Menschenhändler — ‚wir kennen ihn schon — , ist Teilhaber und wichtigster Geschäftspartner des Wirtes; er verschafft ihm Kundschaft für die Schenke und den dazugehörigen Laden.

Zum Personal gehört dann noch, neben dem unwandelbar treuen Diener Onufrij, der schon dem silberbärtigen Juden gedient hat, die Frau Euphemia Nikitsch, eine Zigeunerin, zierlich und stark zugleich. Sie gilt als eine Art Besitzstück des Jadlowkers, ist ihm aber keineswegs hörig. Im Gegenteil, sie ist eine Frau von starker, naturhafter Ungebundenheit und Freiheit; für einen kurzen ewigen Sommer wird sie die Geliebte des Eichmeisters, im Herbst aber gesellt sie sich dem Maronibrater Sameschkin zu, der jeden Herbst an der Grenze auftaucht.

Die Klientele schließlich besteht wie in allen Grenzschenken aus den Flüchtlingen und Deserteuren; aber auch anderes Gelichter gehört zu den ständigen Besuchern: Taugenichtse und Verbrecher, Landstreicher, Bettler, Diebe und

Die Grenzschenke 161

Räuber (cf. II,779): Ein verrufener Ort also am äußersten Rande der menschlichen Gesellschaft. Aber in den langen Nächten geht es darinnen menschlich genug zu: Es wird getrunken, getrunken vor allem — und gespielt und gesungen, auch geschlafen und geschnarcht —, und auch die Liebe, vor allem die illegitime findet dort eine Zuflucht.

Die Geschichte des Eichmeisters entfaltet sich an diesem Schauplatz und verbindet sich aufs engste mit dem genannten Personenkreis; hier kommt es zu den Peripetien im Leben dieses einfachen und doch „ganz besonderen" Menschen Anselm Eibenschütz. Daß es sich nicht um die Geschichte eines alltäglichen Menschen handeln wird, macht schon das kurze einleitende Kapitel deutlich. Auf seinen Inspektionsfahrten im Bezirk Zlotogrod, wo er mit den Insignien staatlicher Autorität ausgestattet wie ein Abgesandter der Gerechtigkeitsgöttin Maße und Gewichte zu prüfen hat, kommt er im Sommer auf seinem Einspänner in einer graugoldenen Staubwolke, im Winter auf seinem Schlitten in einer silbernen Schneewolke —, immer aber in eine Wolke gehüllt, einher. Mag diese Wolke auch im Lichte heiterer Ironie erglänzen, so ist doch ein unmißverständliches Zeichen gesetzt.

Eibenschütz wird in den Grenzbezirk und in das Amt des Eichmeisters versetzt, nachdem er die Uniform des Artilleristen ausgezogen hat, „seine geliebte Uniform" — "...wie eine Schnecke, die ihr Haus zu verlassen gezwungen wird" (II,770). Und das einer Frau wegen, die er nicht liebt, wie er viel zu spät bemerkt, die ihm keine Kinder gebiert, ihn betrügt und endlich an der Cholera stirbt. In die Sphäre der Grenzschenke kommt Eibenschütz als ein abgerüsteter Soldat, der die gesicherte Ordnung des Militärlebens aufgeben mußte, um heiraten zu können. Sein mit absoluter Redlichkeit ausgeübtes Amt, seine Unbestechlichkeit und seine Diensttreue in der korrupten, vorkapitalistischen Grenzregion machen ihn zum Außenseiter. Ein früher gepanzerter Mensch wird aufgebrochen, wie das Wintereis auf dem Fluß Struminka in einer warmen Frühlingsnacht kurz nach der Ankunft Eibenschützs in

Zlotogrod. Er macht — und das gibt der Geschichte Richtung und Gewicht — lauter ganz neue Erfahrungen: „Zum ersten Mal" erfährt er Angst; er erschrickt plötzlich und tief bei den ersten Anzeichen von Selbstbefragung und den ersten Schritten zur Selbsterkenntnis. Zum ersten Mal hört er die Stimmen und Geräusche, riecht er die Gerüche der Natur.

Das gewisse Gefühl, „sein Leben sollte erst beginnen" (II,819), greift Besitz von ihm, wie ein Erwachen zu einem ganz anderen Leben, zu einem plötzlichen und neuen Nichtwissen.

Seinen Gegenspieler findet er in dem Grenzwirt Jadlowker, der die Negation des Gesetzes verkörpert, nach dem Eibenschütz angetreten ist. Die unerbittliche Redlichkeit des Eichmeisters kommt dem Wirt, der selber die falschen Gewichte macht, denen Eibenschütz von Amts wegen nachstellt, nicht nur ungelegen, sie ist ihm gänzlich unbegreiflich. Auch die Frau, die Zigeunerin Euphemia Nikitsch, stellt eine Verbindung zwischen den beiden Männern her; sie scheint dem Jadlowker zu gehören, er habe sie irgendwann einmal gefunden und einfach mitgenommen, heißt es. Als aber der Wirt Jadlowker ins Gefängnis kommt, wozu Eibenschütz nicht unwesentlich beiträgt, wird Euphemia die Geliebte des Eichmeisters, der nun auch die Grenzschenke verwalten muß und dort Wohnung nimmt. Die große Liebe dauert nur einen Sommer, aber sie scheint dem Eichmeister ein ganzes Leben, ja zwei oder drei Leben wert zu sein (cf. II,807).

Schließlich sind die beiden Männer aneinander gebunden als Verfolger und Gejagter und als Mörder und Mordopfer, Bindungen, die vom Erzähler durchaus explizit gemacht werden (cf. II,809).

Sie sind schon ein sehr ungleiches Paar: Der Eichmeister, ein abgerüsteter Artillerist, aus der Bahn geworfen und den festen Boden unter den Füßen verlierend, kennt das plötzliche Erschrecken der Selbsterkenntnis; sein Leben erscheint ihm wie ein „Haus, das seinen eigenen Einsturz voraussieht" (II,799); er fühlt sich „vom Schicksal nackt ausgezogen" (II,810); so entblößt, wird er verwundbar, offen und empfänglich,

Die Grenzschenke 163

verführbar, ängstlich und mutig —, kurz —, bereit für die Liebe zu der Frau Euphemia, die ihm abwechselnd als ein reales Wunder und als die Sünde vorkommt. Bei alledem aber hält der Eichmeister bis zuletzt an seiner Diensttreue fest; er treibt seine Unbestechlichkeit unter dem strengen Blick des neuen Gendarmeriewachtmeisters bis zur Bosheit; das Amt wird so zur letzten Gewähr für die schwindende Identität eines Mannes, der so tiefgehende Veränderungen an sich erfährt, daß er sich selbst zu verlieren droht; „er sehnte sich nach sich selbst" (II,843), sagt der Erzähler gegen Ende, als der Eichmeister mit dem „Riesenkummer" im Herzen nur noch seinem Tod entgegenlebt.

Demgegenüber erscheint der Grenzwirt Jadlowker unberührt und unberührbar; gefestigt in seinen an Gewinn orientierten, das Verbrechen nicht scheuenden Motiven; schlau und körperlich stark zugleich; bedenkenlos stellt er sich außerhalb der Gesetze und staatlichen Ordnungen.

Verletzbar ist er allenfalls dadurch, daß er bei aller Schläue die Motive seines Gegenspielers nicht begreifen kann, daß er im Haß auf den Eichmeister seine Beherrschung verliert und so ins Gefängnis kommt. Am Ende ergreift auch ihn eine ganze und ausschließliche Leidenschaft, die, den Eichmeister zu vernichten. Und dieser Mord bringt ihn ins Gefängnis.

So treffen in der Grenzschenke Spieler und Gegenspieler aufeinander und bestimmen gegenseitig ihr Lebensschicksal; „das Unwahrscheinliche" (II,831) geschieht; Grenzen werden aufgerichtet und überschritten, Lebenswege führen zusammen und trennen sich wieder. Des Eichmeisters Lebensbahn führt aus der Sicherheit ins Ungesicherte, zum großen Glück und ins tiefste Unglück und endlich zum ersehnten Tod. Ein Leben klarer und fester Entscheidungen ist es nicht; aber ein Leben von seinem Stern geleitet und seinem Stern gehorsam.

Die Geschichte des Eichmeisters Anselm Eibenschütz erschließt sich nicht zuletzt aus den einander entgegengesetzten Bild- und Assoziationsbereichen des Festen, Starren, Trockenen, Abgeschlossenen und Begrenzten einerseits und des Fließenden, Lösenden, Feuchten, Offenen und entgrenzenden andrerseits. Die Gegenüberstellung dieser beiden Bereiche spielt im Werk Roths überhaupt eine wichtige Rolle; hier sei nur an eine Stelle aus der *Kapuzinergruft* erinnert, wo es heißt: „...: ich glaube immer beobachtet zu haben daß der sogenannte realistische Mensch in der Welt unzugänglich dasteht, wie eine Ringmauer aus Zement und Beton und der sogenannte romantische wie ein offener Garten, in dem die Wahrheit nach Belieben ein- und ausgeht ..." (II,910). In der Geschichte des Eichmeisters Eibenschütz sind es besonders die Beschreibung der unter dem Frost erstarrten Natur und dann des berstenden Eises auf dem Fluß im Frühling, die diesen Gegensatz anschaulich ins Bild bringen. Der Mensch Eibenschütz aber hat Anteil an beiden Bereichen: Sein Amt ist die Aufsicht über das Messen und Wägen und die Eichung der Maße und Gewichte; — und dieses sind paradigmatische Handlungen für den Bereich der festgefügten Ordnung. Wohl betreibt er Verfolgung und Durchsetzung seines Auftrags mit einer Mitleidlosigkeit, die ans Böse grenzt. Allein seine absolute Redlichkeit und Pflichttreue wird ihm noch nach seinem Tod, von höchster Instanz sozusagen, von dem „großen Eichmeister" selber als Rechtfertigung anerkannt.

In der Grenzschenke dagegen macht er die Erfahrung des ganz Anderen: Unter dem lösenden und auflösenden Einfluß des Alkohols, umgeben von Spiel, Gesang, Trauer und Trunkenheit und offen für starke Gerüche und Geschmäcker erfährt Eibenschütz die grenzenlose Liebe, die grenzenlose Verlassenheit und die entgrenzende Sehnsucht nach dem Tod.

Die Grenzschenke bleibt am Ende nicht als ein mythisch unberührbarer Märchenort zurück. „Es ist eine wüste Sache, diese Grenze," ist das Verdikt des Maronibraters Sameschkin beim Abschied im Frühling und er beschließt bei sich, nie wieder „in diese giftige Gegend" zu kommen. Jadlowker und auch Kapturak sitzen im Untersuchungsgefängnis. Die „hinterbliebene" Frau Euphemia Nikitsch allerdings beschließt zu bleiben. Sie sieht noch allerhand Möglichkeiten, „in der

Die Grenzschenke 165

Schenke und sonst" (II,861). Hier setzt sich der Instinkt des wahren Erzählers durch, der den Faden nie endgültig abschneidet, der immer noch einen Anknüpfungspunkt für neue Geschichten bereithält, vielleicht für eine ganze Nacht des Geschichtenerzählens: In der Grenzschenke, nun mit einer Wirtin, Euphemia, und vielleicht in einer gänzlich veränderten politischen Wirklichkeit, weit von jeder Staatsgrenze entfernt — ; sie bliebe doch immer ein Ort, wo Geschichten angesponnen, wo Lebensfäden geknöpft, verwickelt und abgerissen würden; wo ein paar unverwüstliche Gestalten am Rande oder gar außerhalb der menschlichen Sozietät leben und leben lassen — und auch sterben lassen; wo sich Ausgestoßene und Ausgerissene eine kurze lange Nacht einfinden und wieder auseinandergehen; wo die Sinne geöffnet und die Bande gelöst würden von Alkohol und Gesang, von Glücksspiel und Liebeslust und dem Geschmack gesalzener Erbsen.

Macht, Identität und Verwandlung. Joseph Roths frühe Romane

JOHANN SONNLEITNER

War Joseph Roth in der Zwischenkriegszeit einer der angesehensten Feuilletonisten, dem mit den Romanen *Radetzkymarsch* und *Hiob* auch der literarische Durchbruch gelang, so setzte seine Wiederentdeckung, nachdem im Dritten Reich die Werke des jüdischen Schriftstellers verboten waren, nach 1945 erst mit großer Verspätung ein: Hermann Kesten gab 1956 die erste unvollständige Werkausgabe heraus, in der die journalistischen Arbeiten und die frühen sozialkritischen Romane der zwanziger Jahre fehlten. Zugleich zeichnete Kesten für die Entstehung des Klischees verantwortlich, das Roth als Chronisten des Zerfalls der Habsburgermonarchie rezipierte und einem organologischen Modell zufolge dem Autor auch Wachstum und Reife zuschrieb, die seine Meisterwerke hervorgebracht hätten.

Noch vor wenigen Jahren war in einem Porträtessay von Ulrich Greiner zu lesen, daß einige und gerade die „frühen Romane von Joseph Roth etwas Unfertiges, Unausgeführtes haben. Sie wirken hastig, ungeduldig, kurzatmig."[1] Greiner räumt ein, daß diese Mängel mit den Produktionsbedingungen des jungen Roth zusammenhängen könnten. Vielmehr scheint es aber darum zu gehen, die „Meisterwerke" gegen das politisch engagiertere Frühwerk auszuspielen, das im Zentrum dieser Ausführungen stehen soll. Daß in diesen Vorgang auch politische Implikationen des Rezeptionshorizonts einfließen, wird noch zu zeigen sein. Ein weiterer neuralgischer Punkt für die Interpreten ist die politische Orientierung Roths, der auf

---

1 Ulrich Greiner, „Joseph Roth," in *Österreichische Porträts*. Hrsg. Jochen Jung, (Salzburg: Residenz, 1985), Bd 2, S. 356-78.

den ersten Blick die widerspruchsvolle Entwicklung vom sozialistischen zum monarchistischen Publizisten durchmachte. Wohl noch nie zuvor stand die Thematisierung der Macht derart im Reflexionszentrum der österreichischen Literatur wie in der Zwischenkriegszeit. Den Verlust ihrer gesellschaftlichen und ökonomischen Position erlitten allen voran die heimgekehrten und pensionierten Offiziere, die häufig als Protagonisten die Zeitromane bevölkern. Verschärft wurde diese Erfahrung des sozialen Positionsverlustes durch die Auflösung der Monarchie, die das Identifikationspotential eliminierte, welches das Standesbewußtsein der Offiziere begründet hatte. Der Verfall der Kriegsanleihen, die niedrigen Pensionen für abgebaute Offiziere und Beamte und die Inflation verstärkten das ökonomische Elend, so daß beinahe von einer kollektiven Deklassierung der staatstragenden Schicht der Monarchie in der Republik gesprochen werden kann.

Das konservative-revolutionäre Lager machte die Republik für diese Deklassierung verantwortlich — eine simplifizierende Interpretation, über die Karl Kraus schreibt,

> daß die Leute hierzulande nie dümmer waren, als seitdem es eine Republik gibt. Die Dummheit wird der Republik die Schuld geben. Denn sie, die in Sehnsucht nach den Zeiten lebt, die sie dumm gemacht haben, vermag den kürzesten Gedankengang nicht mehr zurückzulegen. Etwa so: Die Monarchie hat uns den Krieg gebracht, der Krieg den Ruin, der Ruin die Republik. Nein sie gewahrt nur die Gleichzeitigkeit von Republik und Ruin: die Republik hat uns den Ruin gebracht.[2]

Der Verlust von Macht und Identität der Offiziere spitzte sich nach ihrer Heimkehr am augenfälligsten in der Situation zu, in der ihnen die Insignien ihrer Position, ihre Rosetten von

---

2 Karl Kraus, „Gespenster," in *Die Fackel*. Nr. 514-18 (Ende Juli 1919), S. 23.

den „Gemeinen" entfernt wurden. Sogar noch in Ernst Lothars *Der Engel mit der Posaune* von 1946 wird diese einschneidende Erfahrung erzählt: „Zwei Soldaten drängten sich von hinten an Franz heran, der eine packte seine Arme, hielt sie wie in einem Schraubstock, während der andere ihm die Kokarde von der Offizierskappe und die drei goldenen Sterne vom Kragen riß. ... Seine Welt ging für ihn unter! Er hätte eben wissen müssen, daß sie schon lange untergegangen war!"[3] Den Wunsch nach „Rache an den verhaßten Offizieren" registriert der Erzähler in Franz Werfels *Barbara oder die Frömmigkeit* (1929) bereits am Beginn des Ersten Weltkriegs. Nach Kriegsende treffen sich in Wien zwei Protagonisten der Revolution, die Werfel retrospektiv verurteilt: „‚Ich glaube, wir werden uns die Distinktionen heruntertrennen müssen, damit wir nicht durchgeprügelt werden,' sagte Roland Weiß zu Ferdinand. Sie traten in ein Haustor. Weiß zog die Nagelschere aus der Tasche, mit der sie sich gegenseitig die goldenen Sterne und die kaiserliche Rosette von der Kappe schnitten. ‚So, jetzt habe ich abgerüstet,' meinte Weiß."[4] Die Vorsichtsmaßnahme war berechtigt, wie ein späterer Heimkehrer, ein Vorgesetzter Ferdinands und untadeliger Vertreter der Monarchie, bei seiner Ankunft im Ostbahnhof erfahren mußte: „‚Weg mit der Rosetten!' brüllte ihn einer der Kerle an. ... Ehe Prechtl noch einen Laut von sich geben konnte, hatte er einen derben Schlag über den Kopf erhalten." Ferdinand versucht ihn zu trösten: „‚Es geht keinem anders. Gestern ist ein General auf der Straße ausgezogen und verprügelt worden.'"[5] Der Schock über die Entmachtung, über die Insubordination saß so tief, daß Prechtl wenige Minuten später stirbt. In Paumgarttens Roman *Repablick*, der im selben Jahr wie Joseph Roths *Die Rebellion* und *Hotel Savoy* erscheint, überfallen junge Männer einen invaliden

---

[3] Ernst Lothar, *Der Engel mit der Posaune. Roman eines Hauses* (Wien: Zsolnay, 1963), S. 297.
[4] Franz Werfel, *Barbara oder die Frömmigkeit* (Wien: Zsolnay, 1929), S. 551.
[5] Ebda., S. 622.

Major mit dem Ruf „Stern owa!": „Ein Messer blitzte auf, und schon lagen die beiden silbernen Sterne auf dem Boden, zertreten von wildstampfenden Füßen."[6] Die Bedeutung der Szene wird noch durch eine Illustration unterstrichen.

In der österreichischen Literatur ist die Rekurrenz dieser Schlüsselszene, die je nach politischer Einstellung des Autors unterschiedlich angelegt wird, insofern signifikant, als in ihr die gesellschaftlichen Konflikte und damit verbundenen Ängste, die zentralen Momente der gesellschaftlichen Veränderung zum Ausdruck kommen.

Mit dem Trauma des verabschiedeten Offiziers, seiner mißlungenen Rückkehr, mit dem damit verbundenen Machtverlust und ihrer Restitution durch die Fortsetzung des Krieges setzt sich Roths erster Roman *Das Spinnennetz* auseinander. Der Roman soll hier nicht als Antwort auf die Frage nach Roths politischer Einstellung in den frühen zwanziger Jahren mißbraucht werden, wie dies vielfach die Sekundärliteratur praktizierte. Die Antworten, welche die Klischees der frühen Roth-Rezeption bis heute weitertradieren, versuchen, Figuren des Romans ausfindig zu machen, die die Ansichten Roths wiedergeben würden. In einer Dissertation aus der DDR von 1977 heißt es:

> Aber ein wirklicher Gegenspieler, ein positiver „Gegenentwurf" ist dieser Benjamin Lenz nicht. Es ist auch keine vollgültige realistische Romangestalt, dazu haftet ihr zuviel Fiktives an. Sie dient Joseph Roth als Medium, die „Zeit" und „Zeitgenossen" mit den Augen des Autors zu sehen. Auch hier zeigen sich die weltanschaulichen Grenzen Roths. Unfähig, in der gesellschaftlichen Wirklichkeit produktive Kräfte und positive

---

6 Karl Paumgartten, *Republick. Eine galgenfröhliche Wiener Legende aus der Zeit der gelben Pest und des roten Todes* (Graz: Heimatverlag Leopold Stocker, 1924), S. 56.

Entwicklungen zu entdecken, verharrt Benjamin Lenz in der absoluten Negation.[7]

Der Gehalt des Romans wird zur Aussage verkürzt. Die Funktion des Gegenspielers Lenz in der Figurenkonstellation, in der Polarität zwischen Macht und Ohnmacht, die das Verhältnis zu Lohse organisiert, wird übergangen. Ähnlich kritisch äußert sich Wolf Marchand über die Figur des Benjamin Lenz: Zur umfassenden Kritik am gesamten System

> trägt auch die ebenso faszinierende wie bedenkliche Gestalt des Benjamin Lenz bei, die nicht leisten kann, was Roth ihr aufbürdet: Parodie des weltherrschaftssüchtigen Weisen von Zion zu sein, selbstsicher, in sich ruhender Gegenpol zu dem verwirrten, mißbrauchten, verängstigt gefährlichen Theodor Lohse, Förderer und Verderber Lohses in einer Person, Zerstörer und einzig berechtigt Überlebender Europas zu gleicher Zeit. Die Faszination durch seine Erfindung nimmt Roth die Schärfe und Klarheit seines analytischen Romanansatzes.[8]

Einigkeit herrscht offenbar darüber, daß Benjamin Lenz eine mißlungene Figur sei, hingegen nicht über die politische Einstellung Roths, die sich aus dem Roman ablesen lasse: In einer Dissertation neueren Datums endet der Abschnitt über *Das Spinnennetz* mit der apodiktischen Feststellung: „Darüber hinaus ist das Verhalten Roths gegenüber dem Proletariat eindeutig revolutionär, obwohl dem Leser letztendlich jedes politische Konzept versagt wird."[9] Wolf Marchand hingegen

---

[7] Werner Komstke, *Joseph Roths Zeitromane. Handlungsstruktur, Erzählform, Figurenwelt als Ausdruck weltanschaulicher Haltung* (Phil. Diss. Jena, 1977), S. 25.
[8] Marchand, S. 64.
[9] Boubakar Sanankoua, *Das Bild der Revolution und die Revolutionäre bei Joseph Roth* (Phil. Diss. Innsbruck, 1983), S.75.

kommt zu dem Schluß: „Selbst wenn Roth später nicht so heftig von seinem politischen Standpunkt und dem Werk dieser Zeit, vor allem dem journalistischen, abgerückt wäre ..., könnte man schon nach dem *Spinnennetz* Zweifel an den Inhalten dieses Sozialismus Roths anmelden."[10] Peter Jansen moniert, die Verlagerung der Handlungsinitiative von Lohse auf Benjamin Lenz bewirke, daß der Roman uneinheitlich, unökonomisch sei und die Geschlossenheit der Fabel gesprengt werde zugunsten der Profilierung der Romangestalten.[11] Jansens Kritik ist der Poetik eines traditionellen Romans, den Vorstellungen von Konsistenz und Entwicklung verpflichtet. Das Fragmentarische der frühen Werke hat Roth selbst in einer Rezension mit dem Titel „Die gesprengte Romanform" gerechtfertigt. Dieses „Bekenntnis zur gesprengten oder gebrochenen Form des Romans, will sagen, zu der stillschweigend anerkannten These, daß der überlieferte Roman mit der ‚geschlossenen Handlung' unmöglich geworden sei" (IV,387), dürfte auch für Roths Frühwerk Gültigkeit haben. Fragmente seien alle, fährt Roth fort, „die Gestalten und ihre Darstellungen, die Zeit und ihre Zeitbilder. Auf die psychologische Konsequenz darf man sich kaum mehr verlassen, geradezu verkehrt manifestieren sich die alten Gesetze der menschlichen Seele" (IV,388). Dieses neue, antipsychologische Konzept des fragmentarischen Romans entspringt nicht einem unbegründeten Innovationsbedürfnis, sondern versucht, der veränderten Realität auch formal gerecht zu werden. Die rapiden ökonomischen und gesellschaftlichen Veränderungen sind durch psychologisch fundierte Entwicklungen der Figuren, durch kohärente Charaktere nicht einzufangen. An die Stelle der Entwicklungen treten bei Roth Brüche, schlagartige Verwandlungen der Figuren. Die Auflösung der fest umschrie-

---

10 Marchand, S. 66.
11 Peter Wilhelm Jansen, *Weltbezug und Erzählhaltung. Eine Untersuchung zum Erzählwerk und zur dichterischen Existenz Joseph Roths* (Phil. Diss. Freiburg, 1958), S. 45.

benen sozialen Identitäten mündet in eine Aufsplitterung des Subjekts in vielfältige, situationsangepaßte Verhaltensweisen, die der „Überlebenskampf" diktierte. Diesen flexiblen Gestalten stehen die statischen Figuren gegenüber, die sich weigern, einmal lustvoll übernommene Identitäten aufzugeben. Extreme Knappheit und Verdichtung, parataktischer Stil, fragmentarische Abschnitte und das häufige Fehlen satirischer Distanz unterscheiden Roths ersten Roman von Heinrich Manns *Der Untertan*, dessen Allmachtsphantasien Theodor Lohse weiterträumt, steigert und in blutige Realität umsetzt: „Sooft er durch das Brandenburgertor ging, träumte er den alten verlorenen Traum vom siegreichen Einzug auf schneeweißem Roß, als berittener Hauptmann an der Spitze seiner Kompagnie, von Tausenden Frauen beachtet, vielleicht von manchen geküßt, von Fahnen umflattert und Jubel umbraust" (I,52). Der Erzähler hat Lohse bereits in die Rolle des Kaisers beim triumphalen Einzug in Berlin nach dem deutsch-französischen Krieg von 1871 versetzt, dem der Untertan Diederich zujubelt:

> Zwei Schritte von ihm ritt der Kaiser hindurch. Diederich konnte ihm ins Gesicht sehen, in den steinernen Ernst und das Blitzen. Ein Rausch, höher und herrlicher als der, den das Bier vermittelt, hob ihn auf die Fußspitzen, trug ihn durch die Luft .... Auf dem Pferd dort, unter dem Tor der siegreichen Einmärsche und mit Zügen steinern und blitzend, ritt die Macht! Die Macht, die über uns hingeht und deren Hufe wir küssen!"[12]

Daß die von den Literaten und der Presse geschürten Siegeshoffnungen sich nicht erfüllt hatten, betrachtet Theodor als Betrug an ihm. Ohne Identifikation mit der Macht, ohne heteronome Determination und auf ein externes Über-Ich angewiesen, ist er lebensunfähig: „Immer hatte Theodor der

---

12 Heinrich Mann, *Der Untertan* (Leipzig: Reclam 1980), S. 51.

fremden Macht geglaubt, jeder fremden, die ihm gegenüberstand" (I,48). Seine adäquate Lebensform wäre die militärische: „In der Armee nur war er glücklich. Was man ihm sagte, mußte er glauben, und die anderen mußten es, wenn er selbst sprach. Theodor wäre gern sein Leben lang bei der Armee geblieben." Mit dieser psychischen Struktur ausgestattet, findet er sich im zivilen Leben der Republik nicht zurecht, es „war grausam, voller Tücke in unbekannten Winkeln" (I,48). Bei der Armee hingegen sind Abhängigkeitsverhältnisse und Hierarchien unmißverständlich festgelegt. Der jeweilige Vorgesetzte besorgt für den Untergebenen das Denken und entbindet ihn der Verantwortung für getroffene Entscheidungen und Handlungen. Nach Canetti besteht die essentielle Leistung des Soldaten im „Widerspruch gegen jede Verlockung, seinen Posten zu verlassen, in welcher Form immer sie an ihn herantreten möge. Dieser Negativismus des Soldaten ... ist sein Rückgrat. All die fließenden Anlässe zu Unternehmungen, wie Lust, Furcht, Unruhe ... unterdrückt er in sich. Er bekämpft sie am besten, indem er sie sich nicht einmal zugesteht." Nur der sei wirklich Soldat, der sich das volle Maß des Verbotenen auf diese intensive Weise einverleibt hat.[13] Der Soldat ist um den Preis radikaler Unterdrückung seiner Wunschproduktion die absoluteste Form des identischen, zweckgerichteten, männlichen Charakters, den Adorno und Horkheimer am Ende einer von radikaler Naturbeherrschung und Rationalität gekennzeichneten Entwicklung des Menschen sehen: Furchtbares habe die Menschheit sich antun müssen, „bis das Selbst, der identische, zweckgerichtete, männliche Charakter des Menschen geschaffen war, und etwas davon wird noch in jeder Kindheit wiederholt."[14]

Das Unvermögen, sich mit neuen Situationen auseinanderzusetzen, die die Fähigkeit zu autonomer Reflexion

---

13 Elias Canetti, *Masse und Macht* (Hamburg: Claasen, 1973), S. 358.
14 Max Horkheimer/Theodor W. Adorno, *Dialektik der Aufklärung* (Frankfurt: Fischer, 1981), S. 33.

erforderten, war Theodor Lohse bereits in der Kindheit antrainiert worden: „Nur das auswendig Gelernte, dessen Klang schon fertig und ein dutzendmal lautlos geformt in seinen Ohren, seiner Kehle lag, konnte er sprechen" (I,48). Der Drill zu ausschließlich repetitiven Leistungen des Kindes bedingt das Versagen des Erwachsenen angesichts einer komplexen Umwelt. Karl Mannheim erläutert den Zusammenhang zwischen autoritärer schulischer Sozialisation und der autistischen Verweigerung der Wahrnehmung:

> Der ganze Aufbau unseres Unterrichtssystems mit seiner Betonung von Prüfungen, Zensuren, Auswendiglernen und Aufzählen von Fakten, trägt möglichst dazu bei, den in einer Epoche der Umwälzung so lebenswichtigen Geist des Experimentierens zu töten. ... Die traditionellen Unterrichtsmethoden waren so lange gerechtfertigt, als es ihre Hauptaufgabe war, den Geist der Gleichartigkeit in grundsätzlichen Dingen und jene Bereitschaft für repetitive Anpassung zu schaffen, die das Wesen einer stationären Gesellschaft bieten. Die gleichen Methoden aber unterbinden das Verständnis für eine in einem Übergangsstadium befindliche Welt, weil sie Wagemut und schöpferische Geistesgegenwart hindern.[15]

Eben diese Geistesgegenwart hat Lenz seinem Gegenspieler voraus.

Theodor Lohse entpuppt sich als Modellfall eines Paranoikers, der sich vor der molekularen Struktur einer sich ständig verändernden Realität fürchtet: „Jede Stunde hatte ein fremdes Gesicht. Alles überraschte ihn" (I,48). Nach einem homosexuellen Abenteuer mit einem Prinzen, das er in der Folge verdrängt, wird er Mitglied einer rechtsradikalen Organi-

---

15 Karl Mannheim, *Diagnose unserer Zeit. Gedanken eines Soziologen* (Zürich: Europaverlag, 1951), S. 65.

sation, einer „unbekannten Macht" (I,56), erhält viel Geld und fühlt sich bedeutend und exponiert, sodaß sich das Grundgefühl der Paranoia, „umstellt zu sein von einer Meute von Feinden, die es alle auf einen abgesehen haben,"[16] einstellt: „Er sah in jedem Passanten einen kommunistischen Spitzel" (I,67). Lohse wittert „in jedem Passanten einen Feind, in jedem Gesinnungsgenossen einen persönlichen Gegner" (I,75). Hier vollzieht sich die erste, allerdings nur scheinbare Verwandlung Theodors. Der Besitz verändert „seine Miene, seinen Gang, seine Haltung, seine Umwelt" (I,57). Die Kündigung beim reichen Efrussi war „Abschluß eines Weges, Ende eines Lebens." Die Veränderung ist nur scheinbar: Sein Vorgesetzter Klitsche demütigt ihn, indem er ihn bezeichnenderweise zwingt, sich auszuziehen. Die Nacktheit wird als Ausdruck absoluter Ohnmacht erlebt, so daß Lohse infantile Regressionswünsche verspürt. Als sein Bestreben, mit „den Großen und Größten" in irgendeinen Kontakt zu gelangen, mißlingt, versucht er, durch Leistung seine Position in der Organisation zu stärken und seinem Vorgesetzten näherzukommen. Er schlüpft in die Rolle des Detektivs und in die der präsumptiven Gegner, der Kommunisten: „Theodor wuchs in Friedrich Trattner hinein" (I,62). Er erfährt deren Absicht, die Siegessäule zu sprengen und vergrößert derart wahnhaft die Gefahr, daß seine Realitätsprüfung aussetzt. „Und während er erzählte, steigerte sich seine Furcht. Er log nicht mehr mit Vorbedacht, sondern schilderte seine ängstlichen Vorstellungen" (I,64). Er hat wieder „Macht über Menschen" (I,63), die ihm ausgeliefert sind. Sein Machtzuwachs hat immer einen tödlichen Preis: Er vernichtet die Gruppe um Klaften, er denunziert den Studenten Günther, dem er freundschaftliche Gefühle entgegenzubringen vorgibt. Mit dem typischen Gestus des Paranoikers wartet er auf den richtigen Augenblick, um dem Gegner die Maske vom Gesicht zu reißen:[17] „Schon betäubte ihn die Macht, Theodor,

---

16 Canetti, S. 526.
17 Ebda., S. 433.

den Mächtigen, ... Er fuhr nach München, mächtig wurde er, übernahm die Leitung" (I,70), so läßt ihn der Erzähler in der erlebten Rede phantasieren. Die in der Stereometrie des Körpers gefangene Wunschproduktion pervertiert zu Vernichtungsphantasien, die im Mord an Günther und Klitsche zur Entladung kommen. Es darf angenommen werden, daß Roth einer der ersten Schriftsteller war, die diesen tödlichen Mechanismus erkannten und beschrieben: „aus Theodors Innern kam das rauschende Rot, es erfüllte ihn, schlug aus ihm, aber es machte ihn leicht, und sein Kopf schien zu schweben, als wäre er mit Luft gefüllt. Es war ein leichter, roter Jubel, ein Triumph, der ihn hob, ein beschwingtes Rauschen, Tod der schweren Gedanken, Befreiung der verborgenen, begraben gewesenen Seele" (I,73). Wie wichtig dem Autor diese Einsicht war, belegt die Rekurrenz dieses Befreiungs- und Triumphgefühls, das Lohse nach dem Gemetzel gegen die streikenden Landarbeiter empfindet: „Aus seinem Innern kam das rauschende Rot, es erfüllte ihn und machte ihn leicht, ein roter Jubel kam über ihn, ein Triumph hob ihn empor" (I,82). Am Höhepunkt seiner Karriere werden dem „Chef der Polizei," wie seine Frau ihn bezeichnet, Blutiggeschlagene vorgeführt: „In Theodor flammte das alte rauschende Rot auf, rote Sonnenräder kreisten vor seinem Auge, ein Jubel sang in ihm, Jubel hob ihn hoch, er freute sich, war leicht und beschwingt" (I,122). In einem völkischen historischen Roman, der im selben Jahr wie *Das Spinnennetz* in einer Zeitschrift zum Abdruck kommt, findet sich eine ähnliche Stelle: Der Held fühlt sich nach dem Ende des Dreißigjährigen Krieges in seiner zivilen Existenz unglücklich. Ein Lied erinnert ihn an bessere Zeiten, an den Krieg: „Eine wilde Melodie wogte da neben ihm, ... war Sporenschlag in blutige Flanken, gellender Wehlaut und Triumphgebrüll, ... war ein rotes Wühlen in warmem, zuckendem, im letzten Schreckensirrsinn sich bäumendem Fleisch und war doch ein herrliches Jagen über alles kleine Leben."[18] Die Befriedigung der Mordlust restituiert ihm seine Identität und seine Funktion, seine Lebenspraxis in der Armee und das damit verbundene Glücksgefühl. Unterdrückung der eigenen Wunschproduktion und Vernichtung des Anderen, der der Fortsetzung des Krieges im Frieden ein Ende setzen möchte, gehören untrennbar zusammen. Nach Canetti ist „der Augenblick des Tötens ... der Augenblick der Macht,"[19] den Lohse immer wieder herbeiführt, denn der Schwager des ermordeten Günther hatte ihn besiegt und in die Flucht geschlagen. Der Feind, der ihn in seiner Ohnmacht gesehen hatte und von seiner Verwundbarkeit weiß, lebt — daran ändern auch die zahlreichen Morde, die Befriedigung seiner Nekrophilie nichts: „Den Gewehrkolben stößt er gegen die Leichen. Er schmettert die Waffe gegen tote Schädel. Sie bersten. Verwundete tritt er mit Absätzen. Er tritt die Gesichter, die Bäuche, die schlaff hängenden Hände. Er nimmt Rache an den Toten, sie wollen nicht sterben" (I,109). Lohses Macht ist bedroht, solang der siegreiche Feind am Leben ist. Nur der Spitzel Benjamin Lenz könnte den Gegner ausfindig machen. Lohse ist erneut abhängig.

Der Jude Benjamin Lenz düpiert die Macht, die sich im Zeichen von Nationalismen, Religionen und Staatsformen legitimiert: „Seine Idee hieß Benjamin Lenz. Er haßte Europa, Christentum, Juden, Monarchen, Republiken, Philosophie, Parteien, Ideale, Nationen. Er diente den Gewalten, um ihre Schwäche, ihre Bosheit, ihre Tücke, ihre Verwundbarkeit zu studieren. Er betrog sie mehr, als er ihnen nützte" (I,92). Die Stelle hat programmatischen Charakter. Abgrundtiefe Skepsis gegen Ideologien und Heilslehren, gegen abstrakte Begriffe, die Angst vor dem Umschlagen von Aufklärung in Mythologie, das zwanzig Jahre später Horkheimer und Adorno analysierten, sind in diesem vorerst befremdenden Programm enthalten.

---

18 Robert Hohlbaum, *Die deutsche Passion*, Leipzig 1924, zitiert nach der Trilogie *Frühlingssturm* (Berlin: Vier Falken Verlag, o.J.), S. 59.
19 Canetti, S. 259.

Einige Belegstellen aus anderen Romanen, auf deren Beweiskraft hier nicht eingegangen werden kann, mögen diese Deutung stützen. „Der stumme Prophet," Friedrich Kargan, entzieht sich immer mehr den Auseinandersetzungen über Politik: „Die ewigen Diskussionen hört er wie einen verworrenen Lärm ohne Sinn. Proletariat, Autokratie, Finanz, herrschende Klasse, Militarismus. Simple Formeln, man mußte sich ihrer bedienen, um zu handeln. Aber sie umfaßten nur einen geringen Teil dessen, was sie zu enthalten vorgaben. Das Leben steckt in den Begriffen wie ein ausgewachsenes Kind in zu kurzen Kleidern" (I,754). Eine ähnliche Überlegung stellt Nikolaus Brandeis in *Rechts und links* an: Die Menschen „leben noch von Idealen, haben Gesinnungen, Häuser, Schulen, Behörden, Pässe, sie sind Patrioten und Antipatrioten, kriegerisch und pazifistisch, national und kosmopolitisch. Ich bin nichts von alledem. Ich habe Vaterländer gehabt, sie sind untergegangen. Ich habe an Gesinnungen geglaubt, sie haben sich verflüchtigt" (I,609).

Nicht Äquidistanz zu Überzeugungen und Einstellungen, sondern deren Negation ist das Programm, das Bewußtsein davon, „worüber man nicht sprechen kann." Über diese Kette von Belegen ließe sich nachweisen, daß Roth auch in der Tradition der österreichischen sprachkritischen Literatur zu sehen ist. Aus dieser Negation positiver Festschreibung dürfte sich auch Roths Lust an den autobiographischen Mystifikationen erklären lassen.

Lenz ist der diametrale Gegensatz, zugleich Gegenfigur zum faschistischen Lohse und entzieht sich einer eindeutigen Identität. Er läßt sich nicht für die im Namen von Ideologien ausgeübte Herrschaft instrumentalisieren. In seiner scheinbaren Unterstützung Lohses — er arbeitet als Spitzel — steckt der Gestus der Verweigerung, er entzieht sich einer eindeutigen Identität, er ist unzuverlässig, subversiv und damit keine Stütze der Macht. Obwohl es heißt, er sei Lohses Freund, photographiert er die Akten des zum „Polizeipräsidenten" aufgestiegenen Offiziers. Seine Widersprüchlichkeit entsteht auch aus der Erzählhaltung: Oft ist nicht zu entscheiden, ob es sich bei der Beschreibung des Bündnisses zwischen Lohse und Lenz um einen Erzählerbericht oder um eine erlebte Rede handelt, in der Lohse seine Wunschvorstellungen äußert.

Ebenso lebenswichtig wie für Lohse ist die Macht für die Hauptfigur der *Rebellion*, Andreas Pum. Während jener die Macht, die er im Frieden verloren hat, zurückerobert, ist Andreas Pum, einfacher Soldat und Invalider im Kriegsspital, damit zufrieden, ihr gehorsamer Untertan zu sein und dadurch mit ihr in Beziehung zu stehen. Den Kontakt zur Obrigkeit stellen die symbolischen Vermittlungen, seine Kriegsauszeichnung und später seine Drehorgellizenz her. Daraus leitet er sein übertriebenes Selbstbewußtsein und seine Verachtung für die Leidensgefährten ab: „Andreas Pum war mit dem Lauf der Dinge zufrieden." Für den Verlust des Beines entschädigt ihn hinreichend eine Auszeichnung: „Er glaubte an einen gerechten Gott."

Er identifiziert die staatliche Obrigkeit schlechthin mit Gott: „die Regierung ist etwas, das über den Menschen liegt wie der Himmel über der Erde. Was von ihr kommt, kann gut oder böse sein, aber immer ist es groß und übermächtig, unerforscht und unerforschbar, wenn auch manchmal für gewöhnliche Menschen verständlich" (I,227). Seine maßlose Ehrfurcht empört sich gegen die Kameraden, die nun auf diese Regierung schimpfen. In seiner Sprachlosigkeit beglückt es ihn außerordentlich, die Bezeichnung „Heiden" für die aufmüpfigen Invaliden zu finden. Die Wortfindung ermöglicht es ihm, sein dualistisches Weltbild zu entwerfen: „Das Wort genügte ihm, es befriedigte seine kreisenden Fragen und gab Antwort auf viele Fragen. Es enthob ihn der Verpflichtung, weiter nachdenken und sich mit der Erforschung der anderen abquälen zu müssen" (I,228). Sein Denken kreist ausschließlich um die Obrigkeit, um Bestrafung und Belohnung, Entsagung und Pflichterfüllung, die sogar noch seine Nahrungsaufnahme bestimmt: Obwohl ihm das Dörrgemüse nicht schmeckt, leert er den Teller: „Er hatte dann das befriedigende Gefühl, eine Pflicht erfüllt zu haben ...

Er bedauerte, daß kein Unteroffizier kam, um die Geschirre zu kontrollieren. Sein Teller war sauber wie sein Gewissen. Ein Sonnenstrahl fiel auf das Porzellan, und es glänzte. Das nahm sich aus wie ein offizielles Lob des Himmels" (I, 229). Pums Bedürfnis nach Anerkennung von oben bringt die Vorstellungskomplexe zur Deckung, das Lob des Himmels ist ihm soviel wert wie das des Unteroffiziers.

Das Ende der Monarchie erschreckt ihn; er beruhigt sich erst, als er erfährt, daß „auch in Republiken Regierungen über die Schicksale des Landes bestimmten" (I,231). Eine ärztliche Kommission entscheidet über sein weiteres Los. Pum simuliert — wohl ohne bewußte Absicht, zu der ihm der Mut gefehlt hätte: „Plötzlich begann Andreas zu zittern. Er sah den Vorsitzenden der Kommission, einen hohen Offizier mit goldenem Kragen und blondem Bart. Bart, Antlitz und Uniformkragen vermischten sich zu einer Masse aus Gold und Weiß" (I,234). Die säkulare Obrigkeit rezipiert er als gottväterliche Imago. Nach Sültemeyer habe Pum zu Gott ein höchst rationales Verhältnis, zur Regierung hingegen wäre sein Bezug irrational, ja sogar metaphysisch.[20] Sültemeyer konzediert, daß das religiöse Motiv in der *Rebellion* zum damaligen Zeitpunkt völlig isoliert von Roths sonstigen Interessen stünde. Unbestritten ist Roths Einsicht in die herrschaftssichernde und — stabilisierende Funktion der Kirche und des Klerus. Meines Erachtens ist es unrichtig, neben der sozialen eine religiös motivierte Fragestellung im Roman zu sehen. Die Kirche und der Staat — ob Monarchie oder Republik — sind für Pum die Konkretisierungen der Macht, die seine „inner standards" bestimmt. Immer wieder werden Priester und Beamte in einem Atemzug genannt: „Fromm, sanft, ordnungsliebend und in vollendeter Harmonie mit den göttlichen und den irdischen Gesetzen. Ein Mensch, der den Priestern ebenso nahestand wie den Beamten ..." (I,249).

---
20 Sültemeyer, S. 123.

Sein Einverständnis mit der Welt kommt durch das Zusammentreffen mit dem saturierten, aber unzufriedenen Bürger Arnold ins Wanken: „Mit dieser Verachtung im Herzen hätte Andreas alle die langen oder kurzen Jahre leben können, ... in dieser warmen und guten Behaglichkeit, in dieser vollendeten Harmonie mit den irdischen und göttlichen Gesetzen, den Priestern ebenso nahe wie den Beamten der Regierung — wenn nicht ein ganz fremder Mann in Andreas Pums Leben getreten wäre, um es zu vernichten ..." (I,254). Der Posamenteriehändler Arnold, ein Spießer mit gehobenen Ansprüchen, empört sich ebenso wie Pum über die unzufriedenen Invaliden. „Einerseits regten ihn die Zeitverhältnisse auf. Er hatte von seinen Ahnen einen ausgeprägten Sinn für Ordnung geerbt, und ihm war, als gingen die Tendenzen der Gegenwart dahin, diverse Ordnungen zu stören. Andererseits näherte er sich jenem Alter eines Familienvaters, in dem eine weibliche Abwechslung zur Erhaltung des inneren Gleichgewichts nötig wird" (I,255). Den Ersatz für die Lust, die ihm die Frau, zuständig für Ordnung und Kinder, nicht gewährt, soll ihm die junge Sekretärin bieten. Ihr Verlobter droht Arnold mit der Anzeige. Schuld an dieser Ungeheuerlichkeit, daß ein „Zirkusmensch" einen angesehenen Unternehmer in Schwierigkeiten bringen darf, sind die „zersetzenden Tendenzen dieser Zeit. Dieser gottverlassenen Gegenwart" (I,261).

Zum Konflikt zwischen dem gegen die Invaliden aufgebrachten Arnold und Pum kommt es in der Straßenbahn, die die Rolle übernommen hat, die „Leute zusammenzuführen." Arnold provoziert ihn, beschimpft ihn als Schwindler und Bolschewik: „Es waren im Wagen zum Unglück kleine Bürger und Frauen, Menschen, die durch die Ereignisse der Revolution verschüchtert, gedrückt, aber nicht minder erbittert, einen zähen Kampf gegen die Gegenwart führten, mit zusammengebissenen Zähnen und würgenden Tränen im Hals rückwärts sahen, in die strahlende Vergangenheit ihres Landes und denen das Wort Bolschewik nichts anderes bedeutete als Raubmörder" (I,264). Der Schaffner, ebenfalls ein autoritärer Charakter, hält es mit Arnold, der ihn „von ferne an einen vorgesetzten Magistratsbeamten gemahnt." Andreas fühlt sich ungerecht behandelt und verweigert die Ausweisleistung: „Andreas beruhigte sich langsam, als er den Mann des Gesetzes sah, mit dem er sich kraft seiner Lizenz, seiner Weltanschauung und seines Ordens verwandt fühlte" (I,266). Der Polizist entzieht ihm die Lizenz: „Er war auf einmal ein Lebender ohne Recht zu leben. Er war gar nichts mehr! Als wenn er aus einem Schiff in den großen Ozean geworfen wäre, so begann seine Seele die verzweifelten Anstrengungen eines Ertrinkenden zu machen, wenn er mit seinem Leierkasten ausging" (I,267). Ohne diesen symbolischen Bezug zur Obrigkeit, der ihm die Uniform ersetzte das Weiterleben nach dem Krieg und die anachronistische Kontinuität seiner Existenz ermöglichte, fühlt er sich ohnmächtig. Er erzählt seiner Frau von dem Vorfall: „Er warf von unten einen scheuen Blick zu ihr hinauf und glich in diesem Augenblick einem Hund, der Prügel erwartet" (I,267).

Damit hat er nicht die ökonomische, sondern auch die psychische Existenzgrundlage verloren. Die Lizenz war seine Distinktion, die ihm von der Obrigkeit verliehen worden war. Der Richter verurteilt ihn zu sechs Wochen Gefängnis und entzieht ihm die Achtung, auf die Andreas Anspruch zu haben glaubte. Bezeichnenderweise nehmen ihm die Häftlinge die Kriegsauszeichnung weg. Damit ist sein physischer und psychischer Untergang besiegelt. Binnen weniger Wochen verwandelt er sich in einen „weißbärtigen Greis, mit einem gelben Gesicht und unzähligen Runzeln" (I,298). Als er seinen Glauben an die Obrigkeit verliert, zerbricht er. Seine Kräfte reichen nicht aus, seine alte Identität abzustreifen. Wohl versucht er nun, die Welt differenzierter wahrzunehmen; als Haltung bleibt ihm nur der Trotz: „Todgeweiht, blieb er am Leben, um zu rebellieren: gegen die Welt, die Behörden, gegen die Regierung und gegen Gott" (I,299). In seiner letzten Stunde wünscht er sich, über die Möglichkeit einer Wiedergeburt nachdenkend, als Revolutionär in die Welt zurückzukehren, der "kühne Reden führt und mit Mord und Brand das Land überzieht, um die verletzte Gerechtigkeit zu sühnen" (I,307). Daraus anarchische Gesinnungen ableiten zu wollen, wie manche Interpreten es versuchten, halte ich für verfehlt.[21] Der autoritäre Charakter Pum geht an seiner Ich-Schwäche zugrunde. Zu einer genuinen Aneignung der Welt, zu autonomen Reflexionsleistungen ist er nicht fähig. Die für Konfliktsituationen nötige Flexibilität fehlt ihm, der starr an seiner Identität des von den Behörden ausgezeichneten und geachteten Invaliden festhält.

Die Hauptfigur aus *Hotel Savoy*, Gabriel Dan, ebenfalls Heimkehrer, zeichnet sich durch jene Flexibilität aus, über die Benjamin Lenz verfügt und ist der diametrale Gegenentwurf zu einem Andreas Pum oder Theodor Lohse. Als Taglöhner, Arbeiter, Nachtwächter, Kofferträger und Bäckergehilfe schlägt er sich durch: „Ich freue mich, wieder ein altes Leben abzustreifen, wie so oft in diesen Jahren. Ich sehe den Soldaten, den Mörder, den fast Gemordeten, den Auferstandenen, den Gefesselten, den Wanderer" (I,131). Seine Überlebenskunst besteht darin, seine sozialen Identitäten wegzuwerfen, um sich zu bewahren: „Im Hotel Savoy konnte ich mit einem Hemd anlangen und es verlassen als der Gebieter von zwanzig Koffern — und immer noch der Gabriel Dan sein" (I,132). Das Hotel bevölkern mehrere Verwandlungskünstler dieser Art: Abel Glanz, der Magnetiseur Zlotogor. Die Negation einer Identität wird bestimmend für die Romanfiguren Roths in den zwanziger Jahren. Brandeis, dem plötzlich das Wertsystem abhanden kommt und der ständig sein Leben ändert, erinnert sich an die Frage eines Wahnsinnigen seines heimatlichen Dorfes: „,Wieviel bist du? Bist du *einer*?' Nein, man war nicht *einer*. Man war zehn, zwanzig, hundert. Je mehr Gelegenheiten das Leben gab, desto mehr Wesen entlockte es uns. Mancher

---

21 Z.B. Werner Sieg, *Zwischen Anarchismus und Fiktion. Eine Untersuchung zum Werk Joseph Roths* (Bonn: Bouvier, 1974).

starb, weil er nichts erlebt hatte, und war sein ganzes Leben nur *einer* gewesen" (I,606). Diese Verweigerungshaltung, die einem emphatischen Lebensbegriff entspringt, ist der faschistischen Ganzheit des Mannes, wie ein Theodor Lohse sie repräsentiert, der exakt abgegrenzten Identität, die sich durch Ausgrenzung und Unterdrückung der Wunschproduktion bildet, entgegengesetzt. Einer der zentralen Begriffe nationalsozialistischer Demagogie war der Begriff der Treue. Wie massiv Roth dagegen anschrieb, belegt die Wiederkehr des Verwandlungsmotivs. Politisch ist Roth in seiner Prosa nicht dort, wo sich scheinbar „Aussagen" aus dem Text herauspräparieren lassen, sondern in der exakten, analytischen Erfassung und Beschreibung der Psychosen der in der Monarchie sozialisierten Heimkehrergeneration. Diese litt nach Kriegsende an Sinndefiziten, setzte einerseits den Krieg gegen den inneren Feind fort, dem man die Schuld an der Niederlage zuschrieb, um die einmal glückhaft angenommene soziale Rolle zu bewahren. Andreas Pum berührt die Frage nach Sieg und Niederlage, nach Monarchie und Republik so gut wie gar nicht. Solange eine Macht existiert, und wenn sie auch nur phantasiert ist, ist sein Bedürfnis nach Unterordnung befriedigt. Diesen psychotischen Figuren stellt Roth die Verwandlungskünstler gegenüber, Gegenfiguren im eigentlichen Sinn, die nicht an realistischen Ansprüchen gemessen werden dürfen, sondern als Negation ihrer lebensverneinenden und lebensvernichtenden Antagonisten, als proteische Figuren auf der Flucht vor ihrer Instrumentalisierung durch die Macht zu sehen sind. Daß diese politisch engagierten Werke, die wie Roths journalistischen Arbeiten illusionslos die Gefahren registrierten, die den jungen Demokratien in Deutschland und Österreich vom völkischen, antidemokratischen und militaristischen Lager drohten, einem Literaturverständnis nach 1945, das auf ewige, zeitlose Kunst zielte, nicht behagte, ist verständlich. Erst die Literaturwissenschaft der siebziger Jahre änderte diese Situation.

Roth's *Hiob* and the Traditions of Ghetto Fiction

RITCHIE ROBERTSON

Hiob is generally recognized as marking a turning-point in Roth's fiction. By 1930 he was disillusioned with his early Socialism. He deplored the spread of mechanized, homogeneous "civilization" that was destroying traditional communities, like the village of Runstedt celebrated in "Der Merseburger Zauberspruch" (III,690-96). And he was tormented by the personal tragedy of his wife's decline into incurable schizophrenia. It is understandable, therefore, that he should have turned nostalgically to the past, to the Habsburg Empire and the world of the Eastern Jews, to supply criteria by which the decay of the modern world could be judged and condemned—though these past worlds are themselves portrayed with some measure of critical irony. Meanwhile, the clipped, Hemingwayesque concision of his earlier novels was replaced by a more lyrical, emotional, plangent style, coinciding with Roth's dismissal of the *Neue Sachlichkeit* to which his earlier work has often been assigned.

The new style found favor with the public. *Hiob* was a bestseller. Thirty thousand copies were sold, and a translation appeared in the United States and Britain.[1] Many of the novel's admirers regard it as a preeminently Jewish novel. Thus David Bronsen, who dates his fascination with Roth from the time he bought a second-hand copy of *Hiob* and sat up reading it till late at night, describes it as quintessentially Jewish ("erzjüdisch," Bronsen, p. 11, p. 72). But the exact nature of its Jewishness is still a matter of controversy. Gershon Shaked has recently described its network of Jewish cultural allusions, the "sociosemiotics of the novel's fictional world," and its intertex-

---

1 Bronsen, pp. 389f.

tual relation not only to the Old Testament but to Jewish legend.[2] Claudio Magris, on the other hand, maintains that instead of evoking the world of the Eastern Jews in realistic detail, the novel reduces it to a set of symbols whose purely abstract and unreal character ("Irrealität und Abstraktheit") preserves them from the pressure of reality.[3] Which of these views is correct? Has Roth represented the traditional world of the Eastern Jews in realistic plenitude or abstract purity? Is this a belated piece of nineteenth-century realism or a modernist work for which external reality is a *fable convenue*, something that the author and reader may construct more or less at will?

Since he was brought up in Brody, on the eastern margins of the Habsburg Empire, one would expect Roth to know a good deal about the traditional life of the Eastern Jews. His grandfather, who died when Roth was thirteen and shared a house with Roth and his mother, was strictly Orthodox and a friend of the Rabbi of Brody. In their household the Jewish holidays were observed and a kosher table was kept. However, Roth was allowed to attend the secular primary school instead of the traditional Torah-Talmud school or *kheyder*, and a few months after his grandfather's death he underwent confirmation instead of *bar-mitsve* (Bronsen, p. 75). This does not suggest any very close attachment to Orthodox Judaism. Roth seems to have known little about the Talmud: a casual reference to the *Shulkhan Arukh* looks like showing off, and Roth's description of this work as "the religious *bon-ton* of Jewish orthodoxy in the diaspora" (quoted in Bronsen, p. 65) is an odd way of referring to a major codification of the Mosaic Law compiled by the scholar Joseph Karo. And although Roth often talked with Eastern Jews in Yiddish, he did not understand the meaning of

---

2 Gershon Shaked, "Wie jüdisch ist ein jüdisch-deutscher Roman? Über Joseph Roths *Hiob, Roman eines einfachen Mannes*," in Stéphane Moses and Albrecht Schöne (eds.), *Juden in der deutschen Literatur* (Frankfurt: Suhrkamp, 1986), pp. 281-92 (quotation from p. 283).
3 Claudio Magris, *Weit von wo: Verlorene Welt des Ostjudentums*, tr. Jutta Prasse, (Vienna: Europaverlag, 1974), p. 113.

the word *batlen*, which he wrongly explains in *Juden auf Wanderschaft* as meaning a joker instead of an improvident person (III,319).

In addition to Roth's own experience, one must look to literary sources for his knowledge of Eastern Jewish culture. Fritz Hackert has pointed out that some of the Yiddish classics were available in German translation, such as the works of Mendele Moykher Sforim, translated by Roth's friend Efraim Frisch; Hackert also draws attention particularly to the Hasidic tales of Perets.[4]

However, the Yiddish classics are only one of the literary traditions in which *Hiob* may be placed, and not, I would suggest, the most obvious. Writers on *Hiob* seem hitherto to have overlooked its affinities with German-Jewish ghetto fiction.[5] This body of fiction has two strands: one that treats Jewish life nostalgically, another that treats it critically. Ghetto fiction dates mainly from the nineteenth century, the period in which the assimilation of the Jews to German and Austrian society did, despite setbacks, seem to be taking place. Assimilation had its price, however: the German Jews were not accepted as Jews, but were under pressure to acquire the educational and social characteristics of the German middle class, summed up in the word *Bildung*. The great Moses Mendelssohn was seen as the example to follow, or, in the words of the historian David Sorkin, as "the Horatio Alger of Bildung."[6]

---

4 Hackert, pp. 54-62; Shaked, p. 286.
5 The fullest survey of ghetto fiction is still J. W. H. Stoffers, *Juden und Ghetto in der deutschen Literatur bis zum Ausgang des Weltkrieges* (Graz: Stiasny, 1939). An excellent brief overview is provided by Jost Hermand, "Karl Emil Franzos: *Der Pojaz*," in his *Unbequeme Literatur* (Heidelberg: Stiehm, 1971), pp. 107-27. More generally, see Steven E. Aschheim, *Brothers and Strangers: The East European Jew in German and German Jewish Consciousness, 1800-1923* (Madison, Wis.: University of Wisconsin Press, 1982).
6 David Sorkin, *The Transformation of German Jewry, 1780-1840* (New York: Oxford University Press, 1987), p. 97.

German-Jewish writers had to assist the process of assimilation by contending against fictional conventions representing the Jews as irredeemably alien, like those in Droste-Hülshoff's *Die Judenbuche*, or as repulsive, dishonest and calculating, like Veitel Itzig in Freytag's *Soll und Haben* and Moses Freudenstein in Raabe's *Der Hungerpastor*. A frequent response was to portray the Jews as possessing all the middle-class German virtues, in particular a warm domestic life. The earliest example may be the Passover feast in Heine's *Der Rabbi von Bacherach*, his unfinished novel begun in the early 1820s. This picture was presented most successfully, however, by Leopold Kompert in a series of Novellen about the Jews of Bohemia, from *Aus dem Ghetto* (1848) to *Geschichten einer Gasse* (1865). Kompert's many imitators included Aron Bernstein, whose Novellen *Mendel Gibbor* (1860) and *Vögele der Maggid* (1865) are set in Prussian Poland; Eduard Kulke with *Aus dem jüdischen Volksleben* (1869); and Salomon Hermann Mosenthal with *Erzählungen aus dem jüdischen Familienleben* (1878). This fiction tends to be sentimental, nostalgic and idyllic. It tones down the alien character of Jewish culture by representing it as quaint but perfectly intelligible. Jewish terms and customs are presented as curious survivals from the past and reassuringly explained by a German translation in brackets, thus "Barmizwe (Einsegnung)" or "Marschallik (Spaßmacher)."

Different problems were raised, however, when it came to representing the Jewish communities further east in Galicia. Many of these were still devoted to Hasidism, an ecstatic and mystical religion that to the heirs of Mendelssohn and the Enlightenment seemed mere superstition. The appearance of the Eastern Jews was felt to be alien and repellent. The extreme poverty of rural Galicia (comparable only to that of early nineteenth-century Ireland) scarcely permitted the middle-class virtues to flourish. Hence the mixture of disgust and compassion in Heine's *Über Polen* (1823), the record of a visit to Poland made in the summer of 1822. His initial reaction was disgust: "The external appearance of the Polish Jew is terrible," he writes about his first sight of a Jewish community. Then, however, his revulsion is tempered by pity: "But compassion soon shouldered out disgust when I took a closer look at the way these people lived; when I saw the pigsty-like hovels which they inhabit and in which they jabber [*mauscheln*], pray, haggle, and are miserable."[7]

Other observers reported on the Galician Jews in a more one-sidedly critical fashion. The Austrian Enlightenment brought forth a number of massive statistical surveys describing not only the Habsburg Empire's geography, its agriculture, its industries and so forth, but also the diverse peoples inhabiting it.[8] Besides the ethnographic sections of these works, we find also ethnographic descriptions of the Eastern Jews and other inhabitants of the Empire. One of the most interesting is *Versuch über die jüdischen Bewohner der österreichischen Monarchie* (1804) by Joseph Rohrer, a former commissioner of police who became professor of statistics at Lemberg. Rohrer mixes description with polemic. He notes with disapproval that Jews are rarely employed in productive labor and never in agriculture. He complains that the ceremonial laws prevent the Jews from performing their duties as citizens. He condemns the Hasidim, although he evinces little first-hand knowledge of them, and he denounces the study of the Talmud: "Der Talmud ist die elendeste historische Legende, welche je von einer Nation oder Religion aufgewiesen und begünstiget ward, verbunden mit einer Casuistik, die allen Forderungen der gesunden Vernunft schnurstraks (*sic*) zuwider läuft."[9] This critical and ethno-

---

[7] Quoted from S. S. Prawer, *Heine's Jewish Comedy: A Study of his Portraits of Jews and Judaism* (Oxford: Clarendon Press, 1983), p. 61. For the original, see Heinrich Heine, *Sämtliche Schriften*, ed. Klaus Briegleb, 6 vols (Munich: Hanser, 1976), 2, pp. 75f.

[8] On this body of writing, see Wolfgang Häusler, *Das galizische Judentum in der Habsburgermonarchie im Lichte der zeitgenössischen Publizistik und Reiseliteratur von 1772-1848* (Vienna: Verlag für Geschichte und Politik, 1979).

[9] Joseph Rohrer, *Versuch über die jüdischen Bewohner der österreichischen Monarchie* (Vienna:—no publisher given—, 1804), p. 123.

graphical approach to the Eastern Jews finds its way into literary accounts of them. The book by Leo Herzberg-Fränkel, *Polnische Juden. Geschichte und Bilder* (1867), published in a series called "Ethnographische Studien," sets out to depict the peculiar customs of the Polish Jews in fictional form. Herzberg-Fränkel is shamelessly tendentious in singling out for depiction those customs of which he most strongly disapproves, such as Talmud study and early marriage. His stories are not of much literary interest; their importance lies in anticipating the work of Karl Emil Franzos, the master of ghetto fiction.

Franzos established his literary reputation with a series of books under the general title *Aus Halb-Asien*, the first of which appeared in 1876. "Half-Asia" was his name for the vast area of Eastern Europe stretching from Poland across Galicia and the Ukraine to the Black Sea, which he described in short stories, essays, and travel sketches. He also achieved fame with fictional works set among the Eastern Jews, notably *Die Juden von Barnow* (1877), *Moschko von Parma* (1880), *Judith Trachtenberg* (1892), and his masterpiece, the posthumously published *Der Pojaz* (1905). Like the nostalgic writers mentioned earlier, Franzos draws attention to the distinctive manners and customs of the Eastern Jews. But instead of representing these customs as merely quaint, he depicts them rather as deplorable forms of oppression and obstacles to progress. Thus he inveighs against the traditional *kheyder* school and the frequent brutality of its teachers. He attacks the custom of arranging marriages for children aged twelve or thirteen. He describes in horrified detail the activities of the *Fehlermacher*, whose business is to save young men from military recruitment by inducing illnesses or injuries. Here is an example of the *Fehlermacher's* sales pitch, addressed to the mother of a potential recruit: "Um dreißig Gulden schneid' ich Ihrem Bengel eine Fußsehne entzwei, daß er zeitlebens hinkt, oder hau' ihm zwei Finger ab, wenn Ihnen das lieber ist! ... Wollen Sie sich's aber mehr kosten lassen, so machen wir was Feines, was sich wieder wegkurieren läßt. Je nachdem der Bursch ist—schicken Sie ihn mir! Vielleicht ein chronisches Magenleiden—sehr zu empfehlen! Oder eine Lungenschwindsucht—ist noch feiner, von der echten nicht zu unterscheiden."[10] Franzos reserves particular venom, however, for Orthodox, especially Hasidic, rabbis, calling them fanatics and obscurantists who deny their followers access to Western culture.

There were, then, two traditions of representing the Eastern Jews, the nostalgic and the critical. And it is no doubt appropriate to place Roth, albeit with qualifications, in the nostalgic camp. But this judgement needs to be underpinned by a literary examination of *Hiob*. It is easy to cite examples of Roth's nostalgia for the Eastern Jews who lived, as he put it, "in the truth and warmth of tradition" ("in der wahren und warmen Tradition," III,297). But it would be wrong to regard Roth's ideology as existing outside the novel and brought into it from outside. Any literary genre that a writer adopts will already contain an ideology. The writer may qualify and complicate that latent ideology, but cannot get away from it altogether. The critical representation of Eastern Jewish life tends towards satire, while its nostalgic counterpart tends towards the idyll, drawing on the strong idyllic tradition present in nineteenth-century German fiction. Admittedly, Roth's impoverished Zuchnow is not the pastoral never-never land that the word "idyll" may suggest, nor is it the essentially happy and stable rural environment described by, say, Stifter in *Bunte Steine*; but it does form a relatively idyllic contrast to the modern world typified by New York.

Similarly, Roth's knowledge of Eastern Jewish life is important, but it is also important to note that information

---

10 Karl Emil Franzos, *Der Pojaz* (Königstein/Ts.: Athenäum, 1979), p. 145. Cf. the description of another *Fehlermacher*, Beer Blitzer, in Franzos, *Moschko von Parma: Geschichte eines jüdischen Soldaten* (Leipzig: Duncker & Humblot, 1880), p. 180f. On Franzos, see Fred Sommer, *"Halb-Asien": German Nationalism and the Eastern European Works of Karl Emil Franzos* (Stuttgart: Heinz, 1984); Ritchie Robertson, "Western observers and Eastern Jews: Kafka, Buber, Franzos," *Modern Language Review*, 83 (1988), pp. 87-105.

about Eastern Jewish culture was an integral component of ghetto fiction. Such information might be presented either as quaint or as deplorable. In either event, it was already fictionalized: it had already been given a conventional form which each writer might adapt; but no writer of ghetto fiction was transcribing directly from his observations; he was always dealing with material that was in some measure preformed. And, being preformed, that information already carried a message and was part of a code. Thus a description of the Sabbath is never merely description: depending on the author's predilections, it can signify the pious solidarity or the barbarous superstition of the Jewish community. In this sense, the sociosemiotics of the fictional world, described by Gershon Shaked, is, first and foremost, a system of literary meanings, related only at a remove to systems of meanings operating out there in the world.

In relating his protagonist to a Biblical prototype, in the title and in the development of the narrative, Roth has several precursors. In *Judith die Zweite*, Kompert tells how a Jewish girl saves two people from execution by French troops by offering her body to the French commandant, while Mosenthal supplies a variation on an Old Testament story in *Jephthas Tochter*.[11] Since the Novelle is so concise, an allusive title can be an economical way of suggesting a wider significance, as in Keller's *Romeo und Julia auf dem Dorfe*, or Franzos's *Der Shylock von Barnow*.[12] The Old Testament allusions also suggest continuity between the Jewish present and the seemingly more heroic Jewish past, while assuring us that the presentday Jews are indeed still capable of heroism.

---

11 Leopold Kompert, *Gesammelte Schriften*, 8 vols (Berlin: Louis Gerschel Verlagsbuchhandlung, 1882), 1, pp. 1-27; S. H. Mosenthal, *Gesammelte Werke*, 6 vols, (Stuttgart and Leipzig: Hallberger, 1878), 1, pp. 111-62. On Kompert, see Wilma A. Iggers, "Leopold Kompert, Romancier of the Bohemian Ghetto," *Modern Austrian Literature*, 6 (1973), 3/4, pp. 117-38.
12 In Karl Emil Franzos, *Die Juden von Barnow*, 2nd impression (Stuttgart and Leipzig: Hallberger, 1878).

Descriptions of the Sabbath most often serve to evoke the solidarity and piety of the Jewish community. Their prototype is in Heine's *Die Bäder von Lucca*, where Hirsch-Hyacinth tells how the pedlar Moses Lump celebrates the Sabbath in the bosom of his family, and feels happier even than Rothschild. Another affectionate and ironic evocation of the Sabbath occurs in Heine's poem "Prinzessin Sabbat," again contrasting the Sabbath with the working week when the enchanted dog Israel tramps the muddy streets. One particularly formulaic example from ghetto fiction may stand for many: it is from Herzberg-Fränkel's story *Ein Meschumed* (i.e., an apostate from Judaism):

> Es ist Freitag Abend.
>
> An die Stelle der Kämpfe des Alltagslebens tritt eine friedliche, freudige Ruhe; dem Schweiß der Arbeit, der Sorge einer langen, bangen Woche folgt nun eine Stunde des Friedens und der Rast. Die Jagd ist für vierundzwanzig Stunden unterbrochen und die müden Jäger erlaben sich an der kargen Beute der Woche. Wie den Armen der Anblick der Seinen im Feiertagskleide, wie ihn die helle Stube, der blinkende Wein, die dampfenden Speisen auf dem schneeigen Tische erlabt, nachdem er sechs Tage, an der Kette schleifend gejagt, gehetzt durch das Leben keuchte und sorgenschwer mit dem kargen Schicksal um diese Eine frohe Stunde im trauten Kreise der Seinen kämpfte![13]

Roth too has an obligatory Sabbath scene, near the beginning of *Hiob*, but it is considerably better written, and its idealizing tendency is controlled by the description of the difficulty the Singers have in keeping the candles burning, and by Roth's

---

[13] Leo Härzberg-Fränkel (sic), *Polnische Juden: Geschichten und Bilder* (Vienna: Hilberg, 1867), p. 75. In later publications the author spelt his name Herzberg-Fränkel. Cf. the Sabbath scenes in Franzos, *Der Shylock von Barnow*, in *Die Juden von Barnow*, pp. 12-13; Kompert, *Der Dorfgeher, Gesammelte Schriften*, 2, pp. 5f.

mention of their "careworn festiveness" ("bekümmerter Festlichkeit"). Thus his Sabbath scene conveys a more complex message than is usual in ghetto fiction.

Mendel Singer is a *melamed*, who teaches children the Torah and the Talmud. In the critical tradition of ghetto fiction, Talmud-Torah schools are frequently denounced. Not only did the study of the Torah and its commentaries seem highly unsuitable for children, both because of their aridity and because of their frank reference to sexual matters; but schoolrooms were normally dark, crowded and unhygienic, and the teachers were often brutal. Mendel Singer teaches children in his house, which, we are told, consisted only of a spacious kitchen (I,849). In *Der Pojaz* Franzos presents a teacher called Elias Wohlgeruch who likewise teaches in his kitchen, which is described thus: "Zu der Ausdünstung der vielen Menschen kam der Dunst des Herdes, an welchem Frau Chane Wohlgeruch das Mittagessen bereitete, und überhaupt genau so waltete, wie Schiller singt, nur daß sie nicht bloß den Knaben, sondern auch den Mädchen wehrte und bald dem, bald jenem ihrer Kinder eine ungeheure Maulschelle gab."[14] Meanwhile the teacher beats the children with a bloodstained metal ruler, and later punishes the hero so severely as to break his arm. Whereas Franzos presents a horrifying portrait, Roth presents a reassuring one. Mendel has only twelve pupils; their voices form a "sing-song," and a "clear chorus" that is compared to the sound of bells (I,851; I,858). What they learn is described as "knowledge of the Bible" (I,849); we hear nothing about the intricacies of the Talmud. The impression is a pleasant one; Mendel's class sounds almost like a Christian Sunday school.

Another recurrent figure in ghetto fiction is the physically strong Jew who wants to be a soldier, like Jonas in *Hiob*. In general, military service was regarded by traditional communi-

---

14 Franzos, *Der Pojaz*, p. 37. On this and other aspects of Eastern Jewish life, see Mark Zborowski and Elizabeth Herzog, *Life Is with People: The Culture of the Shtetl* (New York: Schocken, 1952).

ties as a great misfortune, not only because the recruits underwent physical hardships and separation from their families, but because they were unable to keep the dietary laws. Hence the need for the *Fehlermacher*, and hence Jonas and Schemarjah try to make themselves ill by eating and sleeping too little and by drinking too much coffee. However, Jonas, on being accepted, is glad to become a soldier. The physically strong Jew serves to counteract the stereotyped view of Jews as puny and fit only for commerce. In the nostalgic tradition, the Jewish strong man demonstrates that Jews can excel in professions not usually associated with them, like soldiering or farming: thus Mendel Gibbor, the eponymous strong man in Bernstein's story, finally becomes a farmer. Franzos, in *Moschko von Parma*, describes a Jew who uses his strength first by being apprenticed to a blacksmith, then by joining the army; much emphasis is laid on the community's consternation at these unfamiliar career choices. Roth's ideological purpose is somewhat different. Rather than demonstrating the Jews' fitness to enter Gentile society, his strong Jew illustrates the attraction exercised by Gentile society, even by what might seem its less attractive aspects, and the way in which its attraction is causing the Jewish community to disintegrate.

Another type found elsewhere in ghetto fiction is the miracle-working rabbi, the *Wunderrabbi* or *tsaddik*. Such figures were products of the Hasidic movement. While the rabbi is normally not a sacred figure but a learned man who settles disputes, the Hasidic *Wunderrabbi* is supposed to have the power of working miracles by intercession with God. Roth describes such figures admiringly in *Juden auf Wanderschaft*. The rabbi of Kluczýsk, whom Deborah visits, is evidently such a person. Roth tells us about the crowd of petitioners outside his door. He does not mention that a *tsaddik* normally employed several doorkeepers to keep the crowd at bay, and that admission to the presence of the *tsaddik* often required bribes. To writers in the critical tradition, the *tsaddik* was an invaluable opportunity for scurrilous satire. Franzos describes the *tsaddik* of Sadagora sardonically in one of his travel sketches, and in *Der Pojaz* he includes an anecdote about a skeptic who pulls the rabbi's leg by complaining that his wife is so fertile that she bears triplets every ten months and has given him twelve children in three and a half years.[15] Roth's attitude is quite the opposite. While Franzos's *tsaddik* is a corrupt charlatan, Roth's is the chief spiritual authority of the novel, however unacceptable this may be to the secular mind. The *Wunderrabbi* correctly prophesies the eventual curing of Menuchim. And without doubt Roth's positive presentation of the *tsaddik* is intended in all seriousness, for when his wife Friedl became mentally ill in the late 1920s, Roth fetched a Hasidic *Wunderrabbi* from the Jewish quarter of Berlin, to pray and utter formulae in the hope of driving the madness out of her (Bronsen, p. 341).

Also difficult to accept, for quite different reasons, is the figure of Mirjam. Roth emphasizes her sexuality. We hear first that sexual teasing is her main source of pleasure (I,864); thirty pages later she has become completely promiscuous, and Roth's style has deteriorated too: "Sie liebte alle Männer, die Stürme brachen aus ihnen, ihre gewaltigen Hände zündeten dennoch sachte die Flammen im Herzen an. Stepan hießen die Männer, Iwan und Wsewolod. In Amerika gab es noch viel mehr Männer" (I,896). Then we have a long description of Mirjam sensuously feeling her own body (I,897). She talks shamelessly of her dealings with Russian soldiers (I,907), and we learn that she has taught these rather innocent young men all manner of sexual lessons (I,908). When insane, she talks still more shamelessly (I,942). It is not clear what the connection is between Mirjam's promiscuity and her decline into degenerative psychosis; but she is an extreme development of a well-known

---

15 Franzos, *Der Pojaz*, pp. 52-54; id., "Der Ahnherr des Messias," in *Vom Don zur Donau: Neue Kulturbilder aus Halb-Asien*, 2nd ed. (Stuttgart, 1889). See S. Ettinger, "The Hassidic movement—reality and ideals," *Cahiers d'histoire mondiale*, 11, (1968), 251-66.

literary stereotype, that of the *schöne Jüdin* or, to put it bluntly, the sexy Jewess. The best-known example is Rahel in Grillparzer's *Die Jüdin von Toledo*. But the motif occurs also in fiction about the Eastern Jews. Here is an example from a story by Sacher-Masoch set in Galicia, in which the Gentile narrator observes the wife of a Jewish innkeeper:

> Sie war schön, als Moschku sie heimführte, ich wette darauf. Jetzt ist alles so befremdend scharf in ihrem Gesichte. Schmerzen, Schande, Fußtritte, Peitschenhiebe haben in dem Antlitz ihres Volkes gewühlt, bis es diesen glühend welken, wehmüthig höhnischen, demüthig rachelustigen Ausdruck bekam. Sie krümmte ihren hohen Rücken, ihre feinen durchsichtigen Hände spielten mit dem Branntweinmaß, ihre Augen hefteten sich auf den Fremden. Eine glühende, verlangende Seele stieg aus diesen großen schwarzen, wollüstigen Augen, ein Vampyr aus dem Grabe einer verfaulten Menschennatur, und saugte sich in das schöne Antlitz des Fremden.[16]

This passage is a fine example of projection: the narrator disclaims his desire for the innkeeper's wife by crediting her with insidious, destructive sexuality; he depersonalizes her by first referring to her as "die Jüdin" and then by calling her a vampire. The portrayal of Mirjam as perpetually obsessed with sex is equally hard to accept, and indeed it seems decidedly cheap of Roth to have made such heavy use of this soft-porn motif.

At the beginning of this paper I asked whether *Hiob* was a detailed and realistic portrayal of Eastern Jewish culture, as Shaked maintains, or an abstraction from realism, as Magris argues. By drawing attention to the literary antecedents of

---

16 Leopold von Sacher-Masoch, *Don Juan von Kolomea: Galizische Geschichten*, ed. Michael Farin (Bonn: Bouvier, 1985), p. 23. This story was first published in 1866.

Roth's portrayal, and saying that it is at a remove from reality, I have not answered the question, for obviously all realist or verisimilar representation is at a remove from reality. Roland Barthes argued in S/Z that literary realism referred first and foremost, not to the real world, but to a painted representation of the real world: "Ainsi le réalisme (bien mal nommé, en tout cas souvent mal interpreté) consiste, non à copier le réel, mais à copier une copie (peinte) du réel." He argues further that while nineteenth-century representations of reality in fiction are modelled on painting, those in twentieth-century fiction are modelled rather on the theatre.[17] This offers a way of accounting for the formulaic character of many of Roth's descriptions. While certain passages in *Hiob* do have an effect of reality produced by thematically dispensable detail (the description of the Sabbath, for example), many others seem to justify Magris's claim that Roth's fictional world possesses an abstract unreality. For example, Roth's landscape descriptions are as formulaic as those of, say, Eichendorff. The Russian landscape is always described with the aid of croaking frogs and chirping crickets: "quaken" and "zirpen" recur continually. When Schemarjah reaches the house where he is to meet Kapturak, we are told: "Millionen Grillen umzirpten es unaufhörlich, der wispernde Chor der Nacht" (I,880). Slightly later: "Sie schritten also schweigsam durch das dichte Zirpen der Grillen und das tiefe Blau der Nacht" (I,881). "Frösche quakten und Grillen zirpten" (I,898). "Die Frösche quakten bis zum Morgen" (I,904). The hero of *Tarabas* yearns for "dem quakenden Lied der Frösche in den Sümpfen und dem scharfen Gewisper der Grillen auf den Wiesen" (II,327; cf. II,337). And in *Radetzkymarsch*, when Carl Joseph is transferred to the eastern frontier of the Monarchy, the landscape is again infested with frogs: "Im Frühling und im

---

17 Roland Barthes, S/Z, (Paris: Seuil, 1970), p. 61f., (quotation from p. 61). Barthes's remarks on realism are further substantiated in Martin Meisel, *Realizations: Narrative, Pictorial, and Theatrical Arts in Nineteenth-Century England* (Princeton University Press, 1983).

Sommer war die Luft erfüllt von einem unaufhörlichen, satten Quaken der Frösche" (II,129). A little earlier: "Schon quakten die Frösche in den unermeßlichen Sümpfen" (II,127). And when Carl Joseph and his father are on their way to Chojnicki's house, we are told: "Zu beiden Seiten lärmten die unendlichen Chöre der Frösche, dehnten sich die unendlichen, blaugrünen Sümpfe" (II,157).

To say that Roth's descriptions tend to be formulaic is no criticism; but it does indicate his somewhat distant relation to the traditions of nineteenth-century realism to which ghetto fiction belongs. He has adapted ghetto fiction with an economy that is thoroughly modernist. His indications of setting are analogous to stage directions: rather than describing a social or topographical milieu, they evoke an atmosphere. With the hints Roth supplies, the reader is left to construct the setting of *Hiob*.

All the same, Roth's formulaic descriptions are not innocent. He may, as Geoffrey Butler argues, underplay such perils of Eastern Jewish life as antisemitism.[1] He certainly softens many of the potentially repellent aspects of Eastern Jewish culture. The teacher Mendel and the miracle-working Rabbi are both, however gently, idealized. They are not made quaint, as in earlier ghetto fiction, but their strangeness is made more acceptable to Western readers.

The keynote of *Hiob*, then, is nostalgia for the past: Wolf Marchand is right in maintaining that Roth's literary development is "Ausdruck einer fortschreitenden Realitätsflucht," the expression of a flight from reality in which Roth turns away from the appalling modern world in search of a better, simpler, older world.[2] At times Roth's nostalgia could take embarrassingly crude forms. In "Der Merseburger Zauberspruch," Roth's objection to the destruction of the village to make way for a factory complex certainly evokes sympathy; the village itself,

---

1 G. P. Butler, "It's the bitterness that counts: Joseph Roth's 'most Jewish' novel reconsidered," *German Life and Letters* 41, (1988), pp. 227-34 (228).
2 Marchand, p. 7. See also Hartmut Scheible, "Joseph Roths Flucht aus der Geschichte," *T+K*, pp. 56-66.

however, is described in attractively lyrical but suspiciously idyllic terms: "Ja, die Dörfer sind noch an einigen Stellen, wie Dörfer sein sollen, mit Hütten und Gehöften und einer holperigen Straße, mit Geflügelstimmen, Bauernjoppen und Mägden mit Kopftüchern. Der Himmel ist zartblau, wir befinden uns mitten in einem rostgoldenen Herbsttag, am Horizontrand umzingelt von nebligem Silberring" (III,693f.). In *Juden auf Wanderschaft* Roth, without denying the poverty and ignorance of many Eastern Jews, contrasts their way of life favorably with the mechanized, brutalized, materialistic civilization of the West, of which he presents a very stereotyped picture, accusing the Western European of venting his latent bestiality through perversions (III,295).

The message of *Hiob*, however, is a more radical nostalgia. Mendel Singer is only one central figure of the book; the other is the *Wunderrabbi* whose prophecy is fulfilled at the end, and who thus gives the novel its artistic unity. But while the book issues an affront to secular reason by vindicating the *Wunderrabbi*, it also shows the Eastern Jews' culture as caught in an inexorable process of dissolution. And this process, as Bernd Hüppauf rightly says, originates from within their culture: it is the urge to assimilate.[3] Jonas, Schemarjah and Mirjam all want to leave their native culture behind and to join secular society, whether as a soldier, as a businessman or through promiscuous sexuality. The upbeat ending of the book is not ironized; it is far more deeply undermined than that. The fairy-tale aura surrounding Menuchim's reappearance conveys how impossible such a miracle is in reality. It confirms the wisdom of the *Wunderrabbi* but shows how thoroughly the modern world has lost contact with his wisdom. It provides a perfunctory disguise for a message of despair.

---

3 Bernd Hüppauf, "Joseph Roth: Hiob. Der Mythos des Skeptikers," in Gunter E. Grimm and Hans-Peter Bayerdörfer (eds.), *Im Zeichen Hiobs: Jüdische Schriftsteller und deutsche Literatur im 20. Jahrhundert* (Königstein/Ts.: Athenäum, 1985), pp. 309-25 (p. 319).

Austrians in Paris: The Last Novels of Joseph Roth and Ernst Weiß

ANDREW W. BARKER

Once Adolf Hitler had seized power in Germany, the survival of much that we regard today as quintessentially "Austrian" literature lay in the hands of emigré writers who, though no longer resident in Germany, nevertheless chose not to live in Austria. Many were Jews, and many had sought refuge in Paris, the city from which a hundred years earlier Heinrich Heine had launched his tirades against the rottenness in the state of Germany. Two such Austrian emigré Jews were Joseph Roth and Ernst Weiß, men whose very names and destinies made real the rhetoric of Chancellor Schuschnigg's final rallying cry of "Rot-Weiß-Rot bis in den Tod!" delivered to the Austrian parliament on the eve of annexation.

As has been amply documented, the majority of German-language authors living in French exile eked out lives marked by emotional turmoil, intellectual rancor and financial exigency. Stefan Zweig, who in their common exile proved a staunch friend to both Weiß and Roth, sent Roth a letter from Nice in 1936 in which he announced a forthcoming trip to the French capital. Zweig made no bones about his dismay at the poisonous atmosphere prevalent amongst these Parisian exiles:

> Außer Ihnen will ich von Deutschen nur Ernst Weiß sehen. Was ist das für ein widerliches Gegeneinander jetzt— dieser Feldzug gegen Thomas Mann, Hesse, Kolb und meist von Leuten, die, wenn sie sich eine Vorhaut rasch hätten ausborgen können, still oder laut in Deutschland säßen. Warum die Freude Göbbels bereiten, daß das andere Deutschland sich bespuckt wie

weiland Kerr und Kraus! Wie schade das Alles, wie *un*politisch! (Briefe,448)

Within the beleaguered Austrian Republic itself, literary life had been in a parlous state long before the Annexation terminated the existence of any "Austrian" letters as such. The great names of the Habsburg sunset were nearly all dead, and of those who lingered on, Karl Kraus hardly represented the moral force he once had been, compromised as he was by his dalliance with Dollfuß and Austro-Fascism. Kraus's erstwhile foe Franz Werfel had shown little difficulty in accommodating himself to life in Schuschnigg's corporate state. And although he was Jewish Egon Friedell had even applied, albeit unsuccessfully, for membership of the *Reichsschrifttumskammer*. Slightly younger, non-Jewish writers such as Doderer and Gütersloh went a good deal further than Werfel or Friedell, confident in the knowledge of their impeccably Aryan antecedents. Eventually, however, even an "Edelnazi" like Gütersloh found his work condemned by the Nazis as decadent, to the incalculable advantage of his postwar career in Vienna. For Ernst Weiß and Joseph Roth, however, there would be no postwar.

During the 1920s Roth and Weiß had certainly been known to each other; Roth had penned a very positive review of Weiß's impressive and disturbing war story *Franta Zlin* as early as 1921 (IV,332), while Ernst Weiß wrote a general review of Roth's work in the *Berliner Börsen-Courier* of January 4th, 1925.[1] As we shall see, the relationship between the two men could never be called one of friendship, yet however different their outlooks and careers may have been in the prefascist period, the arrival of Adolf Hitler meant that the course of their lives, if not necessarily their works, would henceforth be colored by the shared experience of exile. It is thus fitting that, as Ludwig Marcuse

---

1 E. Weiß, "Die Jugend im Roman," *Berliner Börsen-Courier*, 4 January 1925. Cited in Sven Spieker, "Österreicher, Juden, Emigranten und Rivalen. Aspekte des Pariser Exils von Ernst Weiß und Joseph Roth," *Weiß Blätter*,3, (1985), 18.

recalls in his memoirs, Roth and Weiß should have been together in Berlin on the very day when it must have become all too apparent to both that their only hope for the future was to leave Germany: "Joseph Roth, der Romanschriftsteller Ernst Weiß und ich saßen in der Mampestube am Kurfürstendamm, in der Nähe des Bahnhofs Savignyplatz. Der Kellner ... kam an den Tisch und sagte: 'Der Reichstag brennt.'"[2] According to both Marcuse and Leonhard Frank, Joseph Roth fled from Berlin on this very day, February 27th, 1933.[3] Ernst Weiß eventually arrived in Paris in 1934 via Prague, and their fates thereafter took an ominously similar turn. Both were presented with the opportunity to escape from Europe before calamity overtook both it and them, but neither felt able or willing to avail himself of the opportunity to go to the United States.[4] Walther Mehring and Herta Pauli believed that Weiß simply had no wish to leave, whereas Sven Spieker suggests that had he but known of Mann's intervention on his behalf Weiß would very probably have gone to America.[5] For both men equally, however, life in a fascist Europe was untenable: his end hastened by drink, Joseph Roth died in Paris in May 1939; Ernst Weiß, sick in body and spirit, lived on there until Hitler's troops entered the city on June 15th, 1940. Then he took his own life.

Of the two writers here under discussion, Joseph Roth remains, of course, infinitely the better-known to today's readership. In 1970, with funds provided by the Austrian Ministry of Culture, he even received a shiny new gravestone in the Parisian cemetery where his body still rests, unlike that of Ödön von Horváth, whose remains were recently returned from Paris to an "Ehrengrab" in Vienna. The mortal remains of Ernst Weiß, however, have disappeared forever, lost in some Parisian charnel house. The body of Roth's writing has had a happier

---

2 Cited in Spieker, p. 8.
3 See Spieker, footnote 10, p. 19.
4 See Bronsen, p. 589.
5 See Spieker, p. 18.

fate too, for his work now stands unquestionably in the pantheon of twentieth-century Austro-German letters whereas that of Ernst Weiß still hovers tantalizingly on the brink of more widespread recognition. Even amongst Austrian specialists he thus remains a little-known figure. Yet in a way not directly connected with his writing Weiß is a figure of the greatest importance for the course of Austro-German letters, for it was he who dissuaded his friend Franz Kafka from marrying Felice Bauer. Not without due cause, Felice had little time for Weiß, nor initially had Joseph Roth either, if we are to judge from a letter which he wrote to Pierre Bertaux in 1929. There he characterizes Weiß as someone who is: "gelähmt und kindisch, aus der Pubertät nicht heraus und mit Wonne darin verharrend ... er hat nie 'courage' gehabt. Er hat sich immer geschämt, courage zu haben" (Briefe,148). Despite his earlier regard for *Franta Zlin*, which he felt demonstrated "die Bestialität der vaterländischen Mörderei" even more effectively than did the works of Barbusse and Frank (IV,332), by the end of the 1920s Roth had developed as scant a regard for Weiß's writing as he had for the man himself. He now held Weiß to be little more than a slavish follower of literary fashion and concluded that *Franta Zlin* remained his best work (Briefe,148). As their relationship developed in the years of exile Roth would come, however, to revise once again his opinion of Weiß the artist, if not Weiß the man. Yet for all his frequent antipathy, Roth grew increasingly aware of Weiß's many qualities, as he admitted in a letter of 1936 to Stefan Zweig: "Er hat sehr viel Tugend und Gerechtigkeit, deshalb schätze ich ihn. Aber warm werde ich nicht bei ihm."[6]

For his part, Weiß constantly sought a closer personal rapport with Roth, even though he did not respond with especial warmth to Roth's writing. The complex personal relationship between the pair of them is perhaps best captured

---

6 Cited in Franz Haas, *Der Dichter von der traurigen Gestalt* (Frankfurt, Bern: Lang, 1986), p. 215.

in an exchange that took place in a Parisian café in the mid-1930s, when both authors were increasingly bound together by their shared nostalgia for the monarchic Habsburg past. Displaying once again the truth of the adage *in vino veritas*, Roth said with devastating frankness to his companion, "je vous estime comme écrivain, mais je ne vous aime pas." To which home-truth Weiß responded with an equally direct riposte: "je vous aime, Roth, mais je ne vous estime pas."[7]

Yet for all the obvious tensions between the two authors, they were clearly similar figures in many respects. Both are representative of that "Old Austria" which they evoke so consistently in their fictions of the 1930s, although neither was in the least Viennese in his orientation. We may recall the vivid scene in *Die Kapuzinergruft* where Roth so memorably provides his own condemnation of the "fröhliche Apokalypse" in the Habsburg capital on the eve of the First World War. On the other hand, the Galician Roth and the Moravian Weiß both willingly took up arms to serve the Habsburg cause, thus typifying the generally patriotic response amongst Austrian intellectuals that Karl Kraus so deplored and which Thomas Mann so admired: "sehr zum Unterschied von den Intellektuellen des Reiches, die deutsch-feindliche Kriegssabotage trieben vom ersten Tage an und nun hoffentlich glücklich sind."[8]

Once the war was over neither Roth nor Weiß took up residence in the new Republic of Austria and both had their books published in Weimar Germany. Both equally eschewed the comforts of bourgeois respectability and led peripatetic lives taking them from one hotel room to the next. Both had exotic and emotionally draining relationships with unusual women, Roth perhaps most spectacularly with Manga Bell, the estranged wife of a Nigerian kinglet, Weiß with the

---

7 Ibid.
8 See *Das Altenbergbuch*, ed. Egon Friedell (Leipzig: Verlag der Wiener Graphischen Werkstätte, Vienna, Zürich, 1921), p. 77.

actress/writer Rachel Sanzara. And as Fascism cast its net across Europe, so both men found solace of a kind in the literary recreation of the lost world of their childhood. Both thus succumbed to the lure of what Claudio Magris has dubbed the "Habsburg Myth." And both men were, of course, Jewish, with their Jewishness constantly manifesting itself in their books. In Roth's letter to Bertaux, from which I have already quoted, he said of Weiß that he was: "eher eine Erscheinung *typique*, wenn Sie Prag und die Juden aus dem alten Österreich besser kennen würden. Er ist ein Mensch aus dem Ghetto" (Briefe,148). Much of this description could apply at least as well, if not more so, to Roth himself who at the time of writing this letter had himself not long completed *Juden auf Wanderschaft*. His characterization of Ernst Weiß contrasts most sharply with that of Franz Kafka in whose opinion Weiß was a: "Jude von der Art, die dem Typus des westeuropäischen Juden am nächsten ist und dem man sich deshalb gleich nahe fühlt."[9] Unlike Weiß, Joseph Roth was eventually to embrace Roman Catholicism, but this flight into the bosom of the Church was at least as much a manifestation of his yearning for the lost institutions of the Habsburg past as it was the decision of a man who had undergone genuine religious conversion. There are certainly conflicting views on the nature of Roth's conversion, some of his friends considering it heartfelt, others regarding it as little more than a chance for Roth to get at the communion wine.[10] Moreover, despite his decision to "renounce" his Jewish identity in 1935,[11] Jews continued to loom large in Roth's writing. Ernst Weiß, unlike Roth, never composed a full-length novel with such overtly Jewish concerns as *Hiob*, a novel which the author himself was soon to disown. Yet this is not to say that Weiß was not deeply concerned with the issues raised by Job and his sufferings. Franz Haas, author of probably the most comprehensive, if not

---

9 Franz Kafka, *Tagebücher 1910-1923* (Frankfurt: Fischer, 1967), p.219.
10 Bronsen, p. 488f.
11 Ibid., p. 494.

the most sympathetic, study of Weiß to date, believes that the bulk of Weiß's work reflects "die jüdische Glaubenslehre, zu der (er) von Geburt her in enger Beziehung stand,"[12] while the Israeli scholar Margarita Pazi contends that the specific example of Job pervades Weiß's fiction from first to last.[13] Indeed, as late as 1939, Weiß contended that the book of Job was "das Jüdischste unter allem Jüdischen."[14] Thus, whilst Roth progressively tried to disavow his allegiance to Judaism, Weiß grew ever more strongly aware of his religion; to such an exent, in fact, that in May 1940 he visited Soma Morgenstern, a friend he held in common with Joseph Roth, and declared that he had now become an Orthodox Jew.

Despite the apparently contrasting, not to say conflicting, solutions of Orthodoxy and Roman Catholicism adopted by Weiß and Roth, both are indicative of the need which the two men felt, when confronted by Fascism, to aspire to values beyond either the specifically literary or the narrowly political. The nature of Joseph Roth's depression in the face of the times is, however, best understood in terms of his flight not into Roman Catholicism or the Habsburg past, but rather into the solace of the bottle. Nevertheless, unlike Weiß, Roth did take some active steps in the political sphere in an attempt to counter the horrors of the age, even though his desire to see the Habsburgs restored to the throne of Saint Stephen may appear today to be quixotic in the extreme. Indeed, Roth was in Vienna on a quasi "secret mission" only a matter of days before the Annexation. Unlike Roth, Ernst Weiß, about whose anti-Fascism there could equally be no doubt, chose no specific political orientation apart from unequivocally declaring himself to be anti-Communist.[15] Nevertheless, Weiß too took an essentially

---

12 Haas, p. 92.
13 M. Pazi, *Fünf Autoren aus dem Prager Kreis* (Frankfurt, Bern: Lang, 1978), p. 71.
14 Ibid., p. 103.
15 See K.P. Hinze, "'Und das mir, dem Antikommunisten.' Die politische Haltung des Romanciers Ernst Weiß," *Text+Kritik*, 76 (1982), pp. 46-58.

political as well as humanitarian decision when he made an unsuccessful attempt to volunteer for service as a military doctor in the fight against Franco in Spain.[16]

At the time of Hitler's march into Vienna in March 1938, Joseph Roth was engaged upon what transpired to be his last novel, *Die Kapuzinergruft*. This work, begun in 1937 and completed in the months directly following the Annexation, is a novel whose themes of deracination, alienation and homelessness are clearly inspired by events in Austria throughout the 1930s, events that merely reached their logical conclusion with the Nazi takeover. The personal nature of Roth's loss of a "homeland" had already been sharpened when in November 1937 the Hotel Foyot, in which he had felt comfortably at home, was demolished in the name of progress. Thus even before the events of March 1938 had impinged on his consciousness Roth could lament how he felt the loss of one "Heimat" after the next.[17] The loss of this specific home adds a further subjective dimension to the more general loss which to which *Die Kapuzinergruft* is in certain respects a sequel. Whereas the earlier book traces the demise of the Habsburg Empire, so its successor traces the demise of an independent Austria, a demise that clearly was evident to Roth (and not only to him) even before the Annexation proper took place. In this final novel, with the return to the fortunes of the Trotta family, Roth thus once more treads familiar ground. In his final novel *Der Augenzeuge*, Ernst Weiß too seemingly goes over old territory, providing yet again the pseudo-biography of a medical man. More than that, though, Weiß appears to pick up the threads not only of his own earlier fiction, but also of that of Joseph Roth. For it will be recalled how in *Das Spinnennetz*, his début novel of 1923, Roth introduced into literature the all too historical figure of Adolf

---

16 See Ulrike Laengle, "Les dernières années d'Ernst Weiß (1934-1940). Conditions de vie, contacts culturels et production littéraire," *Allemagnes d'aujourd'hui*, 89 (1984), 71-86.
17 Bronsen, p. 517.

Hitler. Even at this early stage in the demagogue's career, his threat had been uncannily clear to the perceptive eye of the artist. In Weiß's final fiction, the eyewitness narrator of *Der Augenzeuge*, a Bavarian doctor, is above all impressive for his memorable account of how he cured "A.H." of his hysterical blindness when the future dictator lay incapacitated in the military hospital at "P." (= Pasewalk) late in 1917. The narrator of Weiß's last novel is thus, in a curious manner of speaking, the figure who had made Hitler fit enough to play his part in Roth's first novel, which deals with the Munich Putsch of 1923.

But whereas in his last novel Roth roams one last time through the lost lands of the Habsburg Empire, haunted as he is by the spectre of Hitlerian Fascism and its threat to his beloved Austria, Weiß moves out of that same territory which he too had so feelingly evoked in his previous novels *Der arme Verschwender* and *Der Verführer*. For Weiß places his last novel not in Austria, but in Munich, the birthplace of Hitler's political career. Whereas Joseph Roth in his swansong examines the last days of that Austrian society which gave birth to Adolf Hitler, ending his novel with the arrival of the Nazis in Vienna on Black Friday in March 1938, Weiß for his part not only lets Hitler take centre stage, he couches his appearance in an examination of that Bavarian society which, like Austria, was to be such a fertile breeding ground for National Socialism. The two novels thus differ in their geographical setting but for all that they display many common features. If it is indeed a reliable source, we know from the memoirs of Walther Mehring that Roth was actually present at a momentous café conversation in Paris in 1933[18] when Edmund Forster, the physician who had treated Hitler during his confinement in Pasewalk, passed on to Ernst Weiß his case-notes on Hitler's hysteria in the hope that a man who was both doctor and artist would eventually make use of the information transmitted. That Weiß clung to this knowledge for five years before making direct use of it in quasi-

---

18 See Spieker, p. 8f.

fictional form is a sure sign of his aversion to the direct introduction of contemporary politics into literature. It may additionally be an indication of how seriously he took his doctor's oath not to transmit the secrets of the consulting room. What evidently changed Weiß's mind were the events of 1938, for by the autumn of that year, after a few weeks of feverish work, he had already completed the first draft of *Der Augenzeuge*, the only form in which the novel today survives.

The geographical setting of Weiß's novel obviously differs from that of *Die Kapuzinergruft*, but both works display some strikingly similar strategies on the part of the authors as through the medium of fiction they attempt to square up to the factual threat posed by the Nazis. Both novels cover the same time span, from the last days of peace before the outbreak of World War I through to the troubled days of the late 1930s, when the world inhabited by the two writers was on the verge of being irrevocably shattered by a further world war. Both novels are cast in the form of fictional autobiographies, a device especially favoured by Weiß throughout his career, and both these first-person narratives have as their tellers non-Jews with an especially close relationship to a dominant mother who disapproves of the mate their son choses. Both novels also display, however, the father-son relationship which is so dominant a feature of the novels of both Joseph Roth and Ernst Weiß. Spieker believes that this can be related to the longing for a guiding figure in their own lives (both men lost their fathers at a very young age) and for security in an age of ever-growing uncertainty. In *Die Kapuzinergruft* this longing for security amidst engulfing chaos results in the

> kompromißlose Mythisierung des alten Habsburger-Reiches, dessen Spitze die k.u.k. Monarchie darstellt. Ihr Auftreten in Roths Romanen ist zu Recht als höchste Erscheinungsform des Vaters bezeichnet worden. Bei Weiß ... hat die Dominanz der Vaterfigur neben gemeinsamen auch disparaten Ursachen. In [diesem] Falle ist der Einfluß Kafkas vermutet worden. Als gemeinsam

muß aber auch der hier wirksam gewordene jüdische Einfluß patriarchalischer religiöser Überlieferungen gelten.[19]

It is perhaps not fanciful to see Weiß's fascination with the figure of "A.H." in *Der Augenzeuge* as forming a parallel with Roth's fascination with the figure of Kaiser Franz Josef in several works of the 1930s. Overwhelmingly, however, both novels are also anti-woman in a manner that reveals yet again the abiding significance of Otto Weininger as a key to understanding so many Austro-German Jewish (and indeed non-Jewish) male writers. In both novels women are seen either as mother-figures or as betrayers. Sexual treachery is practised by Trotta's Lesbian wife, ideological treachery by the Augenzeuge's wife who reveals the whereabouts of her husband's case-notes on A.H. to his Nazi pursuers. Viktoria is furthermore herself a Jewess, and Weininger of course believed that the Woman and the Jew were essentially the same and that neither was capable of ethical behaviour. At the end of the chapter entitled "Das Judentum" in *Geschlecht und Charakter* Weininger states: "Unsere Zeit [ist] nicht nur die jüdischste, sondern auch die weibischste aller Zeiten." After a tirade against the times, Weininger concludes, with considerable lack of prescience:

> Aber dem neuen Judentum entgegen drängt ein neues Christentum zum Lichte; die Menschheit harrt des neuen Religionsstifters, und der Kampf drängt zur Entscheidung wie im Jahre eins. Zwischen Judentum und Christentum, zwischen Geschäft und Kultur, zwischen Weib und Mann, zwischen Gattung und Persönlichkeit, zwischen Unwert und Wert, zwischen irdischem und höherem Leben, zwischen dem Nichts

---

19 Spieker, p. 16.

und der Gottheit hat abermals die Menschheit die Wahl. Das sind die beiden Pole: es gibt kein drittes Reich.[20]

Despite their being related by goyim, both *Die Kapuzinergruft* and *Der Augenzeuge* are also, inevitably, concerned with the relationship between Jews and Gentiles. In Roth's novel the figure of the Jewish coachman Manes Reisiger is a major presence. He enjoys a long and symbolic friendship with the Slovenian peasant Josef Branco, and their relationship serves as Roth's model for the potential within relationships in the old empire. In the figure of Reisiger's son Ephraim, who dies for the cause of Socialism in the February uprising of 1934, Roth the politically reactionary Eastern European Jew takes heed of the far better-known example of the "Ostjude" as a leader of the Socialist revolutions of the earlier part of the twentieth century of which he, Roth, had come so to disapprove. It is especially in the marginal figure of Dr. Grünhut, however, that Roth comes closest to a character from the Jewish world that Weiß depicts in *Der Augenzeuge*. For Dr. Grünhut, who attends to the dying servant Jacques as the narrator and his new wife celebrate their disastrous nuptials in Baden bei Wien, is clearly a figure closely related to Weiß's Dr. Kaiser, the long-suffering and deeply sympathetic Jewish family physican who treats the narrator when he is injured by a horse in his childhood, and is then systematically humiliated by the narrator's deeply anti-Semitic Bavarian Catholic mother. Indeed it is Dr. Kaiser whose example inspires the narrator to become the medical practitioner who will restore A.H. to "health," that man whose refound poise will eventually signal the terrible demise of all the Dr. Grünhuts and Dr. Kaisers.

In respect of narrative technique, both novels give ample evidence of the stress under which Roth and Weiß were living in the late 1930s, and from a strictly aesthetic viewpoint neither

---

20 Otto Weininger, *Geschlecht und Charakter* (Vienna, Leipzig: Braumüller, 1903), p.452.

work can be accounted amongst its creator's highest achievements. Weiß himself was fully aware of the defects of his novel and it is one of the sadder accidents of literary history that the second and revised version of the work, its title now altered to *Der Narrenkaiser*, should not have survived the war. In his edition of *Die Kapuzinergruft*[21] Alan Bance makes some telling points in his efforts to explain away the many contradictions within Roth's text as functions of the characterization of the narrator as a confused and inept teller of tales, a neophyte driven to picking up his pen by the events of the age. Even Bance, however, cannot convince me that having the servant Jacques bald-headed in one scene and with a full mane of hair in the next is anything but a token of the pressure under which Joseph Roth was now working. Yet in the end the very heavy-handedness of the narrator, the tedious repetition of motifs and images, the contradictions and slapdash of *Die Kapuzinergruft* are outweighed by the sheer emotional impetus of the novel, just as the reader of *Der Augenzeuge* is soon led to ignore narrowly aesthetic factors in the face of the emotions aroused by a novel about Adolf Hitler, written by a Central European Jew as darkness closed in around him.

Where the two novels diverge most radically from each other, however, is in their final response to the political challenge of the 1930s. Whereas until the *Anschluß* Joseph Roth as a private individual still retained enough desperate faith (or self-delusion) to contemplate the return of the Habsburgs to the Austrian throne, his narrator Franz Ferdinand Trotta succumbs to total despair when confronted with the reality of the annexation of his homeland to the Greater Germany. The last, poignant words of the Austrian patriot outside the crypt where the emperors lie buried, "Wohin soll ich, ich jetzt, ein armer Trotta," bear witness to a total collapse of morale which we know Roth himself to have suffered on the accession of Hitler to

---

[21] Joseph Roth, *Die Kapuzinergruft*, edited with an introduction and notes by A.F. Bance (London: Harrap, 1972).

power in Austria. This event is, of course, grafted on to *Die Kapuzinergruft* to form the novel's final chapter.

The hapless reactions of the narrator in the face of history are, however, a faithful reflection of the past-oriented nostalgic conservatism of Roth himself. That past is not unflawed, as the novel makes more than abundantly clear, but the writer's political conservatism coupled with his personal despair permit him no vision of the future either for himself or for his fictional creation. Only in legend, concluding with a good and friendly death, will Roth's writing find a solution to the dilemma of the present. Ernst Weiß's narrator, on the other hand, springs a last surprise. Through all of Weiß's fiction the reader cannot help but be aware of the strong sense of futility and hopelessness of the world his characters inhabit. Yet at the last, in a gesture so utterly at odds with the personal desperation and pessimism of the novelist, the eyewitness sees a glimmer of hope for the future. Whereas Trotta asks rhetorically whither now, Weiß's narrator provides an answer: it is to leave France and go to Spain to fight on the side of the democratic forces that felt Fascism could and must be opposed by direct action, even if that meant taking up arms and human life in the process. In fiction at least, the author's conservative despair is challenged and transcended. What Weiß the man had earlier been prevented from doing through ill health, his fictional creation is at the last able to carry out in the world of the imagination.

Joseph Roth: an English Bibliography

CATHE GIFFUNI

This bibliography refers only to those novels written by Roth that have been translated into English, and have been reviewed in English, primarily American and British periodicals. Citations are in chronological order.

Works listed, with date of first English translation:
Flight Without End (1930)
Job: The Story of a Simple Man (1931)
Radetzky March (1933)
Tarabas: A Guest on Earth (1935)
Antichrist (1935)
Ballad of the Hundred Days (1936)
Story of the Hundred Days (1936)*
Confession of a Murderer (1938)
The Silent Prophet (1979)
Weights and Measures (1982)
The Emperor's Tomb (1984)
Hotel Savoy (1986)
The Spider's Web and *Zipper and His Father* (1989)
The Legend of the Holy Drinker (1989)

---

* *Ballad of the Hundred Days* is the American title of *Story of the Hundred Days*, the British title.

Flight Without End: A Report by Joseph Roth. Translated from German by Ida Zeitlin.
Garden City: Doubleday, Doran & Company, Inc., 1930, 299 pages.
London: Hutchinson & Company, 1930, 256 pages.
Flight Without End. Translated from German by David Le Vay, in Collaboration with Beatrice Musgrave. Introduction by Michael Hofmann.
London: Peter Owen Ltd., 1977, 144 pages.
Flight Without End. Translated from German by David Le Vay.
Woodstock: Overlook Press, 1987, 144 pages.
Flight Without End. Translated from German by David Le Vay in Collaboration with Beatrice Musgrave. Introduction by Michael Hofmann.
London: Dent, 1984, 140 pages.
Harmondsworth: Penguin, 1987, 144 pages.

Paterson, Isabel. "BOOKS and OTHER THINGS: The Doom of Class," *New York Herald Tribune*, April 18, 1930, p. 19 col. 2. "Latest Books Received: Fiction," *New York Times Book Review*, April 20, 1930, p. 28 col. 3. "A Study in Post-War Disillusionment," *New York Times Book Review*, April 27, 1930, p. 7 cols. 2-4 & p. 12 col. 2.

Kronenberger, Louis. "FICTION," *Bookman*, June 1930, p. 331 cols. 1-2.

Tarleau, Lisa Ysage. "One Who Drank Deep of Death: Joseph Roth's Hero Wanders Ghostlike Seeking Life," *New York Evening Post*, June 7, 1930, p. S5 col. 6. "Books and Reprints: FICTION," *Times Literary Supplement*, August 21, 1930, p. 670 col. 3. "NEW NOVELS," *Saturday Review*, August 30, 1930, p. 262 col. 2 — p. 263 col. 1.

McHugh, Vincent. "A Man Without a Country," *New York Herald Tribune Books*, September 7, 1930, p. 12 cols. 3-5.

Johnston, Otto. "Joseph Roth's 'Büste des Kaisers' — The Quest for an Authentic Text," *MLN*, April 1974, p. 457.

Ackroyd, Peter. "Books: Passion fruit," *Spectator*, March 26, 1977, p. 24 col. 1.

Lewis, Jeremy. "NEW BOOKS: Fiction," *London Times*, March 31, 1977, p. 17 cols. 1-2.

Davies, Russell. "Off the register," *Times Literary Supplement*, April 1, 1977, p. 393 cols. 1-3. "FICTION: SHORT REPORTS," *London Sunday Times*, August 7, 1977, p. 35 col. 6.

Bannon, Barbara A. "PW FORECASTS: FICTION," *Publishers Weekly*, August 15, 1977, p. 56 col. 2. "Fiction," *Booklist*, November 1, 1977, p. 463 col. 3.

Street, James B. "FICTION," *Library Journal*, November 1, 1977, p. 2278 col. 3 — p. 2279 col. 1.

Marcus, Greil. "UNDERCOVER BOOKS: Desolation row, 1927," *Rolling Stone*, March 9, 1978, p. 64 cols. 2-4.

Bronsen, David. "The Jew in Search of a Fatherland: The Relationship of Joseph Roth to the Hapsburg Monarchy," *Germanic Review*, Spring 1979, p. 54 cols. 1-2 — p. 61 col. 2. "PAPERBACKS," *Punch*, November 7, 1984, p. 98 col. 3.

Boggis, Jay. "A WORLD PRESERVED: The Novels of Joseph Roth," *Boston Review*, April 1986, p. 19 cols. 2-4 & p. 20 cols. 2-3.

Lardner, Susan. "BOOKS: An Enemy of His Time," *New Yorker*, November 23, 1987, pp. 155-160.

Job: The Story of a Simple Man. Translated from German by Dorothy Thompson.
   New York: Viking Press, 1931, 279 pages.
   London: William Heinemann, 1932, 304 pages.
      1933, 312 pages.
   Woodstock: Overlook Press, 1982, 238 pages.
      1985, 252 pages.
   London: Chatto & Windus, 1983, 238 pages.

"BOOKS ABROAD," *Living Age*, February 1931, p. 641 col. 2 — p. 644 col. 1. "THE ONCE OVER: GERMAN FICTION AND DRAMA," *Books Abroad*, April 1931, p. 224 col. 2. "Selected List of Important Fall Books: Fiction," *New York Herald Tribune Books*, September 27, 1931, p. 20 col. 3. "JOB: The Story of a Simple Man," *Book-of-the-Month Club News*, October 1931, p. 1 cols. 1-2 — p. 3 col. 1.

Loveman, Amy. "Books of the Fall," *Saturday Review of Literature*, October 17, 1931, p. 215 col. 2. "Books of the Week: FICTION," *New York Herald Tribune Books*, October 25, 1931, p. 17 col. 1.

Gannett, Lewis. "BOOKS and THINGS: Pre-View," *New York Herald Tribune*, October 28, 1931, p. 21 col. 1. "Latest Books Received: Fiction," *New York Times Book Review*, November 1, 1931, p. 27 col. 3.

Untermeyer, Louis. "Uz In America," *Saturday Review of Literature*, November 7, 1931, p. 261 cols. 1-2. " 'Return I Dare Not' and Some Other Recent Fiction: Use of Adversity," *New York Times Book Review*, November 8, 1931, p. 7 cols. 3-5.

Schneider, Isidor. "The Sorrows of Mendel Singer, a Modern Job," *New York Herald Tribune Books*, November 8, 1931, p. 3 cols. 1-4.

Gannett, Lewis. "BOOKS and THINGS: Best Sellers: FICTION," *New York Herald Tribune*, November 14, 1931, p. 11 col. 1.

Ross, Virgilia Peterson. "The New Books: The Week's Reading," *Outlook & Independent*, November 25, 1931, p. 410 col. 2.

"FICTION," *Booklist*, December 1931, p. 153 col. 1.

Brickell, Herschel. "THE LITERARY LANDSCAPE: Other Good Novels," *North American Review*, January 1932, p. 91 col. 1. "FICTION," *Among Our Books*, January 1932, p. 4 col. 2. "Fiction," *Wisconsin Library Bulletin*," January 1932, p. 30 col. 2. "OPINIONS about BOOKS," *Forum*, January 1932, p. x col. 3. "CHECK LIST OF NEW BOOKS: FICTION," *American Mercury*, February 1932, p. xxiv col. 2 & p. xxvi col. 1.

Strong, L.A.G. "Fiction," *Spectator*, February 20, 1932, p. 260 col. 2. "SOME MAY BE ROOSHANS," *London Observer*, February 21, 1932, p. 8 col. 3.

Fletcher, Helen. "New Fiction," *Time & Tide*, February 27, 1932, p. 230 cols. 1-2.

Meynell, Viola. "NEW NOVELS," *New Statesman & Nation*, March 12, 1932, p. 334 col. 1.

Vincent, Melvin J. "Social Fiction Notes," *Sociology & Social Research*, March-April 1932, pp. 397-398.

Holt, Edgar. "TRANSLATORS AT LARGE," *Bookman*, May 1932, p. 120 col. 1. "New Books and Reprints: FICTION," *Times Literary Supplement*, May 5, 1932, p. 332 cols. 3-4. "BOOKS AND AUTHORS: From Berlin," *London Observer*, September 25, 1932, p. 6 cols. 4-5. "BOOKS AND AUTHORS.: From Amsterdam," *London Observer*, May 13, 1934, p. 6 col. 4.

House, Roy Temple. "BOOKS IN GERMAN," *Books Abroad*, Summer 1935, p. 323 col. 2. "WANDERING GERMANS AND THE BREAD OF BANISHMENT," *Times Literary Supplement*, January 25, 1936, p. 70 col. 4. "JOSEPH ROTH, AUTHOR OF SEVERAL NOVELS: Wrote 'Radetzky

March,' 'Job' and Clemenceau Biography," *New York Times*, June 7, 1939, p. 23 col. 4.

Zweig, Friderike. "Joseph Roth and the Zweigs," *Books Abroad*, January 1944, pp. 6, 8.

Schindler, Gretel. "Introduction." *Traven/Roth/Hausmann: Vagabunden: Three Modern German Stories*. (Selected & Edited by Wolfgang Paulsen & Fred Fehling). New York: Henry Holt & Company, 1950, p. ix.

Bronsen, David. "The Jew in Search of a Fatherland: The Relationship of Joseph Roth to the Hapsburg Monarchy," *Germanic Review*, Spring 1979, p. 54 cols. 1-2 — p. 61 col. 2.

Bance, A.F. "In My End Is My Beginning." *Studies In Modern Austrian Literature*. (Eds. B.O. Murdoch & M.G. Ward). Glasgow: Scottish Papers in Germanic Studies, 1981, pp. 37-44.

Bannon, Barbara A. "PW FORECASTS: FICTION," *Publishers Weekly*, June 18, 1982, p. 60 cols. 2-3.

Hofmann, Michael. "FICTION: Trials of the simple man," *Times Literary Supplement*, April 22, 1983, p. 399 cols. 2-5.

Burgess, Anthony. "Tokyo Roses," *Punch*, April 27, 1983, p. 77 col. 2.

Josipovici, Gabriel. "to the editor: The Practice of Reviewing," *Times Literary Supplement*, May 6, 1983, p. 461 col. 2.

Hofmann, Michael. "to the editor: Joseph Roth," *Times Literary Supplement*, May 27, 1983, p. 545 col. 5.

Sinclair, Clive. "Eastern Approaches: Recent Fiction," *Encounter*, July 1983, p. 92 cols. 1-2.

Macerlean, Neasa. "REVIEWS: FICTION," *Books & Bookmen*, September 1983, p. 33 col. 2 — p. 34 col. 1.

Lardner, Susan. "BOOKS: An Enemy of His Time," *New Yorker*, November 23, 1987, pp. 155-160.

Butler, G.P. "It's the Bitterness That Counts: Joseph Roth's 'Most Jewish' Novel Reconsidered," *German Life & Letters*, April 1988, pp. 227-234.

Manguel, Alberto. "EUROPEAN FICTION: Lost Empire: Joseph Roth's reissued novels softly evoke the ghosts and ambiguities of the European order," *Saturday Night*, April 1989, p. 64 col. 2, 3 & p. 65 col. 1.

Radetzky March. Translated from German by Geoffrey Dunlop. New York: Viking Press, 1933, 430 pages.
London: William Heinemann, 1934, 366 pages.

The Radetzky March. Translated from German by Eva Tucker, based on an earlier translation by Geoffrey Dunlop.
Harmondsworth, 1974, 318 pages.
London: Allen Lane, 1974, 319 pages.
Woodstock: Overlook Press, 1983, 319 pages.
Harmondsworth: Penguin, 1984, 318 pages.

"BOOKS AND AUTHORS: From Berlin," *London Observer*, September 25, 1932, p. 6 cols. 4-5. "Books and Authors: FORTHCOMING BOOKS: FICTION," *New York Times Book Review*, September 3, 1933, p. 13 col. 3. "Books to Be Published During the Autumn Months: Fiction," *New York Times Book Review*, September 23, 1933, p. 10 col. 3.

Loveman, Amy. "Books of the Fall," *Saturday Review of Literature*, October 14, 1933, p. 188 col. 3. "Books of the Week: FICTION," *New York Herald Tribune Books*, October 15, 1933, p. 24 col. 2.

Paterson, Isabel. "Under Emperor Franz Joseph," *New York Herald Tribune Books*, October 15, 1933, p. 2 cols. 3-4. "Latest Books Received: Fiction," *New York Times Book Review*, October 22, 1933, p. 29 col. 3.

Ringel, Fred J. "March in Reverse," *Saturday Review of Literature*, October 28, 1933, p. 217 col. 4 — p. 218 col. 1. "Dorothy Parker's Stories and Other Recent Works of Fiction: Imperial Austria," *New York Times Book Review*, October 29, 1933, p. 7 cols. 3-5.

Codman, Florence. "Fiction Imports," *Nation*, November 22, 1933, p. 602 col. 2.

W.K.R. "BOOK REVIEWS AND LITERARY NEWS: Dusk of an Empire," *Christian Science Monitor*, November 25, 1933, p. 22 cols. 5-6.

Farrell, James T. "Books for your Library: AND THEN DOLLFUSS," *Scribner's Magazine*, December 1933, p. 8 col. 2 & p. 15 col. 1. "Fiction," *Wisconsin Library Bulletin*, December 1933, p. 264 col. 2.

Chamberlain, John. "BOOKS OF THE TIMES: From Science to Fiction," *New York Times*, December 13, 1933, p. 21 col. 4.

Barnes, Frank Wollencott. "BOOKS: Salve-Austria," *Commonweal*, December 15, 1933, p. 193 col. 1 & p. 194 col. 2.

Cowley, Malcolm. "BOOKS IN REVIEW: Panorama," *New Republic*, December 20, 1933, p. 172 cols. 1-2. "RADETZKY MARCH": Forceful Novel of the Old Regime in Austria," *Springfield Sunday Union & Republican*, December 24, 1933, p. 7E col. 5. "BOOKS IN BRIEF," *Forum*, January 1934, p. v col. 1.

Pier, Florida. "New Fiction," *Time & Tide*, March 24, 1934, p. 382 col. 1. "A Book Guide: FICTION," *Time & Tide*, March 31, 1934, p. 416 col. 2; April 7, 1934, p. 441 col. 1, April 14, 1934, p. 468 col. 1. "BOOKS AND AUTHORS." From Amsterdam," *London Observer*, May 13, 1934, p. 6 col. 4. "New Books and Reprints: FICTION," *Times Literary Supplement*, May 24, 1934, p. 377 col. 2. "NEW NOVELS: RADETZKY MARCH," *Times Literary Supplement*, May 24, 1934, p. 374 cols. 2-3. "JOSEPH ROTH, AUTHOR OF SEVERAL NOVELS: Wrote 'Radetzky March,' 'Job' and Clemenceau Biography," *New York Times*, June 7, 1939, p. 23 col. 4.

Zweig, Friderike. "Joseph Roth and the Zweigs," *Books Abroad*, January 1944, pp. 6, 8.

Schindler, Gretel. "Introduction." *Traven/Roth/Hausmann: Vagabunden: Three Modern German Stories*. (Selected & Edited by Wolfgang Paulsen & Fred L. Fehling). New York: Henry Holt & Company, 1950, p. ix.

Johnston, Otto. "Joseph Roth's 'Büste Des Kaisers' — The Quest for an Authentic Text," *MLN*, April 1974, pp. 451; 456, 457.

Bannon, Barbara A. "PW FORECASTS: FICTION," *Publishers Weekly*, April 22, 1974, p. 72 col. 2.

Rowley, Peter. "A Family's Trek Through History," *Los Angeles Times Calendar*, June 23, 1974, p. 73 cols. 3-4. "Break in Routine," *Times Literary Supplement*, June 28, 1974, p. 687 col. 3.

Adams, Phoebe. "SHORT REVIEWS: BOOKS," *Atlantic Monthly*, July 1974, p. 100 col. 1.

Charles, John W. "Fiction," *Library Journal*, July 1974, p. 1849 col. 2 & p. 1850 col. 2.

Kupferberg, Herbert. "*Hohenzollern to Hapsburg*: Two Novels Depict Men in Forgotten Wars," *National Observer*, July 13, 1974, p. 19 cols. 1-3.

Shrapnel, Norman. "BOOKS: Darkness behind the glamour," *Manchester Guardian Weekly*, August 17, 1974, p. 23 cols. 1-2.

McMurtry, Larry. "BOOK WORLD: A Solid Novel Not to Be Overlooked," *Washington Post*, September 2, 1974, p. D5 cols. 1-6.

Moss, Robert. "Recent, Notable Fiction," *New Republic*, September 14, 1974, p. 29 col. 3 — p. 30 cols. 1-3 — p. 31 col. 1.

Wiesel, Elie. "The lives of three Trottas," *New York Times Book Review*, November 3, 1974, p. 70 cols. 3-5. "The First Books of Christmas: NOVELS," *Washington Post Book World*, December 8, 1974, p. 8 col. 2.

Stubbs, Jean. "fiction," *Books & Bookmen*, August 1975, p. 58 col. 3 — p. 59 cols. 1-2.

Butler, G.P.G., "Radetzky Limp," *German Life and Letters*, July 1976, pp. 388-393.

Browning, Barton W. "Joseph Roth's *Legende vom heiligen Trinker*: Essence and Elixir." *Protest-Form-Tradition: Essays on German Exile Literature*. (Eds. Joseph P. Strelka; Robert F. Bell, Eugene Dobson). University: University of Alabama Press, 1979, pp. 81-96.

Bronsen, David. "The Jew in Search of a Fatherland: The Relationship of Joseph Roth to the Hapsburg Monarchy," *Germanic Review*, Spring 1979, p. 54 cols. 1-2 — p. 61 col. 2.

Best, Alan. "The Austrian Tradition: Continuity and Change." *Modern Austrian Writing: Literature and Society After 1945*. (Eds. Alan Best & Hans Wolfschütz). London: Oswald Wolff; Totowa: Barnes & Noble Books, 1980, pp. 25, 26.

Heilbut, Anthony. "Of Heroes and Hapsburgs," *Nation*, December 10, 1983, p. 604 cols. 1-3 — p. 605 col. 1 & p. 606 cols. 2-3.

Bance, A.F. "In My End Is My Beginning." *Studies In Modern Austrian Literature*. (Eds. B.O. Murdoch & M.G. Ward). Glasgow: Scottish Papers in Germanic Studies, 1981, pp. 33-44.

Lodge, Sally A. "PW FORECASTS: FICTION," *Publishers Weekly*, January 27, 1984, p. 74 col. 2. "PAPERBACKS: New & Noteworthy," *New York Times Book Review*, April 8, 1984, p. 34 col. 2.

Barber, Michael. "PAPERBACKS: In brief: FICTION," *Books & Bookmen*, May 1984, p. 37 col. 2.

Francis, Mark. "Introduction." *The Viennese Enlightenment*. London & Sydney: Croom Helm Ltd., 1985, p. 12.

Manger, Philip. " 'The Radetzky March': Joseph Roth and the Hapsburg Myth." *The Viennese Enlightenment*. (Ed. Mark Francis). London & Sydney: Croom Helm Ltd., 1985, pp. 40-62.

Boggis, Jay. "A WORLD PRESERVED: The Novels of Joseph Roth," *Boston Review*, April 1986, p. 19 cols. 1-4 & p. 20 cols. 2-3.

Birkerts, Sven. "JOSEPH ROTH." *An Artificial Wilderness: Essays on 20th Century Literature*. New York: William Morrow and Company, Inc., 1987, pp. 47-53.

Lardner, Susan. "BOOKS: An Enemy of His Time," *New Yorker*, November 23, 1987, pp. 155-160.

Butler, G.P. "It's the bitterness that counts: Joseph Roth's 'most Jewish' novel reconsidered," *German Life & Letters*, April 1988, pp. 227; 223 Note 10.

Manguel, Alberto. "EUROPEAN FICTION: Lost Empire: Joseph Roth's reissued novels softly evoke the ghosts and ambiguities of the European order," *Saturday Night*, April 1989, p. 64 cols. 2, 3.

Tarabas: A Guest on Earth. Translated from German by Winifred Katzin.
New York: Viking Press, 1934, 273 pages.
London: William Heinemann, 1935, 311 pages.
London: Chatto & Windus, 1987, 311 pages.
Woodstock: Overlook Press, 1987, 280 pages.

"BOOKS AND AUTHORS.: FROM AMSTERDAM," *London Observer*, May 13, 1934, p. 6 col. 4. "Books to Be Published During the Autumn Months: Fiction," *New York Times Book Review*, September 23, 1934, p. 10 col. 5. "Books and Authors: FORTHCOMING BOOKS: FICTION," *New York Times Book Review*, October 21, 1934, p. 10 col. 2. "Books of the Week: FICTION," *New York Herald Tribune Books*, November 18, 1934, p. 29 col. 1. "Latest Books Received: Fiction," *New York Times Book Review*, November 18, 1934, p. 29 col. 1.

Tilden, David C. "Some Recent Leading Fiction," *New York Herald Tribune Books*, November 18, 1934, p. 22 col. 1.

Gannett, Lewis. "BOOKS and THINGS: The War Was His Home," *New York Herald Tribune*, November 19, 1934, p. 13 col. 1.

Jack, Peter Monro. " "Yonder Sails the Mayflower" and Other Recent Works of Fiction," *New York Times Book Review*, December 2, 1934, p. 6 cols. 3-5.

Blackmur, R.P. "Sauve-qui-peut," *Nation*, December 19, 1934, p. 717 cols. 1-2.

Putnam, Samuel. "EXILES FROM REALITY," *Partisan Review*, January-February 1935, pp. 86-88.

Walton, Edith H. "THE BOOK PARADE," *Forum and Century*, February 1935, p. iv col. 3.

C.M. "BOOKS OF THE DAY: NEW NOVELS: INESCAPABLE HAPPINESS," *Manchester Guardian*, October 25, 1935, p. 7

col. 1. "OTHER NEW BOOKS: FICTION," *Times Literary Supplement*, November 2, 1935, p. 698 col. 4.

Quennell, Peter. "NEW NOVELS," *New Statesman & Nation*, November 16, 1935, p. 746 col. 2. "NEW BOOKS — A SELECTED LIST: FICTION," *London Mercury*, December 1935, p. 254 col. 2 — p. 255 col. 1.

Bronsen, David. "The Jew in Search of a Fatherland: The Relationship of Joseph Roth to the Hapsburg Monarchy," *Germanic Review*, Spring 1979, p. 54 cols. 1-2 — p. 61 col. 2.

Boggis, Jay. "A WORLD PRESERVER: The Novels of Joseph Roth," *Boston Review*, April 1986, p. 19 cols. 3-4, p. 20 cols. 2-3.

Steinberg, Sybil. "FORECASTS: FICTION," *Publishers Weekly*, August 7, 1987, p. 433 col. 1.

Sattin, Anthony. "FICTION: Prodigal son," *Times Literary Supplement*, October 2, 1987, p. 1074 col. 4.

Lardner, Susan. "BOOKS: An Enemy of His Time," *New Yorker*, November 23, 1987, pp. 155-160. "Books Received," *Review of Contemporary Fiction*, Summer 1988, p. 337.

Palmer, Thom. "BOOK REVIEWS," *Southern Humanities Review*, Winter, 1989, pp. 79-81.

Antichrist. Translated from German by Moray Firth.
   London: Heinemann, 1935, 206 pages.
   New York: Viking Press, 1935, 177 pages.

"Books of the Day—Conflicts of Civilization: *Antichrist,*" *Boston Evening Transcript*, March 13, 1935, Part Three, p. 2 cols. 1-2.
"New Books: SHORTER NOTICES," *Catholic World*, April 1935, p. 126 col. 2 — p. 127 col. 1.
Joad, C.E.M. "RELIGION AND ETHICS," *New Statesman & Nation*, April 6, 1935, p. 494 col. 2.
Downey, Francis X. "Books: The Ultimate Antagonist," *Commonweal*, April 12, 1935, p. 685 col. 1, p. 686 col. 2.
A.G.B. "A Review of Current Books: Shorter Reviews," *America: A Catholic Review of the Week*, April 20, 1935, p. 44 cols. 1-2.
Goodale, Ralph. "MAY SURVEY OF BOOKS: A Confused Picture of Confusion," *Christian Century*, May 1, 1935, p. 580 cols. 1-2.
Hutchison, Percy. "That Old Arch-Enemy of Man, the Antichrist," *New York Times Book Review*, May 12, 1935, p. 5 cols. 2-4.
Mueller, Gustav. "BOOKS IN GERMAN," *Books Abroad*, Summer 1935, p. 316 col. 1. "NEW BOOKS: A SELECTED LIST: MISCELLANEOUS," *London Mercury*, June 1935, p. 202 col. 2.
Neville, Helen. "Modern Evil," *New York Herald Tribune Books*, August 4, 1935, p. 12 cols. 4-5. "Other New Books: SOCIOLOGY," *Times Literary Supplement*, August 8, 1935, p. 504 cols. 1-2. "WANDERING GERMANS AND THE BREAD OF BANISHMENT," *Times Literary Supplement*, January 25, 1936, p. 70 col. 4.
Zweig, Friderike. "Joseph Roth and the Zweigs," *Books Abroad*, January 1944, p. 8.

Ballad of the Hundred Days. Translated from German by Moray Firth.
New York: Viking Press, 1936, 303 pages.

Gannett, Lewis. "BOOKS and OTHER THINGS," *New York Herald Tribune*, August 22, 1936, p. 9 col. 1.

Mattingly, Garrett. "A Glorious Illusion," *Saturday Review of Literature*, August 22, 1936, p. 5 cols. 1-3.

Kazin, Alfred. "Forlorn Little Man Back From Elba," *New York Herald Tribune Books*, August 23, 1936, p. 7 cols. 2-4. "Latest Books Received: Fiction," *New York Times Book Review*, August 23, 1936, p. 25 col. 2.

Kronenberger, Louis. " 'Mountain Path' and Some Other Recent Works of Fiction: 'The Hundred Days'," *New York Times Book Review*, August 30, 1936, p. 7 cols. 3-5, p. 19 col. 1.

Bayley, Gertrude. "A Prose Ballad of Napoleon's Hundred Days: What Happened Between the Escape from Elba and Waterloo," *Boston Evening Transcript Book Section*, September 12, 1936, p. 2 cols. 1-3.

W.K.R. "Among the New Books: Napoleon's Return," *Christian Science Monitor Weekly Magazine Section*, September 23, 1936, p. 10 cols. 4-5.

Kresh, Joseph. "OUR OWN BOOKSHELF," *Living Age*, January 1937, p. 466 col. 2.

Zweig, Friderike. "Joseph Roth and the Zweigs," *Books Abroad*, January 1944, p. 8.

Story of the Hundred Days. Translated from German by Moray Firth.

London: William Heinemann, 1936, 303 pages.

"NEXT WEEK'S BOOKS," *Times Literary Supplement*, September 26, 1936, p. 767 col. 4.

"BOOKS AND AUTHORS. THIS WEEK'S DIARY.: MONDAY.," *London Observer*, September 27, 1936, p. 6 col. 3.

"THE NEW NOVELS: NAPOLEON LEGEND," *Times Literary Supplement*, October 3, 1936, p. 787 col. 3.

Quennell, Peter. "NEW NOVELS," *New Statesman & Nation*, October 3, 1936, p. 474 col. 2.

Macdonell, A.G. "New Novels. MOONSHINE AND MORALITY," *London Observer*, October 11, 1936, p. 7 col. 5.

Confession of a Murderer. Translated from German by Desmond I. Vesey.
  London: R. Hale & Co., 1938, 222 pages.
   Museum Press, 1947, 222 pages.
   Chatto & Windus, 1985, 224 pages.
   Picador/Pan Books, 1988, 144 pages.
   Woodstock: Overlook Press, 1985, 223 pages,
     1987, 224 pages.

Thwaite, Anthony. "ARTS & BOOKS: Divided Hellas," *London Sunday Times*, January 13, 1985, p. 51 col. 3.

Glastonbury, Marion. "BOOKS: FICTION: Creeping things," *New Statesman*, January 18, 1985, p. 29 col. 3 — p. 30 col. 1.

Sinclair, Andrew. "BOOKS: FICTION: A Faustian tale of spies and moral doubt," *London Times*, January 24, 1985, p. 11 col. 3.

Steinberg, Sybil. "PW FORECASTS: FICTION," *Publishers Weekly*, March 29, 1985, p. 63 col. 1.

Sherman, A.J. "BOOK REVIEW: Fiction," *Library Journal*, April 1, 1985, p. 160 col. 1.

Snead, James A. "In Short: FICTION," *New York Times Book Review*, July 14, 1985, p. 22 cols. 1-2.

Kaufmann, James. "Title Page," *Los Angeles Times Book Review*, September 15, 1985, p. 6 col. 3.

Boggis, Jay. "A WORLD PRESERVED: The Novels of Joseph Roth," *Boston Review*, April 1986, p. 20 cols. 2-3.

Lardner, Susan. "BOOKS: An Enemy of His Time," *New Yorker*, November 23, 1987, pp. 155-160.

Maguel, Alberto. "EUROPEAN FICTION: Lost Empire: Joseph Roth's reissued novels softly evoke the ghosts and ambiguities of the old European order," *Saturday Night*, April 1989, p. 64 col. 2, p. 65 col. 1.

The Silent Prophet. Translated from German by David Le Vay. London: Peter Owen Ltd., 1979, 220 pages.
Woodstock: Overlook Press, 1980, 220 pages.

Thomas, R. Hinton & Van der Will, Wilfried. "Notes." *The German Novel and the Affluent Society.* Toronto: University of Toronto Press, 1968, p. 159 Note 21.

Ziolkowski, Theodore. "Review Essay: Paradigms of the Recent German Novel," *Modern Language Journal*, January 1968, p. 28 cols. 1-2 — p. 29 col. 1.

Bronsen, David. "The Jew in Search of a Fatherland: The Relationship of Joseph Roth to the Hapsburg Monarchy," *Germanic Review*, Spring 1979, p. 54 cols. 1-2 — p. 61 col. 2.

Rorrison, Hugh. 'The "Grazer Gruppe", Peter Handke and Wolfgang Bauer'. *Modern Austrian Writing: Literature and Society After 1945.* (Eds. Alan Best & Hans Wolfschütz). London: Oswald Wolff; Totowa: Barnes & Noble Books, 1980, p. 253.

Bannon, Barbara A. "PW FORECASTS: FICTION," *Publishers Weekly*, August 8, 1980, p. 74 col. 3, p. 76 col. 1.

Sherman, A.J. "BOOK REVIEW: fiction," *Library Journal*, September 1, 1980, p. 1753 col. 3.

Murray, John J. "FICTION," *Best Sellers*," October 1980, p. 242 col. 2 — p. 243 col. 1.

Boggis, Jay. "A WORLD PRESERVED: The Novels of Joseph Roth," *Boston Review*, April 1986, p. 19 cols. 3-4, p. 20 cols. 2-3.

Lardner, Susan. "BOOKS: An Enemy of His Time," *New Yorker*, November 23, 1987, pp. 155-160.

Weights and Measures. Translated from German by David Le Vay.
  London: Peter Owen Ltd, 1982, 150 pages.
  Dent, 1982, 150 pages.

Zweig, Friderike. "Joseph Roth and the Zweigs," *Books Abroad*, January 1944, p. 8.

Seymour, Miranda. "BOOKS: Fiction," *London Times*, January 14, 1982, p. 8 col. 4.

Cooke, Judy. "FICTION: Still running," *New Statesman*, January 15, 1982, p. 19 col. 2, p. 20 col. 1.

Shrimpton, Nicholas. "Femme is the spur," *London Observer/Review*, January 17, 1982, p. 31 cols. 3-4.

Huth, Angela. "The inspector succumbs," *Listener*, January 21, 1982, p. 25 cols. 1-2.

Brown, Richard. "BOOKS: FICTION: Eastern reproaches," *London Sunday Times*, January 24, 1982, p. 43 cols. 7-8.

Taubman, Robert. "Nobody is God," *London Review of Books*, February 4-17, 1982, p. 20 cols. 1-2.

Hofmann, Michael. "FICTION: Soldier of misfortune," *Times Literary Supplement*, February 5, 1982, p. 131 cols. 1-3.

Mout, Nicolette. "to the editor: Joseph Roth," *Times Literary Supplement*, February 26, 1982, p. 219 col. 5.

Brien, Alan. "BOOKS: PAPERBACKS: Change and decay," *New Statesman*, September 21, 1984, p. 32 col. 2.

The Emperor's Tomb. Translated from German by John Hoare. London: Chatto & Windus/Hogarth Press, 1984, 157 pages. Woodstock: Overlook Press, 1984, 157 pages, 1987, 158 pages.

"GERMAN BOOKS: Fiction: ANCIENT AND MODERN HISTORY: AN ADMIRER OF MARY QUEEN OF SCOTS," *Times Literary Supplement*, June 3, 1939, FOREIGN BOOK SECTION, p. V col. 2.

Zweig, Friderike. "Joseph Roth and the Zweigs," *Books Abroad*, January 1944, p. 8.

Bance, A.F., "Introduction." *Joseph Roth: Die Kapuzinergruft*. (Edited with an Introduction and Notes by A.F. Bance). London: Harrap, 1971, pp. vii-xxviii.

"Books Received," *Forum for Modern Language Studies*, April 1973, p. 215.

Shakespeare, Nicholas. "The latest song of the Raven cum vulture: FICTION," *London Times*, June 21, 1984, p. 9 col. 4.

Browning, Barton W. "Joseph Roth's *Legende vom heiligen Trinker*: Essence and Elixir." *Protest-Form-Tradition: Essays on German Exile Literature*. (Eds. Joseph P. Strelka; Robert F. Bell, Euguene Dobson). University: University of Alabama Press, 1979, pp. 81-96.

Bronsen, David. "The Jew in Search of a Fatherland: The Relationship of Joseph Roth to the Hapsburg Monarchy," *Germanic Review*, Spring 1979, p. 54 cols. 1-2 — p. 61 col. 2.

Bance, A.F. "In My End Is My Beginning." *Studies In Modern Austrian Literature*. (Eds. B. O. Murdoch & M.G. Ward). Glasgow: Scottish Papers in Germanic Studies, 1981, pp. 33-44.

Fothergill, Anthony. "FICTION: Extraterritorial," *Times Literary Supplement*, July 20, 1984, p. 817 cols. 3-4.

Kemp, Peter. "BOOKS: FICTION: The last of old Vienna," *London Sunday Times*, July 29, 1984, p. 40 cols. 4-6.

Steinberg, Sybil. "PW FORECASTS: FICTION," *Publishers Weekly*, August 17, 1984, p. 45 col. 1.

Brien, Alan. "BOOKS: PAPERBACKS: Change and decay," *New Statesman*, September 21, 1984, p. 30 col. 3 & p. 32 col. 2.

Sherman, A.J. "Fiction," *Library Journal*, October 1, 1984, p. 1863 col. 2.

Crespi, Todd. "Title Page," *Los Angeles Times Book Review*, November 25, 1984, p. 10 col. 2.

Boggis, Jay. "A WORLD PRESERVED: The Novels of Joseph Roth," *Boston Review*, April 1986, p. 19 cols. 1-4 & p. 20 cols. 2-3.

Lardner, Susan. "BOOKS: An Enemy of His Time," *New Yorker*, November 23, 1987, pp. 155-160.

Manguel, Alberto. "EUROPEAN FICTION: Lost Empire: Joseph Roth's reissued novels softly evoke the ghosts and ambiguities of the old European order," *Saturday Night*, April 1989, p. 64 col. 3 — p. 65 col. 1.

Hotel Savoy. Translated from German by John Hoare.
   London: Chatto & Windus, 1986, 183 pages.
   Woodstock: Overlook Press, 1986, 1986, 183 pages.
   London: Picador/Pan Books, 1988, 192 pages.

Includes the following short stories: "Hotel Savoy" "Fallmerayer the Stationmaster" "The Bust of the Emperor"

Zweig, Friderike. "Joseph Roth and the Zweigs," *Books Abroad*, January 1944, p. 8.

Johnston, Otto. "Joseph Roth's 'Büste Des Kaisers' — The Quest for an Authentic Text," *MLN*, April 1974, p. 457.

Steinberg, Sybil. "Forecasts: *Fiction*," *Publishers Weekly*, November 1, 1986, p. 52 cols. 2-3.

Quinn, Mary Ellen. "Adult Fiction," *Booklist*, December 15, 1986, p. 624 col. 2.

Gross, John. "Books of The Times," *New York Times*, December 16, 1986, p. C23 cols. 2-3.

Stuewe, Paul. "IMPORTS: A Lively deal ... tubeside companion ... stellar Stella: Fiction," *Quill & Quire*, January 1987, p. 33 col. 1.

Sattin, Anthony. "FICTION: At the gates of Europe," *Times Literary Supplement*, January 16, 1987, p. 56 col. 4.

Bornemann, Eva. "Letters: Joseph Roth," *Times Literary Supplement*, February 6, 1987, p. 137 col. 3.

Gold, Herbert. "Surrounded by Small Hearts," *New York Times Book Review*, February 8, 1987, p. 30 cols. 1-3.

Raphael, Frederic. "On the verge of a decomposing world," *London Sunday Times*, February 8, 1987, p. 59 cols. 1-5.

Marcus, James. "BOOK NOTES," *Nation*, February 14, 1987, p. 190 cols. 1-2.

Hofmann, Michael. "Conspiratorial Hapsburger," *London Review of Books*, March 5, 1987, p. 18 cols. 1-4 — p. 19 cols. 1-4 — p. 20 cols. 1-4.

Bloom, Alice. "Shorted Out," *Hudson Review*, Summer 1987, pp. 327-328.

Mandel, Siegfried. "Sardonic Picaresque," *American Book Review*, September-October 1987, p. 18 cols. 1-4.

Lardner, Susan. "BOOKS: An Enemy of His Time," *New Yorker*, November 23, 1987, pp. 155-160. "SUMMER READING: PAPERBACKS: FICTION," *Books*, July 1988, p. 10 cols. 2-3.

The Spider's Web and *Zipper and His Father*. Translated from German by John Hoare.
London: Chatto & Windus, 1988, 245 pages.

Wendt, H.G. "GERMAN FICTION," *Books Abroad*, July 1929, p. 316 col. 1.

Zweig, Friderike. "Joseph Roth and the Zweigs," *Books Abroad*, January 1944, p. 8.

Nye, Robert. "BOOKS: New fiction reviewed," *Manchester Guardian*, November 18, 1988, p. 26 cols. 4-5.

Evans, Stuart. "BOOKS: The Continental drift: FICTION," *London Times*, December 1, 1988, p. 15 cols. 1-2.

Nokes, David. "BOOKS: Puppet-master: FICTION," *London Observer*, January 1, 1989, p. 39 col. 1.

Heron, Liz. "BOOKS: FICTION," *Times Educational Supplement*, January 6, 1989, p. 25 col. 1.

Kemp, Peter. "Scarred by the bullet that killed the Archduke," *London Sunday Times BOOKS*, January 8, 1989, p. G5 cols. 1-5.

Hofmann, Michael. "FICTION: Wonderful and woeful things," *Times Literary Supplement*, February 3-9, 1989, p. 114 cols. 1-4.

Manguel, Alberto. "EUROPEAN FICTION: Lost Empire: Joseph Roth's reissued novels softly evoke the ghosts and ambiguities of the European order," *Saturday Night*, April 1989, p. 65 col. 1.

Rogers, Michael. "Book Reviews: Fiction," *Library Journal*, February 15, 1990, p. 212 col. 3.

The Legend of the Holy Drinker. Translated from German by Michael Hofmann.
London: Chatto & Windus, 1989, 49 pages.
Woodstock: Overlook Press, 1989, 72 pages.

Zweig, Friderike. "Joseph Roth and the Zweigs," *Books Abroad*, January 1944, p. 8.

Browning, Barton W. "Joseph Roth's Legende vom heiligen Trinker: Essence and Elixir." *Protest-Form-Tradition: Essays on German Exile Literature.* (Eds. Joseph P. Strelka; Robert F. Bell, Eugene Dobson). University: University of Alabama Press, 1979, pp. 81-96.

Bance, A.F. "In My End Is My Beginning." *Studies in Modern Austrian Literature.* (Eds. B.O. Murdoch & M.G. Ward). Glasgow: Scottish Papers in Germanic Studies, 1981, pp. 34-44.

"TLS LISTINGS: Fiction in English translation," *Times Literary Supplement*, July 28-August 3, 1989, p. 834 col. 3.

Appleyard, Bryan. "Can this really be the way the world ends? FICTION," *London Times*, August 10, 1989, p. 17 cols. 4-5.

Taylor, D.J. "Last orders," *London Sunday Times BOOKS*, August 13, 1989, p. G6 cols. 1-4.

Wood, Michael. "Books: Life of a saint," *London Observer*, August 20, 1989, p. 39 cols. 1-4.

Hughes-Hallett, Lucy. "Faith of a drunkard," *London Spectator*, August 26, 1989, p. 24 cols. 2-3 — p. 25 col. 1.

Abel, Betty. "Literary Supplement: Quarterly Fiction Review," *Contemporary Review*, October 1989, p. 216.

Steinberg, Sybil. "FORECASTS: FICTION," *Publishers Weekly*, October 6, 1989, p. 80 col. 1. "Classic Returns: Fiction," *Library Journal*, October 15, 1989, p. 107 cols. 1-2.

Linklater, John. "FICTION: DEATH WRITES," *Literary Review*, December 1989, p. 9 cols. 1-2.

Index of Names

Achberger, Friedrich 28
Ackroyd, Peter 3, 5f.
Adorno, Theodor 173, 177
Aeschylus 65
Alexander, Michael 1
Altenberg, Peter 86
Antkowiak, Alfred 46
Aschheim, Steven 187
Bachmann, Luise 17
Bahr, Erhard 31, 34
Balzac, Honoré de 26, 41
Bance, Alan 208
Barbusse, Henri 204
Barker, Andrew 201-14
Barthes, Roland 198
Bauer, Felice 204
Baumann, Gerhart 21, 30
Becher, Johannes R. 44
Benjamin, Walter 55, 58, 60, 62f., 65, 68, 70, 73
Berg, Jan 34
Berger, Friedemann 38, 49
Bernstein, Aron 188
Bertaux, Félix 17
Bertaux, Pierre 204, 206
Bettauer, Hugo 28
Beug, Joachim 148-65
Beutin, Wolfgang 34
Böhme, Hartmut 28
Bormann, Alexander von 34
Brauneck, Manfred 30
Brecht, Bertolt 29, 46
Brehm, Bruno 29
Brentano, Bernard von 54, 68, 74, 83
Broch, Hermann 29f., 78

Bronsen, David 52, 65, 69, 75, 80, 83, 87, 97, 100, 123, 128, 133ff., 185f., 196, 203, 206, 208
Buber, Martin 55, 191
Büchmann, Georg 4
Butler, Geoffrey 1-14, 199
Canetti, Elias 131, 135f., 146, 173, 175, 177
Carson, Rachel 79, 101
Castle, Eduard 17, 33
Chambers, Helen 107-27
Chaplin, Charles 62
Chekhov, Mikhail 60
Conrad, Joseph 13
Csokor, Franz 29
Curling, Maud 110
Czechowski, Heinz 39
Davies, Russell 14
Dinter, Arthur 103
Döblin, Alfred 29
Doderer, Heimito von 202
Dollfuß, Engelbert 202
Dostoevsky, Fyodor 26
Droste-Hülshoff, Annette von 188
Duinkerken, Anton van 76, 87
Dunlop, Geoffrey 2
Ebner-Eschenbach, Marie von 87
Eichendorff, Joseph von 198
Eisenstein, Sergei 65, 104
Ellert, Gerhard 17
Engels, Friedrich 40f.
Enzensberger, Hans Magnus 79

Erpenbeck, Fritz 42
Ettinger, S. 196
Euripides 65
Faiko, Alexei 60f.
Fechter, Paul 20, 33
Feuchtwanger, Lion 29
Fitzpatrick, Sheila 66
Flaubert, Gustave 26
Foerster, Christel 49
Forst-Battaglia, Otto 131
Forster, Edmund 209
Frank, Leonhard 47, 203f.
Franzos, Karl Emil 19, 190ff.
Frei, Bruno 37f.
Freytag, Gustav 188
Friedell, Egon 80, 202
Frisch, Efraim 187
Fritsch, Gerhard 20
Fritsche, Vladimir 43
Giffuni, Cathe 215-40
Glaser, Horst Albert 28, 34
Glöckel, Otto 137
Göbbels, Paul Joseph 201
Goethe, Johann Wolfgang von 13, 150
Gogol, Nikolai 26, 68
Gottfarstein, Joseph 87
Greiner, Ulrich 24, 166
Greverus, Ina-Maria 104
Grillparzer, Franz 125, 197
Grübel, Paula 133
Gütersloh, Albert Paris 202
Haas, Franz 204, 207
Haas, Gerhard 99
Habsburg, Otto von 36
Hackert, Fritz 80, 82ff., 90, 100, 105, 187
Hanisch, Ernst 106
Hansen, Mathias 50

Harkness, Margaret 40
Häusler, Wolfgang 189
Heine, Heinrich 83, 85f., 188, 193
Henz, Rudolf 17
Hermand, Jost 187
Herzberg-Fränkel, Leo 190, 193
Herzog, Elizabeth 194
Hesse, Hermann 201
Heyse, J.C.A. 11
Hindenburg, Paul von Beneckendorff von 94
Hinze, K.P. 207
Hitler, Adolf 47, 79, 96, 103, 132, 201ff., 208f.
Hoare, John 4
Hofmann, Fritz 49
Hofmann, Michael 3
Hofmannsthal, Hugo von 19, 26
Hohlbaum, Robert 177
Horkheimer, Max 173, 177
Horváth, Ödön von 27, 29, 203
Hüppauf, Bernd 200
Iggers, Wilma 192
Ihering, Herbert 46
Ilf, Ilya 60
Jansen, Peter 171
Juergens, Thorsten 109
Jung, Jochen 24, 33
Jünger, Ernst 138
Just, Klaus Günther 24, 33
Kaes, Anton 34
Kafka, Franz 47, 149f., 191, 204, 206, 210
Kant, Hermann 46
Kant, Immanuel 91
Karo, Joseph 186
Kästner, Erich 29

Index of Names

Keller, Gottfried 192
Kellermann, Bernhard 25, 47
Kesten, Hermann 20, 37f., 46, 50, 82
Kerr, Alfred 202
Keun, Irmgard 135
Keyserling, Eduard von 18
Kippenberg, Anton 45
Kirchner, Renate 49
Kirkup, James 4
Kirsten, Wulf 50f.
Kisch, Egon Erwin 53f., 60, 62, 66, 68ff., 72
Kleist, Heinrich von 88
Kliche, Dieter 35-51
Knipowitsch, Nikolai 43
Koestler, Arthur 73
Kolb, Annette 116, 201
Kollontai, Alexandra 70
Kompert, Leopold 188, 192f.
Komstke, Werner 48, 170
Kosch, Wilhelm 26
Krenek, Ernst 75
Kraus, Karl 78ff., 86f., 102, 128, 167, 202, 205
Kulke, Eduard 188
Kunisch, Hermann 21, 30, 33
Kurer, Alfred 107, 112f., 125
Laengle, Ulrike 208
Laye, Camara 4
Lengning, Werner 37
Lenin (Vladimir Ilyich Ulyanov) 59, 63, 65
Lernet-Holenia, Alexander 29
Le Vay, David 4f., 9f.
Lifschitz, Michail 41
Linden, Hermann 45
Lorenz, Dagmar 126
Lothar, Ernst 168

Lukács, Georg 25.f, 43f., 84
Mádl, Zsuzsa 30
Magris, Claudio 23f., 33, 135, 141f., 144, 186, 197f., 206
Manga Bell, Andrea 108, 205
Mann, Heinrich 20, 172
Mann, H.G. 49
Mann, Klaus 64
Mann, Thomas 29, 201, 203, 205
Mannheim, Karl 174
Marchand, Wolf 81, 85, 104f., 107, 114, 116, 126, 138, 170f., 199
Marcuse, Ludwig 75, 82f., 202f.
Marx, Karl 65
Mayer, Dieter 30
Mehring, Walter 203, 209
Meisel, Martin 198
Mendelssohn, Moses 187
Meyerhold, Vsevolod 68
Mikes, George 5
Moeller, Hans-Bernhard 31
Mörchen, Helmut 28
Morgenstern, Soma 207
Mosenthal, Salomon 188, 192
Musgrave, Beatrice 4, 9f.
Musil, Robert 29f.
Mussolini, Benito 103
Nadler, Josef 17, 19, 33
Nagl, Johann Willibald 17, 33
Neumann, Bernd 103
Niekisch, Ernst 45
Nolte, Ernst 96
Nürnberger, Helmut 128, 135, 138
Nusinow, I. 43
Pauli, Herta 203
Pauli, Klaus 61, 118

Paumgartten, Karl 168f.
Pazi, Margarita 207
Perets, Isaac Loeb 187
Petrov, Yevgeny 60
Pfeiffer, E. Ludwig 80
Plank, Ilse 85
Polgar, Alfred 86
Pothe, Angelika 48
Prawer, S.S. 189
Pushkin, Alexander 66
Raabe, Wilhelm 188
Radek, Karl 54
Reifenberg, Benno 83, 86, 128
Reißner, Larissa 116
Robertson, Ritchie 185-200
Rohrer, Joseph 189
Rossbacher, Karlheinz 78-106
Rudnitzky, Konstantin 61
Sacher-Masoch, Leopold von 197
Sachslehner, Johannes 128-47
Sanankoua, Boubakar 170
Sand, George 85
Sanzara, Rachel 206
Sasse, Sonja 81
Schaaf, Johann 27
Scheible, Hartmut 199
Schickele, René 96
Schiller, Friedrich 24
Schlegel, August Wilhelm 4
Schleiermacher, Friedrich 9
Schmidt, Adalbert 18f., 24, 33
Schmidt-Dengler, Wendelin 15-34
Schnitzler, Arthur 19, 26
Schönberg, Arnold 49f.
Schönpflug, Fritz 78
Schreck, Joachim 49
Schuschnigg, Kurt von 201f.
Schütz, Eduard 29, 34
Schwarz, Egon 95
Schweikert, Uwe 74, 80f., 87, 94
Sforim, Mendele Moykher 187
Shaked, Gershon 185f., 192, 197
Sieg, Werner 183
Sloterdijk, Peter 29, 138
Sophocles 65
Sommer, Fred 191
Sonnleitner, Johann 166-84
Sorkin, David 187
Spengler, Oswald 105f.
Spieker, Sven 202f., 209, 211
Spitzer, Daniel 85f.
Stalin, Josif 66
Steinmann, Esther 145
Stendhal 26
Stifter, Adalbert 126, 191
Stoffers, J.W.H. 187
Sültemeyer, Ingeborg 30, 39, 53, 58, 75f., 80ff., 94, 137, 180
Taylor, D.J. 2
Taylor, Ronald 29, 34
Theweleit, Klaus 135, 142
Thöming, Jürgen 26f.
Thompson, Dorothy 2
Tieck, Ludwig 4
Timms, Edward 79, 87
Todorow, Almut 82, 86
Toller, Ernst 29, 46, 54, 62, 65, 67f., 70
Tolstoy, Leo 13, 26, 60
Trommler, Frank 82, 106
Trotsky, Leo 37, 54, 63
Tschulik, Werner 17, 33
Turner, David 52-77
Ueding, Gert 98

Index of Names

Wagenbach, Klaus 149
Weber, Max 91
Weininger, Otto 211f.
Weiskopf, Franz Carl 41f.
Weiß, Ernst 201ff.
Welzig, Werner 22f., 33
Werfel, Franz 17, 168, 202
Westermann, Klaus 39, 81f., 94, 106
Wilde, Oscar 7
Willerich-Tocha, Margarete 16f., 24
Wilpert, Gero von 26, 34

Wippermann, W. 103
Witt, Hubert 48f.
Wittlin, Józef 133
Wollmann, Heide-Marie 53
Zamyatin, Yevgeny 62, 68, 70f.
Zatonskij, Dmitri 31, 34
Zborowski, Mark 194
Zeidler, Jakob 17, 33
Zerzer, Julius 17
Žmegač, Viktor 31, 34
Zweig, Stefan 17f., 25, 55f., 60, 63, 67ff., 75, 96, 107, 132, 201, 204

Index of works by Joseph Roth

Barbara 115, 122f.
Beichte eines Mörders 2, 108, 112, 232
Das falsche Gewicht 20, 42, 49, 110, 112, 139f., 149, 155, 158ff., 234
Das Spinnennetz 2, 22, 31, 109, 112, 114, 122, 169ff., 208, 239
Der Antichrist 80, 143, 229f.
Der blinde Spiegel 111, 114, 122f.
Der Leviathan 48, 148, 156
Der stumme Prophet 37, 61, 63, 67, 70f., 118, 122, 148, 151ff., 178, 233
Die Flucht ohne Ende 2ff., 20, 22f., 28, 70, 83, 109, 118, 120, 123, 128f., 131, 144, 147, 216f.
Die Geschichte von der 1002. Nacht 20, 49, 111, 114, 122, 124, 130, 139
Die hundert Tage 37, 47, 115, 122ff., 141, 145, 230f.
Die Kapuzinergruft 21f., 24f., 37, 48f., 118, 156ff., 164, 205, 208, 210, 212ff., 235f.
Die Legende vom heiligen Trinker 24, 47, 112, 240
Die Rebellion 20, 28, 36, 48, 113, 139ff., 144, 147, 168, 179ff.
Die weißen Städte 130
Hiob 2, 3, 19, 22, 24f., 36, 49, 97, 112, 114f., 120, 166, 185ff., 206, 218ff.
Hotel Savoy 20, 24, 46f., 49, 109, 112, 123, 168, 183, 237f.
Juden auf Wanderschaft 187, 195, 200, 206
Perlefter 49
Radetzkymarsch 2, 18ff., 22f., 25, 29ff., 36, 42ff., 46f., 97, 107, 110, 112ff., 120, 122f., 126, 135f., 150f., 166, 222ff.
Rechts und links 20, 37, 108f., 112, 114f., 120, 122, 178
Reise in Rußland 52ff.
Stationschef Fallmerayer 110
Tarabas 2, 24, 109, 115, 120, 126, 141ff., 145f., 148, 227f.
Triumph der Schönheit 112, 121
Zipper und sein Vater 145ff., 239

OHIO UNIVERSITY LIBRARY

Please return this book as soon as you have finished with it. In order to avoid a fine it must be returned by the latest date stamped below.

CF